I0876449

Kohlhammer

Sarah Delling
Ulrich Riegel

Religionsunterricht planen

Ein didaktisch-methodischer Leitfaden für die Planung einer Unterrichtsstunde

3., aktualisierte Auflage

Verlag W. Kohlhammer

3., aktualisierte Auflage 2022

Gesamtherstellung: W. Kohlhammer GmbH, Stuttgart

Print:
ISBN 978-3-17-042028-1

E-Book-Format:
pdf: 978-3-17-042029-8

Vorwort

Mit der dritten Auflage von „RU planen“ wird der in den ersten beiden Auflagen eingeschlagene Weg konsequent weitergeführt. Sie fußt weiterhin auf dem Grundverständnis, dass der Religionsunterricht als ordentliches Unterrichtsfach primär thematisch ausgerichtet ist. Gleichzeitig wird die in der zweiten Auflage eingearbeitete Ausrichtung an einem kompetenzorientierten Religionsunterricht noch stärker in den Mittelpunkt des Bandes gerückt. Sie bildet nun den Ausgangs- und Bezugspunkt der gesamten Darstellung.

Sichtbares Merkmal dieser Schwerpunktsetzung ist das vollständig neu entstandene erste Kapitel zum kompetenzorientierten Religionsunterricht. Es bildet die konzeptuelle Landkarte des gesamten Bandes. Die beiden Kapitel, die die beiden vorausgegangenen Auflagen eröffnet haben, bilden nun den Auftakt des dritten Teils zur Artikulation. Inhaltlich herausfordernder hat sich die Frage erwiesen, wie ein kompetenzorientierter Ansatz mit einer formalen Struktur vermittelt werden kann, die sich im Rahmen der curricularen Didaktik herausgebildet hat. Wir schlagen im vorliegenden Band vor, den Begriff des Lernziels durch den der Teilkompetenz zu ersetzen, behalten aber den bereits in den vorausgegangenen beiden Auflagen bewährten Begriff des Lernschritts, anhand dessen das unterrichtliche Lernarrangement, innerhalb dessen die Schülerinnen und Schüler die avisierten Teilkompetenzen entwickeln, geplant wird. Unsere Erfahrungen mit der Lehre an der Universität Siegen legen es nahe, dass mit dieser Begriffsverwendung eine schrittweise Planung von Religionsunterricht möglich ist, die den Ansprüchen der Kompetenzorientierung gerecht wird.

Gleichzeitig spiegelt die dritte Auflage die Wirklichkeit der religionsdidaktischen Lehre im Seminar für Katholische Theologie am Standort Siegen wider, denn seit der zweiten Auflage hat Sarah Delling hier wesentliche Impulse gesetzt, insbesondere wenn es um Veranstaltungen zur Kompetenzorientierung geht. In diesem Sinn ist es nur konsequent, dass die dritte Auflage von uns beiden verantwortet wird.

Ansonsten gilt weiterhin, dass ein solcher Band Impulse und Anregungen verarbeitet, die von verschiedenen Seiten kommen. Zuerst gilt unser Dank den Siegener Studierenden, die uns in den einschlägigen Veranstaltungen zeigen, was geht und was nicht. Malte Brügge-Feldhake, Anna-Lena Kußmann und Winnie-Lotta Weghaus haben Korrektur gelesen, Sebastian Weigert und Florian Specker vom Kohlhammer-Verlag uns in allen Fragen, die den Druck betreffen, verlässlich beraten und unterstützt. Ihnen allen gilt unser herzlicher Dank.

Sarah Delling & Ulrich Riegel, Januar 2022

Inhaltsverzeichnis

Teil I Grundlage ... 11

1 Kompetenzorientierung im Religionsunterricht ... 12

Religiöse Kompetenz und religiöse Kompetenzen ... 12
Kompetenzmodell der DBK ... 14
Bildungsstandards, Kernlehrpläne und schulinterne Curricula ... 16
Prinzipien kompetenzorientierter Unterrichtsplanung ... 18
Beispiel ... 22
Primarstufe ... 23
Sekundarstufe I (der Gesamtschule) ... 23
Sekundarstufe II ... 23

Teil II Themenkonstitution ... 25

2 Elementare Strukturen ... 27

Begriff ... 27
Funktionen ... 29
Dimensionen ... 30
Aspekte des Inhalts ... 31
Kontexte ... 32
Thematische Strukturen ... 34
Beispiel ... 35
Aspekte des Inhalts ... 35
Kontexte ... 37
Thematische Strukturen ... 41

3 Elementare Zugänge ... 46

Begriff ... 46
Modelle religiöser Entwicklungsverläufe ... 49
James Fowler ... 49
Fritz Oser/Paul Gmünder ... 51
Moralisches Urteil und Weltbild ... 54
Didaktische Bedeutung ... 59
Merkmale des strukturgenetischen Ansatzes ... 59
Didaktische Bedeutung entwicklungspsychologischer Stufenmodelle ... 61
Beispiel ... 63
Gottes Eingreifen in das Leben des Saulus ... 64
Die Metaphorik von Licht und Blendung ... 66

4 Elementare Erfahrungen ... 68

Begriff ... 68
Typen individueller Religiosität ... 72
Beschreibung der fünf Typen ... 72
Didaktische Bedeutung ... 75
Typen alltagsästhetischer Wahrnehmung ... 76
Alltagsästhetische Wahrnehmungsmuster ... 77
Didaktische Bedeutung ... 78
Geschlechtlichkeit ... 80
Beispiel ... 82
Die Person des Saulus ... 83
Das Eingreifen Gottes ... 85
Bekehrung als lebensverändernde Umkehr ... 85

5 Elementare Wahrheiten ... 88

Begriff ... 88
Operationalisierungen ... 90
Beispiel ... 95
Gott als Korrektiv des Menschen ... 95
Umkehr als existenzieller Wendepunkt ... 97

6 Das Elementarisierungsschema 100
Modell 100
Anwendung 104
Beispiel 107
Primarstufe 107
Sekundarstufe I 110
Sekundarstufe II 114

Teil III Artikulation 117

7 Teilkompetenzen und Lernschritte 119
Teilkompetenzen 119
Lernschritte 123

8 Choreographie und Phasierung von Unterricht 127
Unterrichtliche Choreographien 127
Typische Phasen des Unterrichtsverlaufs 130
Motivation 130
Themenstellung 132
Informationsbeschaffung 133
Erkenntnisgewinn 134
Sicherung 135
Vertiefung/Transfer 136
Choreographische Gestaltungsspielräume 138
Organisatorische Gestaltungsspielräume 138
Kompetenzbezogene Gestaltungsspielräume 142
Beispiel 146
Primarstufe 147
Sekundarstufe I 150
Sekundarstufe II 153

9 Sozial- und Handlungsformen 156
Begriff 157
Charakteristische Handlungsformen 159

Vortrag ... 159
Gespräch ... 161
Gruppenarbeit/Partnerarbeit ... 163
Einzelarbeit ... 165
Anwendung ... 166
Beispiel ... 167
Primarstufe ... 168
Sekundarstufe I ... 169
Sekundarstufe II ... 170

10 Medien ... 172

Begriff ... 172
Anwendung ... 173
Elementare Medientypen ... 176
Sprache ... 176
Text ... 177
Bild ... 179
Musik ... 181
Digitale Medien ... 183
Kreative Medien ... 185
Gebet und Meditation ... 186
Beispiel ... 188
Primarstufe ... 188
Sekundarstufe I ... 189
Sekundarstufe II ... 190

11 Das Artikulationsschema ... 192

Begriff und Aufbau ... 192
Funktionen ... 194
Handhabung ... 196
Beispiel ... 197
Primarstufe ... 197
Sekundarstufe I ... 199
Sekundarstufe II ... 200

Literatur ... 201

Teil I
Grundlage

Heutiger Religionsunterricht erfolgt kompetenzorientiert. War diese Ausrichtung zu ihrer Einführung im Gefolge der sog. PISA-Studien noch religionspädagogisch umstritten, ist es heute Konsens, dass sich der Religionsunterricht als ordentliches Unterrichtsfach diesem Grundprinzip schulischen Lernens nicht entziehen kann. Auch wenn nicht alles das, was religiöse Bildung in der Schule bietet, in Kompetenzen formuliert werden kann, sollte das, was als Kompetenz und Bildungsstandard ausgewiesen werden kann, entsprechend erteilt werden. Im ersten Kapitel des vorliegenden Bandes werden daher die Eckpunkte eines kompetenzorientierten Religionsunterrichts beschrieben, sofern sie für die Planung desselben eine Rolle spielen. Konkret geht es um die Frage, was religiöse Kompetenz ist, anhand welchen Modells sie auf den Religionsunterricht angewendet wird, wie dieses Modell in planerische Vorgaben umgesetzt wurde und welche Prinzipien für die Planung eines kompetenzorientierten Religionsunterrichts gelten. Mit diesen Kenntnissen ist eine solide Grundlage für eine Planung von Religionsunterricht nach aktuellen Standards gelegt.

1 Kompetenzorientierung im Religionsunterricht

Die Kompetenzorientierung prägt seit mehr als 20 Jahren die bildungspolitische Diskussion und ist als leitendes Prinzip in der religionspädagogischen Theorie und Praxis etabliert. Sajak (2021, 341) bezeichnet sie als didaktisches Grundprinzip, das sich an den Fertigkeiten und Fähigkeiten der Schülerinnen und Schüler orientiert. Religionsunterricht, der im Sinne der Kompetenzorientierung geplant wird, wird „vom Outcome, also vom Erreichten her, gedacht und nicht lediglich als organisierte Vermittlung von Inhalten (Input) angesehen" (Lindner/Simojoki 2014, 78). Es geht bei der Planung von kompetenzorientiertem Religionsunterricht also darum, Unterricht vom Ende her zu planen, d. h. von den (religiösen) Fähigkeiten und Fertigkeiten her, die Kinder und Jugendlichen in der Unterrichtseinheit entwickeln.

Religiöse Kompetenz und religiöse Kompetenzen

Die klassische bildungswissenschaftliche Definition Franz E. Weinerts begreift Kompetenz als „die bei Individuen verfügbaren oder durch sie erlernbaren kognitiven Fähigkeiten und Fertigkeiten, um bestimmte Probleme zu lösen, sowie die damit verbundenen motivationalen, volitionalen und sozialen Bereitschaften und Fähigkeiten, um die Problemlösungen in variablen Situationen erfolgreich und verantwortungsvoll nutzen zu können" (Weinert 2001, 27f.). Menschen erwerben solche Kompetenzen in konkreten Situationen und können sie danach in anderen, ähnlich gelagerten Situationen anwenden.

Weinerts Definition beinhaltet zwei Aspekte, nämlich die Fähigkeit, etwas zu tun, und die Bereitschaft, diese Fähigkeit in entsprechenden Situationen anzuwenden. Diese Unterscheidung ist insofern wichtig, weil ein kompetenzorientierter Unterricht neben dem Wissen und Können der Schülerinnen und Schüler und auch deren Einstellungen und Handlungsmotivationen im Blick hat. Welche Fähigkeiten und Fertigkeiten in einem Unterricht entwickelt werden, hängt vom Fach ab. Im Religionsunterricht geht es also um die Entwicklung der religiösen Kompetenzen der Schülerinnen und Schüler.

Eine heute noch gültige Bestimmung (vgl. Lindner/Simojoki 2014, 81f.; Büttner/Dieterich/Roose 2015, 36; Lenhard 2015, 2) des Begriffs religiöser Kompetenz legte Ulrich Hemel bereits 1988 vor. Demnach gilt diese Kompetenz als die „erlernbare, komplexe Fähigkeit zum verantwortlichen Umgang mit der eigenen Religion in ihren verschiedenen Dimensionen und in ihren lebensgeschichtlichen Wandlungen" (Hemel 1988, 674). Hemel geht davon aus, dass jeder Mensch sich selbst und seine Umwelt wahrnimmt und dem, was er erlebt und sieht, eine Bedeutung zuschreibt. Wenn in dieser Deutung die Beziehung zu einer transzendenten Wirklichkeit eine Rolle spielt, handelt es sich um ein religiöses Geschehen. Religiöse Kompetenz zeigt sich nun darin, dass dieses Geschehen von einer Person als religiös relevant wahrgenommen, verantwortet zum Ausdruck gebracht bzw. gelebt wird.

Hemel (1988, 675–689) unterscheidet fünf Dimensionen, entlang derer sich Religion ausdrückt, und formuliert für jede dieser Dimensionen eine entsprechende Kompetenz. (1) *Religiöse Sensibilität* bezeichnet die Fähigkeit, die spirituelle Qualität oder den religiösen Bezug der Phänomene, denen man im Alltag begegnet, zu erspüren und wahrzunehmen. Das ist etwa dann der Fall, wenn man sich beim Betreten eines heiligen Raums von dessen besonderer Aura ergreifen lässt. (2) *Religiöse Inhaltlichkeit* bezieht sich auf das Wissen über religiöse Inhalte und die Fähigkeit, dieses Wissen im Alltag einzusetzen, um sich in der Welt zu orientieren. Diese Inhaltlichkeit erlaubt es z. B. einer Person, den Raum, dessen Aura sie ergriffen hat, als Moschee oder Synagoge zu identifizieren. (3) *Religiöses Ausdrucksvermögen* meint die Fähigkeiten, das eigene religiöse Befinden auszudrücken und am religiösen Leben der eigenen Glaubensgemeinschaft teilzunehmen, ohne zu irritieren. In der Moschee des Beispiels könnte unsere Person etwa ein persönliches Gebet sprechen, ohne dabei, sofern sie nicht dem Islam angehört, muslimische Riten zu vollziehen, aber auch ohne durch das eigene Verhalten Muslime im Raum vor den Kopf zu stoßen. (4) *Religiöse Kommunikationsfähigkeit* heißt, religiöse Sprache zu kennen und diese, auch im Dialog mit anderen, anzuwenden. So könnte die Person unseres Beispiels mit einer muslimischen Person in der Moschee ins Gespräch über das Gebet kommen. (5) Die *religiös motivierte Lebensgestaltung* beinhaltet schließlich die Fähigkeit, das eigene Leben entlang der

Normen und Werte des eigenen Glaubens auszurichten. Im Gespräch des Beispiels würde unsere Person rücksichtsvoll und tolerant mit ihrem Gegenüber sprechen, sofern ihr Glaube andere religiöse Überzeugungen akzeptieren kann. Religiöse Kompetenz drückt sich nach Hemel in diesen fünf religiösen Kompetenzen aus.

Kompetenzmodell der DBK

Hemels Konzept religiöser Kompetenz lässt sich mehr oder weniger deutlich und mehr oder weniger vollständig in den verschiedenen Kompetenzmodellen entdecken, die als Reaktion auf die politische Forderung, Unterricht sei kompetenzorientiert auszurichten, in der Religionspädagogik formuliert wurden (vgl. u. a. Comenius-Institut 2006; Benner u. a. 2011; Büttner/Dieterich/Roose 2015; Schambeck 2011). Für den katholischen Religionsunterricht bildet das Modell der DBK den normativen Bezugspunkt, weshalb es hier detaillierter beschrieben wird.

Katholischer Religionsunterricht verfolgt das Ziel, Schülerinnen und Schüler „zu [einer] persönliche[n] Entscheidung in Auseinandersetzung mit Konfessionen und Religionen, mit Weltanschauungen und Ideologien" zu befähigen und „Verständnis und Toleranz gegenüber der Entscheidung anderer" zu fördern (Synodenbeschluss 1974, 140). Dieses Ziel wird im Religionsunterricht über „Vermittlung von strukturiertem und lebensbedeutsamem Grundwissen über den Glauben der Kirche, dem Vertrautmachen mit Formen gelebten Glaubens und der Förderung religiöser Dialog- und Urteilsfähigkeit" (DBK 2005, 18) erreicht. Es geht der DBK also – ganz im Sinn der Definition Weinerts – nicht allein um das Wissen über Religion, sondern auch um die Ermöglichung der Teilnahme am religiösen Leben und die verantwortungsvolle und begründete Positionierung angesichts von religiösen Phänomenen im Alltag.

Im Kompetenzmodell, das die beschriebene Zielsetzung operationalisiert, unterscheidet die DBK zwischen allgemein-fachspezifischen und inhaltbezogenen Kompetenzen. Die allgemein-fachspezifischen Kompetenzen beschreiben dabei Fähigkeiten und Fertigkeiten, die zentral für das Fach Religion sind. Die folgende Abbildung listet diese Kompetenzen getrennt nach Primar- und Sekundarstufe (vgl. DBK 2004, 13–15; 2006, 17–22).

Primarstufe	Sekundarstufe
wahrnehmen und entdecken	religiöse Phänomene wahrnehmen
Fragen stellen und bedenken	religiöse Sprache verstehen und verwenden
deuten und gestalten	religiöse Zeugnisse verstehen (und deuten)
	religiöses Wissen darstellen
unterscheiden und bewerten	in religiösen Fragen begründet urteilen
sich ausdrücken und mitteilen	sich über religiöse Fragen und Überzeugungen verständigen
Anteil nehmen und Verantwortung übernehmen	aus religiöser Motivation handeln

Neben diesen allgemein-fachspezifischen Kompetenzen formuliert die DBK inhaltsbezogene Kompetenzen. Sie legen fest, welche Fähigkeiten innerhalb welcher inhaltlichen Kontexte eingeübt und entwickelt werden sollen. Es handelt sich hierbei um die folgenden sechs Inhaltsfelder (DBK 2004, 16; 2006, 23):

- Mensch und Welt,
- die Frage nach Gott,
- Bibel und Tradition (bzw. biblische Botschaft),
- Jesus Christus,
- Kirche (bzw. Kirche und Gemeinde),
- Religionen und Weltanschauungen (bzw. andere Religionen).

In der Kombination allgemein-fachspezifischer und inhaltlicher Kompetenzen lassen sich die für den Unterricht leitenden Bildungsstandards formulieren.

Bildungsstandards, Kernlehrpläne und schulinterne Curricula

Bildungsstandards übersetzen die allgemein gehaltenen Kompetenzmodelle in konkrete Fähigkeiten und Fertigkeiten, die die Schülerinnen und Schüler zu einem bestimmten Zeitpunkt ihrer Schullaufbahn entwickelt haben sollen (vgl. Klieme 2003, 9). Hierbei handelt es sich normalerweise um sog. Regelstandards, die von durchschnittlichen Lernenden zum angegebenen Zeitpunkt gezeigt werden. Bildungsstandards sind somit so zu formulieren, dass sie überprüft werden können.

Letzteres hat eine religionspädagogische Diskussion hervorgerufen, inwiefern religiöse Bildung überhaupt kompetenzorientiert angeboten werden könne. So spiele hier der existenzielle Bezug, das Erleben, die Begegnung und die Erfahrung sowie die Teilnahme und die Haltung neben dem abfragbaren Wissen eine zentrale Rolle, welche sich entweder gar nicht oder nur sehr bedingt standardisieren ließen (vgl. Lindner/Simojoki 2014, 79). Gleichzeitig kann sich der Religionsunterricht der bildungspolitischen Programmatik der Kompetenzorientierung nicht entziehen. In dieser Diskussion bietet Friedrich Schweitzers (2018, 20) salvatorische Formulierung eine hilfreiche Orientierung: „Das Beste am Religionsunterricht lässt sich nicht mit Standards messen – aber es ist gut, wenn das, was sich messen lässt, auch tatsächlich gemessen wird." Sie verweist darauf, dass guter Religionsunterricht überprüfbare Fähigkeiten und Wissensbestände vermittelt, gleichzeitig aber nicht auf diese reduziert werden kann. Kompetenzorientierter Religionsunterricht wird sich somit an den einschlägigen Bildungsstandards orientieren, ohne sie als Korsett für die eigenen Bildungsmöglichkeiten aufzufassen.

Für den Religionsunterricht formulieren die zugehörigen Religionsgemeinschaften solche Standards. Für das Ende der Sekundarstufe I auf dem Niveau des Mittleren Schulabschlusses gibt die DBK (2004, 22) für den Gegenstandsbereich „Bibel und Tradition" etwa den Standard vor: „Die Schülerinnen und Schüler können den Aufbau und die Entstehungsgeschichte der Bibel sowie ihre Bedeutung für Christen heute erläutern." Für das Ende der Primarstufe findet sich für diesen Gegenstandsbereich dagegen der folgende Standard: „Die Schülerinnen und Schüler können den Grundaufbau der Bibel beschreiben und die Bedeutung der Bibel für den christlichen Glauben darstellen.“ (DBK 2006, 30) Sollten sich die aufmerksame Leserinnen und Leser fragen, ob die Differenzen zwischen beiden Standards nicht eher zurückhaltend ausfallen in Anbetracht der Tatsache, dass sie für den Religionsunterricht der zehnten und der vierten Jahrgangsstufe gelten, teilt sie unsere Wahrnehmung. Anders formuliert: Die in den Bildungsstandards der DBK vorgegebenen Lernfortschritte für den katholischen Religionsunterricht lassen hinreichend Raum für das, was nach Friedrich Schweitzer (2018, 20) nicht messbar ist und damit das Beste des Religionsunterrichts darstellt.

Die kirchlichen Bildungsstandards werden in den sog. Kernlehrplänen durch die zuständigen Ministerien auf die unterschiedlichen Schultypen und Jahrgangsstufen heruntergebrochen. Sie halten zusammenfassend für mehrere Jahrgänge fest, welche Kompetenzen die Schülerinnen und Schüler am Ende der zwei oder drei Jahre erworben haben sollen. Die Formulierung von Kernlehrplänen steht damit vor der Herausforderung, die kirchliche Logik der Bildungsstandards mit der im jeweiligen Bundesland üblichen Logik der Kompetenzorientierung zu verknüpfen. In NRW wird z. B. zwischen der Sach-, der Methoden-, der Urteils- und der Handlungskompetenz unterschieden. In der Anwendung dieses Rasters auf die kirchlichen Vorgaben, wird dann das, was die kirchlichen Bildungsstandards unter den Kompetenzen „religiöse Phänomene wahrnehmen“, „religiöse Sprache verstehen und verwenden“ und „religiöse Zeugnisse verstehen und deuten“ fassen, als Facetten von Sachkompetenz ausgewiesen. Unter Methodenkompetenz wird subsummiert, was die DBK als „religiöse Sprache verstehen und verwenden“, „religiöse Zeugnisse verstehen und deuten“ und „religiöses Wissen darstellen“ versteht. Als Urteilskompetenz gilt, was die DBK als „in religiösen Fragen begründet urteilen“, „sich über religiöse Fragen und Überzeugungen verständigen“ ausweist. Und die Handlungskompetenz umfasst die Kompetenz „aus religiöser Motivation handeln“ (KLP 2013, 14f.).

Auch wenn die Kernlehrpläne die Bildungsstandards konkreten Jahrgangsstufen und schultypischen Lernniveaus zuordnen, bleiben sie für die Unterrichtsplanung noch zu allgemein (vgl. KLP 2013, 13; Sajak 2020, 18). Das lässt einerseits thematischen Spielraum und die Möglichkeit, Inhalte entsprechend der jeweiligen Schülerschaft und der Lernausgangslage zu bestimmen, andererseits fordert es die Fachschaften der jeweiligen Schulen und die einzelnen Lehrpersonen heraus, diese Vorgaben für die Gegebenheiten an der eigenen Schule und den eigenen Unterricht weiter zu konkretisieren. Dies geschieht in den sog. schulinternen Curricula. Sie geben vor, in welcher Jahrgangsstufe welches Unterrichtsvorhaben angesiedelt wird. Schulinterne Curricula orientieren sich also am Kernlehrplan, beachten aber die Lernvoraussetzungen der Schülerinnen und Schüler und die Bedingungen vor Ort (vgl. Sajak 2020, 41). Hier können sowohl der zeitliche Umfang des Unterrichtsvorhabens als auch die Inhalte, mit denen sich im Unterrichtsvorhaben auseinandergesetzt werden soll, genannt werden. Die schulinternen Curricula stecken somit den Rahmen ab, innerhalb dessen der Religionsunterricht geplant wird.

Prinzipien kompetenzorientierter Unterrichtsplanung

Da ein in der Religionsdidaktik allgemein anerkanntes Modell kompetenzorientierter Unterrichtsplanung nicht vorliegt, stellen wir im Folgenden knapp die Ansätze von Andreas Feindt, Gabriele Obst und Wolfgang Michalke-Leicht vor. Sie werden relativ breit rezipiert und eröffnen ein weites Spektrum möglicher Zugänge zu dieser Planung.

Andreas Feindt (2010, 86–88) beschreibt sechs Merkmale einer kompetenzorientierten Unterrichtsplanung. (1) *Individuelle Lernbegleitung*: Kompetenzorientierter Unterricht unterstützt jede Schülerin und jeden Schüler bestmöglichst im individuellen Lernprozess. Beim Lernen wird Neues mit Bekanntem verknüpft. Die Lernenden kommen aber mit unterschiedlichen Lernausgangslagen in den Unterricht. Guter Unterricht weiß deshalb um die unterschiedlichen Lernausgangslagen in der Lerngruppe und wird so geplant, dass für jede dieser Ausgangslagen Bildungsangebote vorliegen. Das didaktische Konzept zur Umsetzung der individuellen Lernbegleitung ist die Binnendifferenzierung. Sie „ist der Versuch, Unterricht so anzulegen, dass dessen erhoffte Wirkung möglichst alle einer Lerngruppe erreicht und individueller Kompetenzerwerb und -aufbau erfolgen kann“ (Gnandt 2010, 42f.). Das kann über unterschiedliche Lernzugänge, Lernkanäle, Schwierigkeitsgrad etc. erreicht werden. Dabei meint die Binnendifferenzierung nicht pure Abwechslung, sondern die Passung zwischen den Lernbedürfnissen der Kinder und Jugendlichen und dem Unterrichtsangebot. (2) *Kognitive Aktivierung*: Kompetenzorientierter Unterricht regt die Schülerinnen und Schüler dazu an, aktiv ein Problem zu lösen. Demnach erweist sich Lernen vor allem dann als effektiv, wenn die Lernenden Neues nicht nur nachvollziehen, sondern sich aktiv aneignen. Guter Unterricht ist demnach so angelegt, dass er die Kinder und Jugendlichen dazu stimuliert, sich mit der verhandelten Thematik auseinanderzusetzen. (3) *Anwendungssituationen*: Kompetenzorientierter Unterricht erarbeitet seine Themen im besten Fall anhand lebensnaher Aufgabenstellungen. Es liegt in der Logik der Kompetenzorientierung, dass das, was in der Schule gelernt wird, helfen soll, das eigene Leben besser in den Griff zu bekommen. Gleichzeitig steigt die Bedeutung des Gelernten für die Lernenden in dem Maß, in dem sie einen Bezug zu ihrem Alltag entdecken. Guter Unterricht ist demnach so geplant, dass er seine Inhalte in lebensweltlichen Anwendungssituationen erarbeitet. (4) *Wissensvernetzung*: Kompetenzorientierter Unterricht vernetzt das Neue mit Bekanntem und ermutigt die Lernenden, möglichst viele Beziehungen zwischen ihren verschiedenen Fähigkeiten und Wissensbeständen zu erstellen. In vertikaler Richtung geht es darum, das neue Wissen und Können an bereits vorhandenes Wissen und Können anzuschließen, damit es nachhaltig verankert werden kann. In horizontaler Richtung wird das angeeignete Wissen und Können von der konkreten Situation, in der es erworben wurde, auf andere unbekannte Situationen und Kontexte übertragen. Guter Unterricht eröffnet den Lernenden somit immer wieder Möglichkeiten, Altes und Neues zu verknüpfen und Gelerntes auf verschiedene Situationen zu übertragen. (5) *Üben und Wiederholen*: Kompetenzorientierter Unterricht greift immer wieder auf Gelerntes zurück und festigt es, indem es in unterschiedlichen Situationen angewendet wird. (6) *Metakognition*: Kompetenzorientierter Unterricht ermutigt die Schülerinnen und Schüler, über ihre eigenen Wissensbestände und Fähigkeiten nachzudenken und zu überlegen, wo und wie diese weiterentwickelt werden können. Gelingt diese (angeleitete) Selbstevaluation, können die Kinder und Jugendlichen eigene Stärken und Fähigkeiten benennen und ihre Grenzen erkennen. Außerdem lernen sie, „Eigenverantwortung für Lernprozesse zu übernehmen" (Hoffmann/Otten 2020, 60). Guter Unterricht plant somit immer wieder Gelegenheiten ein, zu denen die Lernenden ihr eigenes Lernen evaluieren.

Feindts Modell besticht dadurch, dass es konsequent von den Schülerinnen und Schülern aus denkt (vgl. Sajak 2021, 350). Gleichzeitig verbindet es herkömmliche Planungsstrategien mit den Neuerungen, die die Kompetenzorientierung mit sich bringt (vgl. Lenhard 2015, 5). Allerdings ist es so offen gehalten, dass es kaum konkrete Planungsimpulse liefert (ebd.). Außerdem klammert es die Frage aus, welche Rolle der Inhalt des Unterrichts für dessen Planung spielt. Auf beide Kritikpunkte geht Gabriele Obst in ihrem Modell ein.

Gabriele Obst stellt in ihrem Modell die sog. *Anforderungssituation* ins Zentrum, welche sie als Alltagssituation im Leben der Schülerinnen und Schüler definiert, deren Lösung für Letztere von Bedeutung ist (vgl. Obst 2008, 136). Ihre pädagogische Bedeutung gewinnt die Alltagssituation dadurch, dass zu deren Bewältigung die Kompetenzen benötigt werden, die im Unterricht entwickelt werden sollen (vgl. Obst 2008, 136ff.; Sajak 2021, 350). Will man ausgehend von so einer Anforderungssituation Religionsunterricht planen, dann schlägt Obst sieben Schritte vor (vgl. Obst 2008, 137–146): (1) *Anforderungssituation identifizieren*: Es gilt herauszufinden, „vor welchen Fragen, Aufgaben und Probleme die Schülerinnen und Schüler stehen, wenn sie sich auf die Bearbeitung dieses Konflikts einlassen" (Obst 2008, 137–138). (2) *Relevanz klären*: Es gilt die Bedeutung zu klären, die die Anforderungssituation für die Lernenden hat, denn „[n]ur dann, wenn die Schülerinnen und Schüler die Lebensrelevanz eines Themas wahrnehmen und einschätzen können, wenn ihnen also der Gegenstand des RU etwas ‚bedeutet', werden sie sich auf Lernprozesse einlassen" (Obst 2008, 138). (3) *Lernausgangslage diagnostizieren*: Es gilt zu klären, welche Fähigkeiten und Fertigkeiten, Haltungen und Einstellungen und Erfahrungen, die Schülerinnen und Schüler in Bezug auf die Situation mitbringen. (4) *Kompetenzen identifizieren*: Es wird benannt, welche Kompetenzen notwendig sind, um das Problem der Anforderungssituation zu bewältigen. Der Abgleich zwischen Lernausgangslage und notwendigen Kompetenzen zeigt dann an, wo Lernen beginnen kann und welche Kompetenzen im Detail wie ausgebaut werden müssen. (5) *Lehr-Lern-Arrangements planen:* In diesem Schritt wird die Anforderungssituation so in ein Unterrichtssetting eingebunden, dass die Lernenden die angestrebten Kompetenzen entwickeln können. (6) *Outcome evaluieren*: Anhand unterschiedlicher Formate wird überprüft, ob und wie die Kompetenzen, die erworben werden sollten, tatsächlich erworben wurden. (7) *Leitende Perspektive ins Spiel bringen*: In diesem Schritt wird überlegt, wie das Eigene des konfessionellen Religionsunterrichts in die thematische Auseinandersetzung eingebracht werden kann, ohne die Lernenden zu überwältigen.

Obst plant Religionsunterricht konsequent von der Lebenswelt der Schülerinnen und Schüler aus. Zentrale Momente des Modells sind die Lebensbedeutsamkeit von theologischen Inhalten und die Frage danach, wie der Religionsunterricht dazu beitragen kann, dass Kinder und Jugendliche in Situationen, die sie religiös herausfordern, kompetent agieren können (vgl. Lenhard 2015, 6). Kritik an Obst entzündet sich oftmals an der Fokussierung von Anforderungssituation. So kritisiert Fricke (2015, 384), dass angesichts einer zunehmend heterogenen Lernausgangslage die Alltagsrelevanz von Religion nicht mehr allgemein gegeben sei. In der Folge werden die meisten Anforderungssituationen von den Lernenden als künstlich oder lebensfern wahrgenommen. Englert kritisiert, dass ein sich ausschließlich auf Anforderungssituationen stützender Religionsunterricht Religion ausgenommen und einseitig als Quelle für Problemlösungen darbietet und damit verkürzt, was Religion sein kann (vgl. Englert 2012, 64).

Wolfgang Michalke-Leicht (2011b, 78–83) entwirft ein Planungsschema in zehn Etappen. Dabei geht er von einem in Anlehnung an den KLP gewählten Thema aus (1), das mit geeigneten Lernanlässen bzw. Anforderungssituationen aufbereitet wird (2). Anschließend gilt es das Lernvorhaben an den KLP zurückzubinden und auszuweisen, welche Kompetenzen gefördert werden (3), um daraufhin in groben Zügen das passende Lernarrangement zu beschreiben (4). Mit der Auswahl der konkreten Inhalte (5), den möglichen Lernwegen (6) und der Generierung von passenden Lernaufgaben (7) steigt Michalke-Leicht in das Fine-Tuning der Unterrichtsplanung ein. Mit der Betrachtung von alternativen Lernoptionen (8) lotet er die Möglichkeiten aus, auf individuelle Bedürfnisse durch vielfältige Lernangebote einzugehen. Zuletzt beschreibt er die Phase des Lernerfolgs (9), in der passende Mittel der Evaluation ausgewählt werden, und bestimmt schließlich die Lernquellen (10), d. h. die Medien anhand derer gelernt werden soll.

Damit legt Michalke-Leicht ein Planungsmodell vor, das „stärker strukturiert und enger getaktet" ist und damit „auf eine schematische und hierarchisierte Unterrichtsplanung setzt" (Sajak 2021, 350). Insgesamt beschreibt er damit einen Prozess, bei dem die Lehrperson zentrale Entscheidungen in der Planung nach vorgegebenen Schritten und immer mit Blick auf das, was die Schülerinnen und Schüler zum Lernen brauchen, trifft (vgl. Lenhard 2015, 8). Kritisch wird der Ansatz von Michalke-Leicht insofern rezipiert, als dass er z. B. daraufhin angefragt wird, dass die Planung und der Perspektivwechsel komplexer sind als dargestellt (vgl. Obst 2010) und zudem der Relevanzverlust des christlichen Glaubens in dieser Arbeit nicht beachtet würde (vgl. Lenhard 2015, 8).

In der Zusammenschau betrachten alle Modelle den Kompetenzaufbau und die nachhaltige Wirkung dessen als elementares Ziel der Unterrichtsplanung (vgl. Lenhard 2015, 13). Im Zentrum stehen dabei die Schülerinnen und Schüler als Subjekte des Lernens. Sie sollen entlang der vielfältigen Lernmöglichkeiten ihr Lernen selbst gestalten. Dies kann z. B. über sog. Anforderungs- bzw. Anwendungssituationen geschehen. Dabei handelt es sich um im besten Fall lebensrelevante Probleme und Herausforderungen im religiösen Kontext, die den Schülerinnen und Schülern lösungswert erscheinen. Zentrale Figur in der Planung bleibt bei allem Perspektivwechsel die Lehrperson. Ihr kommen in der Planung die Aufgaben zu, die Lernausgangslage zu erheben, ein vielfältiges Lehr-Lern-Arrangement zu schaffen und Momente der Selbst- und Fremdevaluation einzuplanen.

Beispiel

Zur Veranschaulichung wird die Erzählung von der „Bekehrung des Saulus“ (Apg 9,1–22) gewählt. Sie stellt eine Kernerzählung der biblischen Tradition dar, die vielfältige Aspekte der christlichen Botschaft abdeckt. Zudem steht sie als Beispiel biblischen Lernens für ein zentrales Lernfeld des Religionsunterrichts. Im Folgenden werden mögliche Kompetenzen, die entlang dieser Erzählung gefördert werden können, für die unterschiedlichen Schulstufen ausgewiesen, wobei die Lehrpläne der katholische Religionslehre für NRW als Orientierungspunkte herangezogen werden.

Primarstufe

Im Lehrplan Grundschule findet sich weder ein direkter Bezug zu besagter Perikope, noch zu Paulus überhaupt. Apg 9,1–22 kann also frei einem Bildungsstandard zugeordnet werden, sofern sich anhand dieser Perikope die im Standard angezielte Kompetenz stimulieren lässt. Z. B. formulieren die bischöflichen Bildungsstandards für die Primarstufe die anzustrebende allgemeine Kompetenz, dass die Schülerinnen und Schüler „elementare religiöse Zeichen und Symbole entdecken und ihre Bedeutungen benennen" können (DBK 2006, 19). Diese Formulierung findet sich fast wortgleich im Kernlehrplan für NRW wieder (vgl. KLP 2021, 163). Offensichtlich spielt in Apg 9,1–22 das Licht eine zentrale Rolle, denn Saulus bekehrt sich nach einer entsprechenden Vision. Man könnte also Saulus' sog. Damaskuserlebnis heranziehen, um die Symbolfähigkeit der Kinder zu fördern und gleichzeitig eine im Christentum gut belegte Deutung des Symbols Licht zu erarbeiten.

Sekundarstufe I (der Gesamtschule)

Für die Sekundarstufe 1 formulieren die Bildungsstandards im Inhaltsfeld „Kirche als Nachfolgegemeinschaft" die anzustrebende Kompetenz, dass die Schülerinnen und Schüler die „biblische[n] Grundlagen der kirchlichen Sendung (z. B. Prophetie Nachfolge, Mission) [kennen]" (DBK 2004, 27). Der Kernlehrplan für NRW operationalisiert diese Kompetenzerwartungen für die 5. und 6. Klasse der Sekundarstufe I der Gesamtschule weiter, wenn er formuliert, dass „die Schülerinnen und Schüler [...] die Bedeutung der Aposteltätigkeit (z. B. Apostel Petrus, Apostel Paulus) für die Urkirche erläutern [können]" (KLP 2013, 22). Hier kann mit Apg 9,1–22 unmittelbar angeschlossen werden, denn es handelt sich um eine Bekehrungserzählung, die Saulus in die Nachfolge Gottes ruft.

Sekundarstufe II

Der Kernlehrplan für die Qualifikationsphase der Sekundarstufe II fragt im Inhaltsfeld 2 „Christliche Antworten auf die Gottesfrage" u. a. nach der

Existenz Gottes. Es geht in diesem Inhaltsfeld auf der Ebene der Sachkompetenz auch darum, die Wahrnehmung und Bedeutung des Fragens nach Gott und des Redens von Gott in ihrer Lebenswirklichkeit zu beschreiben (vgl. KLP 2014, 27). Apg 9,1–22 lässt sich hier als exemplarisches Beispiel der Komplexität und Vielfältigkeit von Gotteserfahrungen einspielen. Im Damaskuserlebnis offenbart sich Gott Saulus zwar in einer Vision, Saulus versteht diese aber nicht unmittelbar und bedarf der Aufklärung durch Hananias. In der Auseinandersetzung mit diesen Facetten von Apg 9,1–22 trägt ein entsprechendes Unterrichtsprojekt auch zur Förderung der im Kernlehrplan ausgewiesenen Urteilskompetenz bei, dass die Schülerinnen und Schüler die Vielfalt von Gottesbildern erörtern (vgl. KLP 2014, 28)

Teil II
Themenkonstitution

Ein zentraler Kritikpunkt an der Kompetenzorientierung beklagt, dass Kompetenzen rein formale Fähigkeiten und Fertigkeiten benennen und die Inhalte, an denen sich diese Kompetenzen entwickeln sollen, beliebig seien. Es sei hier dahingestellt, ob diese Kritik zutrifft. Für den Religionsunterricht kann festgehalten werden, dass – zumindest im eben skizzierten Modell der DBK – neben allgemeinen Kompetenzen auch inhaltsbezogene ausgewiesen werden. Es geht also auch im kompetenzorientierten Religionsunterricht um die Erschließung konkreter Themen und die allgemeinen Kompetenzen, die entwickelt werden sollen, sind an diese Themen rückgebunden. Darüber hinaus lebt effektiver Unterricht nach Hilpert Meyer davon, dass bei aller Wertschätzung ganzheitlicher Unterrichtsformen und hoher methodischer Kompetenz der rote Faden der inhaltlichen Auseinandersetzung klar erkennbar sein muss (2004, 7f.).

Wir lassen die konkrete Unterrichtsplanung deshalb mit der Themenkonstitution beginnen, d. h. mit der Klärung der Inhalte, die in einer Unterrichtssequenz oder -stunde verhandelt werden. Andere Planungsansätze nehmen ihren Ausgangspunkt z. B. an den Subjekten des Unterrichts oder an den Lernprozessen (vgl. Brieden 2021, 365–370). Im Konzert der anderen Unterrichtsfächer scheint es uns für das Standing des Religionsunterrichts jedoch zumindest nicht abträglich zu sein, wenn er seinen Inhalten eine große Aufmerksamkeit schenkt.

Das scheint uns umso mehr angezeigt, als sich heutiger Religionsunterricht an Kinder und Jugendliche wendet, die in einer modernen Gesellschaft aufwachsen. Die Begriffe „globale Vernetzung“ und „religiöse Pluralität“ beschreiben Sachverhalte, die Schülerinnen und Schüler selbstverständlich in ihrem Alltag erleben. Gleichzeitig wachsen nur noch wenige Kinder in einem geschlossenen religiösen Milieu auf. Für den Religionsunterricht beinhaltet dieser moderne Kontext eine doppelte Problematik. Zum einen steht er vor der Herausforderung, dass er sich nicht auf die Vermittlung religiöser Wissensbestände beschränken kann. In einer pluralen Welt, in der es kaum noch religiöse Milieus gibt, fehlt ein soziales Umfeld, das religiösem Wissen eine Bedeutung für den Alltag zuschreibt.

Wissen allein bleibt jedoch so lange totes Wissen, wie es nicht für das eigene Leben fruchtbar gemacht werden kann. Zum anderen hat sich die Heterogenität der Schülerschaft, die schon seit den 70er-Jahren des letzten Jahrhunderts diskutiert wird, dahingehend zugespitzt, dass das Christentum nicht mehr den selbstverständlichen Bezugspunkt von Religion darstellt.

Die Unterrichtsplanung sollte sich dieser doppelten Problematik bereits bei der Themenkonstitution stellen. Deshalb wird hier auf ein Elementarisierungsmodell zurückgegriffen, das vor allem in Tübingen entwickelt worden ist (z. B. Schweitzer 2003) und mittlerweile auch daraufhin geprüft wurde, dass es mit einem kompetenzorientierten Religionsunterricht vereinbar ist (vgl. Schweitzer 2018). Es unterscheidet zwischen den religiösen Inhalten auf der einen und dem Leben der Schülerinnen und Schüler auf der anderen Seite. Diese Unterscheidung ist klassisch und wird im katholischen Bereich unter dem Begriff der Korrelation diskutiert. Das Elementarisierungsmodell bleibt jedoch nicht bei dieser ersten Differenzierung stehen, sondern führt auf beiden Seiten der korrelativen Grundfigur eine weitere Unterscheidung ein.[1] Hinsichtlich der Inhalte unterscheidet es zwischen deren fachwissenschaftlicher Analyse (elementare Strukturen) und deren Bedeutungspotentialen im Licht der christlichen Tradition (elementare Wahrheiten). Hinsichtlich der Schülerinnen und Schüler unterscheidet es zwischen den entwicklungspsychologischen (elementare Zugänge) und lebensweltlichen Verstehenshorizonten (elementare Erfahrungen). Alle vier Perspektiven sind bei der Themenkonstitution aufeinander bezogen.

[1] In der seit 2007 gültigen Version des Modells werden auch „elementare Lernformen" mit bedacht. Mit dieser Ergänzung wurde auf die Kritik reagiert, dass die Art und Weise des Arbeitens ein genuiner Bestandteil des Lernens ist. Im vorliegenden Fall wird auf die Berücksichtigung der Lernformen zu diesem Zeitpunkt verzichtet, weil sie an anderer Stelle (vgl. Kap. 9 und 10) für die Unterrichtsplanung fruchtbar gemacht werden (vgl. Sitzberger 2005).

2 Elementare Strukturen

Die fachwissenschaftliche Analyse des Unterrichtsgegenstandes gehört auch im Kontext der Kompetenzorientierung zu den klassischen Planungsaspekten. Unterricht bezieht sich auf konkrete Inhalte, deren Sachverhalte und Zusammenhänge richtig und angemessen zu durchdringen sind. Diese Notwendigkeit ergibt sich nicht nur aus dem Anspruch, Inhalte sachgerecht zu vermitteln. Sie ermöglicht auch, Inhalte so auszuwählen, dass sie sich einerseits für den angezielten Kompetenzerwerb eignen und andererseits in ihrer Exemplarität die spätere Anwendung der Kompetenz in anderen Situationen möglich macht. In diesem Kapitel werden der Begriff der „elementaren Strukturen" geklärt, seine Funktion erörtert und verschiedene Perspektiven, die der fachwissenschaftlichen Analyse Richtung geben können, entfaltet. Abgeschlossen wird das Kapitel durch eine Veranschaulichung der diskutierten Aspekte am Beispiel der Erzählung über die Bekehrung des Saulus (Apg 9,1–22).

Begriff

Wer etwas lehren will, sollte wissen, was Sache ist. Diese Forderung birgt Sprengstoff. Die heutige Gesellschaft sieht sich mit einer Explosion an Wissensbeständen konfrontiert. Medien wie das Internet, aber auch die Aufsplitterung herkömmlicher Medien wie des Fernsehens oder der Zeitschriften in vielfältige Kanäle bzw. Magazine haben dazu geführt, dass eine ungeordnete und überbordende Menge an Informationen öffentlich zugänglich ist. Darüber hinaus hat sich in den Wissenschaften ein Prozess der Differenzierung vollzogen, so dass sich bisweilen selbst Forschende innerhalb derselben Disziplin sprachlos gegenüberstehen.

Aufgabe der Frage nach den elementaren Strukturen ist es nun, eine Schneise in dieses Dickicht zu schlagen. Sie soll den unterrichtsrelevanten Themenbereich erschließen, indem sie die zum Verständnis notwendigen Wissensbestände erhebt und in ihrem inneren Zusammenhang entschlüsselt. In materialer Hinsicht beziehen sich die elementaren Strukturen auf die Inhalte und die Zusammenhänge, die das Unterrichtsthema charakterisieren. Es geht also um die Leitfragen: Was muss ich wissen, um das Unterrichtsthema entwickeln zu können? und: Wie beziehen sich die einzelnen Inhaltsaspekte des Unterrichtsthemas aufeinander? In funktionaler Hinsicht beziehen sich die elementaren Strukturen auf die Auswahl der zum Verständnis notwendigen Inhalte und Zusammenhänge. Es geht also um die Leitfrage: Welche Inhalte und Zusammenhänge müssen Gegenstand der Auseinandersetzung im Unterricht sein, welche können weggelassen werden, so dass das Unterrichtsthema inhaltlich nachvollzogen werden kann und die die Schülerinnen und Schüler entlang des Themas die ausgewählten Kompetenzen entwickeln können?

Schülerinnen und Schüler können und brauchen nicht mit allen zu einem Thema verfügbaren Inhalten konfrontiert werden. Ein erstes Kriterium der Auswahl sind die Kinder und Jugendlichen selbst, insofern der Stand ihrer Entwicklung und die Kenntnis ihrer Lebenslage in die Auswahl der Inhalte und Zusammenhänge einfließen. Beide Aspekte werden in den folgenden Kapiteln unter den Begriffen der „elementaren Zugänge" und der „elementaren Erfahrungen" dargestellt.[2] Ein zweites Kriterium der Auswahl ist die Bedeutung der Inhaltsaspekte mit Blick auf das Unterrichtsthema bzw. die ausgewählte Kompetenz. Manche Informationen können weggelassen werden, ohne dass sich der Eindruck vom Unterrichtsgegenstand wesentlich ändert, andere müssen unbedingt dargeboten werden. Ein drittes Kriterium der Auswahl ist die Exemplarizität der Inhalte und Zusammenhänge. Ein exemplarischer Sachverhalt zeichnet sich dadurch aus, dass er das Thema in seinen charakteristischen Facetten darstellt. Er beinhaltet im Kleinen, was das Gesamt des Themas ausmacht und bietet so die Möglichkeit, an einem beispielhaften Inhalt Fähigkeiten und Fertigkeiten zu entwickeln, die im Späteren auch auf andere Inhalte bezogen werden können. Ein viertes Kriterium der Auswahl ist schließlich die fachliche Anschlussfähigkeit. Es liegt auf der Hand, dass das Unterrichtsthema auch in seiner vereinfachten Form richtig und in sich schlüssig dargelegt werden muss. Die Auswahl darf nicht auf Kosten

---

[2] Hier zeigt sich ein zentraler Unterschied zwischen der schriftlichen Darstellung einerseits und der realen Unterrichtsplanung andererseits. In der Beschreibung können die vier Perspektiven des Planungsprozesses um der Klarheit Willen nur hintereinander dargestellt werden. In der realen Planung liegen sie jedoch stets gleichzeitig vor, greifen also ineinander. So ist bei der Durchsicht von Fachzeitschriften oder Lehrbüchern immer auch das Bild der Klasse, in der das Thema unterrichtet werden soll, im Hinterkopf.

der fachlichen Zuverlässigkeit gehen. Ohne mit dieser Auflistung bereits eine vollständige Skizze der Auswahlkriterien liefern zu wollen, zeichnen sich elementare Gehalte durch ihre Schülergemäßheit, ihre Zentralität, ihre Exemplarizität und durch ihre fachliche Anschlussfähigkeit aus.

Mit der Erschließung der elementaren Strukturen ist in der Regel auch die Frage nach den Informationsquellen verbunden. Das Universitätsstudium, das wohl die Mehrzahl der Religionslehrpersonen durchlaufen hat, kann ein solides theologisches Grundwissen liefern. Wissenschaft und Alltag entwickeln sich jedoch weiter und viele Inhalte sind kurz nach den Prüfungen bereits wieder in Vergessenheit geraten. Es gibt viele Möglichkeiten sachlicher Information: Fachbücher, Fachzeitschriften, Lehrerhandbücher, ausgearbeitete Stundenentwürfe, Internetrecherche, Tageszeitungen, Fortbildungen, etc. Im Vergleich liefern wissenschaftlich fundierte Quellen wie Fachzeitschriften, Lehrerhandbücher und Fortbildungen bewährte und abgewogene Sachverhalte, während das Plus von Internet, Tageszeitungen und ähnlichen Quellen in ihrer Aktualität und Zugänglichkeit liegt.

Funktionen

Die Frage nach den elementaren Strukturen erfüllt mehrere Funktionen in der Unterrichtsplanung. Drei dieser Funktionen wurden bereits hinlänglich dargestellt und diskutiert: die Information über die für das Unterrichsthema bzw. die Kompetenzentwicklung bedeutsamen Sachverhalte, die Reduktion der zur Verfügung stehenden Sachverhalte auf die für das Verständnis notwendigen und die dadurch bewirkte Konzentration auf elementare Inhaltsaspekte und Zusammenhänge.

Ferner gewährt eine intensive Beschäftigung mit den elementaren Strukturen Sicherheit für das Unterrichtsgeschehen. Die Suche nach den zentralen Sachverhalten und Zusammenhängen einer Thematik gleicht sehr oft einem verschlungenen Weg durch vage bekanntes Terrain. Mit der Zeit stellt sich ein geschlossener Eindruck des Terrains ein, aus dem heraus bestimmt werden kann, was zentral ist und was weggelassen werden kann. So schmerzhaft dieser Verzicht auch sein mag, befähigt er doch, zwei typische Herausforderungen des Religionsunterrichts zu meistern. Zum einen bewegt die Frage, wie mit unvorhergesehenen Fragen umgegangen werden kann, viele Studierende. Mit dem Umfang des Hintergrundwissens nimmt die Wahrscheinlichkeit ab, auf derartige Fragen keine Antwort zu wissen. Zum anderen steht in der Vorbereitung von Praktikumsstunden immer wieder die Frage im Raum, ob das vorbereitete Thema auch mit dem übereinstimmt, „was die Kirche sagt". Im Kern geht es vor allem darum, begründen zu können, warum das eigene Unterrichtsangebot – und hier oft dessen sprachlicher Ausdruck – mit dem übereinstimmt, was in der christlichen Tradition angelegt ist. Dies gelingt umso besser, je tiefer man mit dem Stand der aktuellen theologischen Diskussion vertraut ist.

Schließlich fungiert die Beschäftigung mit den elementaren Strukturen auch als Korrektiv gegenüber der eigenen Voreingenommenheit und den impliziten Theologien des Materials. Nur in den seltensten Fällen wird man im Religionsunterricht mit einer Thematik konfrontiert, von der man noch nie etwas gehört hat. Dieses Vorwissen ist auf der einen Seite eine große Hilfe, denn es gibt der inhaltlichen Recherche eine Richtung. Auf der anderen Seite kann dieses Vorwissen aber auch dazu führen, dass bestimmte Bereiche der Thematik anfänglich ausgeblendet werden. Gleiches gilt für Medien und bereits ausgearbeitete Stundenentwürfe. Auch sie sind aus einem bestimmten theologischen Interesse heraus entstanden, das die Struktur von Medien und Entwurf prägt. In beiden Fällen wirkt eine intensive Beschäftigung mit den elementaren Strukturen korrigierend.

Dimensionen

Die Frage nach den elementaren Strukturen hat verschiedene Dimensionen. Im Folgenden soll der Blick auf einzelne Aspekte des Inhalts, auf das theoretische Umfeld und die thematischen Strukturen gerichtet werden. Angesichts der Komplexität der Unterrichtsplanung können sie helfen, die eigenen Gedanken zu ordnen. Hier liegt der Wert dieser Unterscheidung, denn der Planungsprozess selbst wird wahrscheinlich eher als eine Art Ping Pong zwischen den einzelnen Dimensionen verlaufen.

Aspekte des Inhalts

Ein Unterrichtsthema setzt sich aus einer Fülle einzelner Informationen zusammen. Sie sind die Bausteine, aus denen ein Thema besteht, und geben ihm Kontur. Die Frage nach den elementaren Strukturen beginnt in der Regel mit dem Sammeln dieser Einzelinformationen.

In der Diskussion über typische Strategien der Recherche wurde bereits deutlich, dass die wissenschaftliche Diskussion und die alltägliche Erfahrung die beiden klassischen Quellen für inhaltliche Aspekte eines Themas sind. Die wissenschaftliche Diskussion stellt Begriffe und Modelle zur Verfügung, mit denen eine Thematik erfasst werden kann. In der Regel handelt es sich bei diesen um bewährte Gedankengebäude. Handelt es sich um innovative Zugänge, die noch kontrovers diskutiert werden, ist garantiert, dass man eine Vielzahl an Perspektiven auf eine Thematik in den Blick bekommt. Die alltägliche Erfahrung erfasst die inhaltlichen Aspekte dagegen in der Art und Weise, wie sie im Leben der Schülerinnen und Schüler vorliegen. Statt konzeptueller Begriffe und Modelle liefert sie anschauliche Beispiele, die einen lebensweltlichen Zugang zur Thematik ermöglichen.

Akzeptiert man das Kantsche Diktum, wonach Begriffe ohne Anschauung leer und Anschauung ohne Begriffe blind bleiben, ergänzen sich beide Quellen für inhaltliche Informationen gegenseitig. Wenn man sich ausschließlich auf die Fachwissenschaft konzentriert, besteht nicht nur das Dilemma fehlender Aktualität, sondern es droht auch der sprichwörtliche Elfenbeinturm. Umgekehrt kann die ausschließliche Konzentration auf den eigenen Verständnishorizont in die ewige Wiederholung des Selbstverständlichen münden. Überraschendes und Perspektiven, die neue Horizonte erschließen, kämen nur zufällig zum Tragen.

Hinsichtlich fachwissenschaftlicher Informationsquellen stellt die Theologie sicher die erste Bezugswissenschaft dar. Allerdings zeigt sich bereits in der wissenschaftlichen Diskussion, dass es viele Überschneidungen mit benachbarten Wissenschaftszweigen gibt. Gleiches gilt für die Unterrichtsplanung, denn schon die Inhaltsfelder der Kernlehrpläne lassen sich nicht immer nur ausschließlich der Theologie zuordnen. So enthält das Inhaltsfeld „Menschsein in Freiheit und Verantwortung" (KLP Ges Sek I) viele Aspekte, die hinreichend durch psychologische oder soziologische Modelle beschrieben werden. Ebenso berührt der Themenbereich „Verantwortliches Handeln aus christlicher Motivation" zentrale

Fragen aus Soziologie und Philosophie. Und auch in konkreten thematischen Ausprägungen des Inhaltsfelds „Das Wort Gottes und das Heilshandeln Jesu Christi in den biblischen Überlieferungen“ sind z. B. im Bereich der Schöpfung ökonomische, ökologische und naturwissenschaftliche Fragen von Bedeutung. „In jedem Fall geht es aber darum, sich mit Hilfe der verschiedenen wissenschaftlichen Erkenntnisse darüber klar zu werden, was beim jeweiligen Thema wesentlich ist und worauf es entscheidend ankommt.“ (Schweitzer 2003, 17)

Kontexte

Eine zweite Dimension der Frage nach den elementaren Strukturen bezieht sich auf das Umfeld der Unterrichtsthematik. Eine Thematik, die im Unterricht entwickelt werden soll, steht in der Regel immer in einem größeren, inhaltlichen Zusammenhang. Biblische Erzählungen können etwa im Kontext historischer Kritik behandelt werden, aber auch als ethische Lehrerzählung. Beide Zugänge sind möglich, werfen aber ein unterschiedliches Licht auf die Erzählung. Wenn die Frage nach den elementaren Strukturen ihrer Korrekturfunktion gerecht werden soll, ist es notwendig, die wesentlichen Kontexte der Unterrichtsthematik zu erfassen. Dies bedeutet nicht, dass sämtliche Zugänge auch im Unterricht selbst behandelt werden; der Überblick soll zu einer verantworteten Entscheidung befähigen.

Neben den inhaltlichen Zusammenhängen, in denen das Unterrichtsthema diskutiert werden kann, ist es gerade im Religionsunterricht auch von Bedeutung, in welcher Form die Inhalte vorliegen. Diese im Bereich der Exegese unter dem Stichwort der Gattungskritik diskutierte Frage kann für die Unterrichtsplanung verallgemeinert werden: Wer erzählt was auf welche Art und Weise? Offensichtlich sind religiöse Gehalte in verschiedenen Textsorten gegenwärtig. Wissenschaftliche Abhandlungen finden sich neben lehramtlichen Verlautbarungen und Stellungnahmen, liturgischen und rituellen Texten oder persönlichen Glaubenszeugnissen. Darüber hinaus liegen religiöse Themen nicht nur in Sprache gefasst vor. Vor allem die lange Tradition darstellender Kunst prägt die religiöse Vorstellungswelt. Diese Vorstellungen und Symbole werden in der zeitgenössischen Musik und Malerei aufgegriffen und weiterentwickelt. Dazu kommt, dass sich Religion nicht in einem herrschaftsfreien Raum entfaltet. Innerhalb der katholischen Kirche trägt das Lehramt dafür Sorge, dass sich gelebte Religiosität in Treue zum jesuanischen Ursprung entwickelt. Ferner werden in der gegenwärtigen Gesellschaft verschiedenste Überzeugungen weitgehend fraglos akzeptiert, etwa dass Geld die Welt regiert, dass der Schulabschluss über die persönliche Zukunft entscheidet, dass Frauen Erziehung und Karriere leichter miteinander vereinbaren als Männer oder dass nur junge Menschen zur wirtschaftlichen Wertschöpfung beitragen. Diese Machtverteilung schlägt sich sehr oft in der Form nieder, in der inhaltliche Positionen dargeboten werden. Wer sich in Übereinstimmung mit der gültigen Position weiß, kann offen und klar sprechen, eventuell sogar einen fordernden oder drohenden Ton annehmen. Wer dagegen eine Minderheitenposition vertritt, ist auf Vorsicht und Behutsamkeit in der Argumentation angewiesen.

Von zentraler Bedeutung für den Unterrichtsverlauf ist schließlich auch, ob ein Unterrichtsthema in sich schlüssig erklärt werden kann (z. B. der Aufbau der Bibel) oder ob die Wissenschaft verschiedene, eventuell sogar miteinander konkurrierende Modelle dafür anbietet (z. B. im Kontext der Theodizee-Problematik). Im ersten Fall ergeben sich geringere Herausforderungen, denn in sich konsistente Erklärungen lassen sich stringent erarbeiten. Anders stellt sich der zweite Fall dar, denn er endet in einer Mehrzahl an Lösungsmöglichkeiten, was Probleme mit der Orientierung zur Folge haben kann. Es ist aber auch denkbar, dass gerade diese Offenheit und Vielschichtigkeit alternativer Lösungsmöglichkeiten das Interesse der Lerngruppe weckt und die Urteilskompetenz der Schülerinnen und Schüler fördert. Thematische Unabgeschlossenheit ist nicht zwangsläufig ein Zeichen theoretischer Unschärfe. Wurde die Frage nach den elementaren Strukturen sorgfältig ausgeführt, kann sie ein Zeichen der Zeit oder des Themas sein. Im Licht der Kompetenzorientierung scheinen Themen der ersten Kategorie häufig mit dem Aufbau der Sachkompetenz assoziiert zu werden. Inhalte der zweiten Kategorie eignen sich hingegen besonders für den Aufbau der Urteilskompetenz, wenn auch hier Stunden vorausgehen sollten, die die einzelnen Lösungsmöglichkeiten zunächst als schlüssige Gedankengebäude rekonstruieren und so die Sachkompetenz fördern.

Thematische Strukturen

Eine dritte Dimension der fachwissenschaftlichen Analyse konzentriert sich auf charakteristische thematische Strukturen. Ein Thema liegt nicht nur als Fülle von Einzelaspekten vor. Die einzelnen Sachverhalte weisen vielmehr zahlreiche Verknüpfungen untereinander auf, die in ihrem Gesamt die thematische Struktur ausmachen. In diesem Sinn lässt sich jede Thematik als Mind Map entwickeln, wobei die Struktur durch das Verhältnis der einzelnen Äste zueinander definiert wird. Stellt man sich eine ausgearbeitete Mind Map vor, wird sofort ersichtlich, dass mit der Frage nach inhaltlichen Zusammenhängen eine Gewichtung der einzelnen Aspekte eines Themas verbunden ist. Je näher ein Ast dem Mittelpunkt der Mind Map ist, umso zentraler und umfassender ist seine Bedeutung für den Kern der Sache. Da es eine Aufgabe der Unterrichtsplanung ist, elementare Strukturen aus der fachwissenschaftlichen Diskussion herauszufiltern, ist diese Gewichtung eine zentrale Aufgabe der Frage nach diesen. Sie garantiert, dass nur wesentliche Inhalte und zentrale Zusammenhänge zur Sprache kommen, die einen hinreichenden Zugang zur Unterrichtsthematik und zur Kompetenzerweiterung ermöglichen.

Führt man das Bild der Mind Map weiter aus, veranschaulicht es die Vielfalt der Perspektiven, die sich bei der Analyse inhaltlicher Zusammenhänge ergibt. Im Mittelpunkt der Mind Map steht ein zentraler Begriff, der in den Haupt- und Nebenästen inhaltlich entfaltet wird. Dieser zentrale Begriff bindet die gesamte Mind Map zusammen, definiert also den Zugang zur Stofffülle und deren Struktur. Jede Hauptkategorie, die vom zentralen Begriff der Mind Map ausgeht, steht für eine in sich schlüssige Perspektive auf das zentrale Thema. Bei größeren Themenkomplexen kann jeder Hauptast für eine eigenständige Stunde innerhalb einer Stundensequenz stehen. Oft ist es aber auch so, dass bei einer komplexen Materie verschiedene Begriffe als Kern der Mind Map nahe liegen. Entfaltet man jede dieser Möglichkeiten in einem eigenen Strukturgitter, werden die einzelnen Modelle zwar weitgehend aus demselben Material bestehen, sich jedoch in ihren Zusammenhängen zum Teil tiefgreifend unterscheiden. Dieser Respekt vor der Vielfalt der Perspektiven scheint gerade für den Religionsunterricht von entscheidender Bedeutung, denn viele seiner Inhalte beruhen zu weiten Teilen auf individuellen Erfahrungen und subjektiven Zugängen. Nimmt man etwa das Schöpfungsthema, ist es von entscheidender Bedeutung, ob die Inhalte aus einer säkularen oder einer religiösen Haltung heraus betrachtet werden. Im ersten Fall handelt es sich um Natur, was im zweiten Fall als Werk Gottes begriffen werden kann. Im Bewusstsein um die Vielfalt möglicher Perspektiven, die ein und dieselbe Sache in unterschiedlichem Licht erscheinen lässt, kann der Dialog zwischen diesen Zugängen bereits in der Planung berücksichtigt werden.

Beispiel

Zur Veranschaulichung werden die einzelnen Dimensionen der fachwissenschaftlichen Perspektive auf Apg 9,1–22 angewendet. Sie werden ausführlich beschrieben, um das Potential der Frage nach den elementaren Strukturen anzudeuten.

Aspekte des Inhalts

Im Mittelpunkt von Apg 9,1–22 steht die Person des Saulus. Sein Leben lässt sich nur eingeschränkt rekonstruieren (vgl. Bornkamm 1987; Gnilka 1996). Paulus – so sein eigentlicher Name, Sha-ul gilt als sein jüdischer Rufname – wurde wahrscheinlich um die Zeitenwende in der Stadt Tarsus, einem Verkehrsknotenpunkt in Kilikien und einem Zentrum griechischer Bildung, geboren. Er war Sohn jüdischer Eltern und hatte gleichzeitig das römische Bürgerrecht. In diesem Sinn wuchs Saulus in einer multikulturellen Umgebung auf, die durch ein urbanes Milieu und ein Leben im Umfeld der Synagoge geprägt war. Als Brotberuf erlernte Saulus Zeltmacher. Spirituell schloss er sich der jüdischen Bewegung des Pharisäismus an, die eine rigorose Beachtung religiöser Gesetze verlangte. Vor diesem Hintergrund erschließt sich auch sein Vorgehen gegen die Anhängerinnen und Anhänger Jesu Christi. Sie waren in seinen Augen Abtrünnige von der jüdischen Orthodoxie, und die sog. Verfolgung der Christen erfolgte wohl „im Rahmen der den Synagogengemeinden zugestandenen internen Strafgewalt“ (Bornkamm 1987, 39). Etwa um das Jahr 32 erfolgte die in Apg 9,1–22 beschriebene Bekehrung.[3] Sie trifft auch nach Paulus' eigenen Aussagen keinen Menschen, der sich in Glaubenszweifeln selbst zermartert, sondern einen Mann, der sich seines Glaubens sehr sicher ist und eifernd für ihn eintritt. In der Folge seiner Bekehrung entwickelt Paulus eine weitreichende Missionstätigkeit. Über die Einzelheiten dieser Tätigkeit gibt es keinen exegetischen Konsens. Unbestritten ist aber, dass sich Paulus nicht nur an Juden wandte. Sein Ziel war die Verkündigung Jesu bis an die Enden der damals bekannten Welt (= das heutige Spanien), wobei ausdrücklich „Heiden", d. h. Menschen ohne jüdische Herkunft, angesprochen wurden. Ferner scheint gesichert zu sein, dass sich Paulus in seiner Missionstätigkeit vor allem auf die Städte der von ihm bereisten Gebiete konzentrierte. Die hier entstehenden Gemeinden fungierten als Missionszentren für das Umland. Während diese Aufgabe von den Mitarbeitern des Paulus wahrgenommen wurde, zog er selbst in die nächste Stadt, um ein neues Missionszentrum zu gründen. Neben dem Missionar ist vor allem der Theologe Paulus, nicht zuletzt durch das überlieferte Briefkorpus, in Erinnerung geblieben. Er steht für eine Theologie im Prozess, denn in seinen Briefen findet sich weniger ein in sich geschlossenes theologisches System als die sich an konkreten Anlässen ausrichtende allmähliche Entfaltung theologischer Grundpositionen. Über die letzten Lebensjahre des Paulus liegen nur wenige gesicherte Erkenntnisse vor. Er wird sie wohl in Rom verbracht haben, in lockerer Gefangenschaft anlässlich eines sich dahinschleppenden Prozesses. Anfang der sechziger Jahre stirbt Paulus dann unter Nero den Märtyrertod.

In der Erzählung selbst erscheint Saulus als passives Objekt des Handelns Gottes. Gott greift machtvoll in sein Leben ein und bestimmt seinen weiteren Lebensweg. Diese Handlungsmacht Gottes wird an zwei Stellen besonders deutlich: In der Szene vor Damaskus wird Saulus zu Boden geworfen und erhält die Weisung, in die Stadt zu gehen. Während der gesamten Szene bleibt Saulus passiv, er fragt lediglich nach der Identität der Macht, mit der er es zu tun hat. In Damaskus selbst kommt Saulus ausschließlich durch die Intervention Gottes zum Glauben. Hananias tritt lediglich als von Gott gesandter Heiler in Erscheinung. Als Werkzeug Gottes

---

[3] Diese Datierung beruht auf der Datierung des Todes Jesu auf das Jahr 30. Sie wird sowohl von Günter Bornkamm als auch von Joachim Gnilka vertreten. Bei einer anderen Datierung des Todes Jesu verschiebt sich die Biografie des Paulus entsprechend.

öffnet er Saulus die Augen, der sich daraufhin sofort taufen lässt. Zwischen Heilung und Taufe liegt also keine Katechese, auch wird von keiner Bedenkzeit des Saulus berichtet. Stattdessen wurde Saulus von Gott als „auserwähltes Werkzeug“ (Apg 9,15) zum Völkermissionar bestimmt. Stellt man in Rechnung, dass Saulus in der Eingangsszene als selbstbewusster Pharisäer vorgestellt wird, dessen Glaube an sein rechtmäßiges und gottgefälliges Tun durch keinen Zweifel irritiert wurde, wird die Handlungsmacht Gottes vollkommen: Sein Wirken trifft einen Menschen mitten im Leben und bringt ihn zu einer vollkommenen Veränderung dieses Lebens. Saulus ist dieser Macht ausgeliefert.

Die Identität dieser Macht bleibt auf der Erzählebene in gewisser Weise unklar. Auf der einen Seite gibt sie sich Saulus selbst als „Jesus“ zu erkennen, auf der anderen Seite erscheint Hananias „der Herr“, also Gott. Diese Doppeldeutigkeit wird in den einschlägigen Kommentaren nur am Rand diskutiert. Gerhard Schneider (1982, 27) schlägt vor, dass die Jesusbegegnung Saulus‘ auf die Kontinuität des himmlischen Christus mit dem irdischen Jesus hinweisen soll. Ansonsten ist man sich einig, dass der himmlische Christus Saulus erscheint. In diesem Sinn ist die Differenz zwischen Jesus und Gott keine grundsätzliche. Es geht in der gesamten Erzählung um die Bekehrung des Saulus, der sich zum Willen Gottes, wie er durch und in Jesus verkündigt wurde, hinwendet.

Neben Saulus und Gott tritt als dritte markante Person Hananias in Erscheinung. Er findet sich im gesamten biblischen Korpus nur in dieser Perikope. Hananias wird als Jünger vorgestellt, ist also Mitglied der/einer ortsansässigen Gemeinde. In der Bekehrungs-Erzählung kommt ihm die Funktion des Heilers zu. Er legt Saulus die Hände auf und gibt sich als Gesandter Jesu zu erkennen. Weitere Funktionen werden von ihm nicht erwähnt. Insgesamt bleibt die Figur des Hananias in der Erzählung also relativ blass, er wird als Werkzeug Gottes dargestellt.

Kontexte

Die Erzählung spielt in der Anfangssituation des Christentums. Als narratives Konstrukt ist sie jedoch kein historischer Bericht, sondern erzählt von der kraftvollen Durchsetzung des Christentums in einer heidnischen Umwelt. Im Folgenden sollen deshalb der historische und literarische Kontext der Erzählung kurz beleuchtet werden.

In historischer Hinsicht fällt Paulus' missionarisches und theologisches Wirken in eine Zeit, in der das Christentum auf der Suche nach einer eigenen Identität ist. „Das Urchristentum begann als eine von Jesus hervorgerufene innerjüdische Erneuerungsbewegung. Übergänge zum hellenistischen Urchristentum und zum Judenchristentum sind fließend.“ (Theißen 1988, 9) Die Verbreitung des Christentums findet also in zwei unterschiedlichen soziokulturellen Gravitationsfeldern statt. Auf der einen Seite steht das Judenchristentum, dessen Zentrum Palästina und die angrenzenden Gebiete Syriens darstellen. Es entstand als Bewegung einer innerjüdischen Reform, die mit anderen derartigen Bewegungen konkurrierte und deren Anhänger im Verlauf der Durchsetzung des Pharisäismus erst allmählich aus der jüdischen Gemeinde ausgeschlossen wurden. Auf der anderen Seite steht das hellenistische Urchristentum, das vorwiegend außerhalb Palästinas existierte. Es entstand wohl im Umfeld jüdischer Synagogen, indem sich Sympathisanten mit dem Judentum für die Erzählungen der innerjüdischen Erneuerungsbewegung, die sich auf Jesus von Nazaret beruft, begeisterten. Dass es sich hierbei zu Zeiten des Paulus eher um eine lebenspraktische denn um eine dogmatisch fundierte Unterscheidung handelt, zeigen die Auseinandersetzungen auf dem sog. „Apostelkonzil“. Insgesamt ist die Ablösung des Christentums vom Judentum zum Zeitpunkt, an dem die Bekehrung des Saulus/Paulus stattgefunden hat (ca. 32, vgl. oben), also noch nicht erfolgt.

Die Erzählung von der Bekehrung des Saulus ist Teil der Apostelgeschichte, deren Ziel es ist, den Weg der Botschaft Jesu von Jerusalem bis nach Rom, dem Zentrum der damaligen Welt, nachzuzeichnen. Sie entstand gegen Ende des ersten Jahrhunderts (vgl. Pesch 1986, 28). Aufgrund der großen Unterschiede zwischen dem Paulusbild der Apg und den Selbstaussagen des Paulus in seinen Briefen kann der Verfasser unmöglich ein Reisebegleiter des Apostels gewesen sein. „Das Bild, das der Verfasser von der Kirche zeichnet, aber auch seine theologische Konzeption führen etwa in das Ende des 1. Jahrhunderts. Zu Hause ist der Verfasser im hellenistischen Raum.“ (Marxsen 1978, 172)

In literarischer Hinsicht markiert die Bekehrungs-Erzählung – neben anderen Erzählungen – den Übergang der Mission vom Judentum zum Heidentum. Die Apostelgeschichte lässt sich grob in zwei Teile gliedern, deren erster durch die Person des Petrus (Apg 1–12) und deren zweiter durch die Person des Paulus (Apg 13–28) geprägt ist. Die Bekehrung des Saulus findet sich also im ersten Teil der Apostelgeschichte. Sie markiert in der Darstellung des Verfassers den allmählichen Übergang zur Heidenmission, die von Philippus, Petrus und Johannes in Samarien begonnen wird (Apg 8). Offensichtlich liegt es dem Verfasser der Apostelgeschichte nicht am Herzen, ein historisch zutreffendes Bild des Paulus zu zeichnen (vgl. oben). Nach Willi Marxsen geht es ihm eher darum, ein Erbauungsbuch für Christen zu schreiben und unter den Heiden um Sympathie für das Christentum zu werben (vgl. 1978, 170). In diesem Sinn erzählt er auch von der Bekehrung des Saulus.

Die Darstellung der Bekehrung des Saulus findet sich drei Mal in der Apostelgeschichte, denn neben dem direkten Ereignis (Apg 9,1–22) erzählt Paulus selbst zu zwei Gelegenheiten von den Vorgängen vor Damaskus (Apg 22,3–21 und Apg 26,2–23). In allen drei Versionen spielt das Licht-Ereignis eine zentrale Rolle. Allerdings liegt der thematische Schwerpunkt von Apg 9,1–22 auf der Bekehrung, während in den beiden Berichten des Paulus das Motiv der Berufung stärkeres Gewicht hat (vgl. Schneider 1982, 22). In den Briefen des Paulus findet sich dagegen kein ausdrücklicher Beleg für ein derartiges Ereignis. Indirekt könnte man geltend machen, dass sich Paulus als direkt von Gott Berufener begriffen hat. In charakteristischer Weise begründet er sein Apostolat nie mit der Sendung durch eine Gemeinde, sondern stets mit der direkten Berufung durch Gott (vgl. Gnilka 1996, 42–44). Ob diese Erfahrung vor Damaskus stattgefunden hat, lässt sich nicht sicher feststellen. Rudolf Pesch sieht in der Erwähnung dieser Stadt in Gal 1,17 allerdings einen entsprechenden Hinweis (1986, 301). „Wahrscheinlich hat Lukas für seine drei Berichte [...] eine legendarische Gemeindeüberlieferung [...] benutzt. In ihr kam wohl auch schon Hananias als Mittler vor. Wir können diese Tradition nicht wieder herstellen." (Schneider 1982, 23) In der Folge lässt sich auch kaum sicher bestimmen, inwieweit der Verfasser der Apostelgeschichte in die ihm vorliegende Tradition eingegriffen hat.

Auf der Erzählebene, wie sie in besagter Perikope vorliegt, lassen sich sechs Abschnitte unterscheiden, die eine Ringkomposition wiedergeben (vgl. Pesch 1986, 298f.; Weiser 1981, 216f.). Im ersten Abschnitt (VV 1–2) wird Saulus als Christenverfolger vorgestellt. Ihm folgt der erste Visionsbericht mit dem Licht-Ereignis (VV 3–6). Der dritte Abschnitt erzählt von den Auswirkungen der Vision (VV 7–9). Es fügt sich ein weiterer Visionsbericht an (VV 10–16), dem wiederum eine Schilderung der Konsequenzen folgt (VV 17–19a). Abschließend erscheint Saulus als Verkünder der

Botschaft Christi (VV 19b–22). Nimmt man die Vision und ihre Konsequenz als ein Erzählmoment wahr, ist die Perikope folgendermaßen aufgebaut: Saulus als Christenverfolger → Gotteserfahrung des Saulus → Gotteserfahrung des Hananias → Saulus als christlicher Missionar.

Das Eingreifen Gottes in die Wirklichkeit wird vom Verfasser der Erzählung stets im Sinn einer Vision bzw. Audition dargestellt. Er bleibt somit im Rahmen seiner religiösen Traditionen. Allerdings stellt er die Gottesbegegnung des Saulus anders dar als die des Hananias. Saulus umstrahlt ein Licht vom Himmel, das ihn zu Boden wirft. Er und seine Begleiter hören eine Stimme, deren Ursprung nicht auszumachen ist. Der Verfasser greift in der Erzählung dieser Szene also auf anschauliche Bilder zurück, die sich unmittelbar erschließen und die Macht des Eingreifens Gottes vor Augen führen. Die Gotteserfahrung des Hananias wird dagegen lediglich mit dem Terminus technicus „Vision" (Apg 9,10) qualifiziert und als Gespräch zwischen dem Jünger und Gott ausgeführt. Beide Darstellungsstrategien eröffnen dem Verfasser erzählerische Optionen, die er auch nutzt. So bleibt Hananias – im Gegensatz zu Saulus – während des Gesprächs mit Gott die Möglichkeit, seine Bedenken vorzutragen. In der Szene vor Damaskus veranschaulichen die Bilder dagegen nicht nur die Macht des Eingreifens Gottes, sondern mit der Wahl der Licht-Metaphorik eröffnet sich der Verfasser eine Möglichkeit, den inneren Zustand des Saulus zu beschreiben. Saulus ist geblendet und es fällt ihm nach der Heilung durch Hananias wie Schuppen von den Augen (Apg 9,18): Bei der Bekehrung geht Saulus ein Licht auf, d. h. er erkennt, dass sein bisheriger Weg falsch war, und zieht die Konsequenzen aus dieser Erkenntnis.

Im katholischen Brauchtum gilt Paulus als Völkerapostel und Mitbegründer der katholischen Kirche, dessen Gedenken am 29. Juni gefeiert wird (vgl. Schauber/Schindler 1999, 558–560). Er wird häufig mit Schwert und Buch dargestellt, in der Malerei dominiert die Darstellung seiner Bekehrung. Hier zeigt sich auch die prägende Kraft darstellender Kunst im allgemeinen Bewusstsein. Die Szene vor Damaskus wurde so prominent mit einem Pferd dargestellt (z. B. Caravaggios Darstellung in S. Maria del Popolo, Rom), dass die Bekehrung des Paulus häufig mit dessen Sturz vom Pferd identifiziert wird, obwohl die biblische Erzählung nichts von einem derartigen Tier berichtet.

Thematische Strukturen

In der Erzählung lassen sich mehrere thematische Anknüpfungspunkte finden: Grosso modo ist sie eine Geschichte über die *Bekehrung* eines Menschen. Nimmt man den Blickwinkel der Erzählung ein, wechselt Saulus vom vehementen Bekenntnis zur jüdischen Orthodoxie zum Glauben an Jesus Christus und seine Botschaft. Manchmal wird die gesamte Perikope als *Berufung* des Paulus gedeutet. Aus diesem Blickwinkel ginge es um die Einsicht des Saulus, seinen Glaubenseifer im Gegensatz zu seinem bisherigen Leben in den Dienst der Verbreitung der Botschaft Jesu Christi zu stellen. Sieht man von einem durchgängigen Thema ab, handelt die Erzählung aber auch vom *Verhältnis Gottes zum Menschen.* Gott greift direkt in das Leben des Saulus ein, und zwar in einer Art und Weise, dass man nachfragen kann, ob Saulus überhaupt eine Wahl hatte. Eng mit diesem Blickwinkel ist schließlich die Frage verbunden, *wie Gott im eigenen Leben erfahren werden kann.* Die Erzählung selbst stellt mit Blick auf Saulus zwei typische Möglichkeiten vor, nämlich eine direkte Vision oder Audition, aber auch die vermittelte Begegnung über Dritte (hier: Hananias).

Diese vier thematischen Anknüpfungspunkte sollen im Folgenden kurz entfaltet werden. Im Ernstfall der Unterrichtsplanung bewirkt diese breite inhaltliche Analyse ein Doppeltes: Zum einen ermöglicht sie eine verantwortete Entscheidung über die Passung von Inhalt und angezielter Kompetenz und damit die Festlegung des thematischen Schwerpunkts, der in der geplanten Stunde im Mittelpunkt der Auseinandersetzung steht. Auf der anderen Seite vermittelt sie ein Gespür für die thematischen Assoziationen, die in der Lerngruppe durch die Erzählung angestoßen werden können. Grundlage der folgenden Überlegungen sind dabei Artikel einschlägiger Lexika, weil diese eine im Unterrichtsalltag realisierbare Informationsquelle darstellen.

Geht man dem Begriff der Bekehrung auf den Grund, lassen sich drei historische Wurzeln erkennen (vgl. Frend 1980). In der Antike stand er vor allem für die moralische Besserung, die mit einer Abkehr von schlechten Einstellungen verbunden ist. Mit dem Aufkommen der Mysterienkulte wurde unter einer Bekehrung zusätzlich die Hinwendung zu einer göttlichen Macht verbunden. Im Judentum schließlich hatte Bekehrung auch eine institutionelle Bedeutung, denn sie bezeichnet den Übertritt von Heiden in die jüdische Glaubensgemeinschaft. Diese Wurzeln sind auch in der heutigen Verwendung des Begriffs noch spürbar. Systematisch-theologisch bezeichnet sie die „religiös-sittliche Neukonstitution eines Individuums“ (Wagner 1980a, 471), die in der Regel mit dem Anschluss an eine neue Glaubensgemeinschaft verbunden ist.

Bei dieser Neukonstitution spielen zwei Aspekte eine entscheidende Rolle: Auf der einen Seite geht der Bekehrung ein Ruf Gottes voraus (vgl. Werbick 1994). Ohne diesen Anruf wäre eine Hinwendung zu Gott nicht möglich. Hintergrund dieser Annahme ist die Überzeugung, dass das menschliche Leben nicht aus sich heraus trägt, sondern seinen Sinn der Gnade Gottes verdankt. Auf der anderen Seite braucht es die Einsicht des bekehrten Menschen in dieses Verdanktsein eigener Existenz und die damit verbundene Hinwendung zu der Macht, die das Leben trägt. In der Summe antwortet der Mensch bei der Bekehrung also auf einen Anruf Gottes. Bekehrung ist ein reaktiver Vorgang, nicht notwendig ein passiver. Eine Bekehrung ist mit einer Veränderung des eigenen Lebens, meistens auch mit einer Veränderung der Wertorientierung verbunden. Angesichts dieses Szenarios stellt sich die Frage, ob es sich bei der Bekehrung um einen einmaligen, punktuellen Vorgang handelt. Zwei Zugänge können hier unterschieden werden. Zum einen wird mit Bekehrung das unmittelbare Ereignis der Einsicht in die lebenserhaltende Kraft Gottes bezeichnet. Zum anderen muss diese Einsicht aber im eigenen Leben vollzogen werden. In diesem Sinn ist die Bekehrung ein lebenslanger Prozess der ständigen Hinwendung zu Gott. Punktuelle Bekehrungserfahrungen sind vielfach bezeugt. Allerdings zeigen viele Lebensgeschichten Bekehrter, dass auf eine Phase erster Begeisterung eine intensive Zeit der Neuorientierung folgt. Beide Momente stehen also für zwei Seiten einer Medaille. Bezieht man diese Überlegungen auf die obige Perikope, lassen sich sowohl die Grundstruktur einer Bekehrung erkennen als auch ihr punktueller Charakter. Es ist eindeutig Gott, vom dem die Initiative ausgeht. Saulus reagiert auf diesen Ruf, wobei ihm praktisch kein Handlungsspielraum zur Verfügung steht. Die Grundstruktur von Ruf und Antwort ist also gegeben. Es handelt sich bei der punktuellen Erfahrung um die eine Seite der Medaille, der stete Kampf um die Einlösung der Neuorientierung, die mit einer Bekehrung verbunden ist, ist die andere. Sie musste auch Saulus erfahren – zumindest nach dem Zeugnis seiner Briefe.

Die zentrale Grundstruktur einer Berufung, welche einen alternativen Themenschwerpunkt der Perikope darstellt, findet sich bereits im Alten Testament, indem z. B. die Propheten eine „transzendente Vollmacht“ für ihr Tun geltend machen (Long 1980, 678). Eine Berufung steht demnach für einen göttlichen Auftrag, bei dem einem Menschen eine konkrete Aufgabe zugewiesen wird. Meistens ist diese Beauftragung mit einer Veränderung des eigenen Lebens verbunden, denn die bzw. der Berufene tritt normalerweise aus seinem alltäglichen Leben heraus, um seinem Auftrag gerecht zu werden. Innerhalb des Christentums erfuhr diese allgemeine Verwendung des Begriffs zwei Zuspitzungen: Auf der einen Seite wurde er bereits in den neutestamentlichen Schriften als Terminus technicus für „Vermittlung und Empfang des in Jesus Christus manifest gewordenen Heils“ (Wagner 1980b, 686) verstanden, wobei die Berufung als freie Tat der Gnade Gottes gilt. Auf der anderen Seite wurde Berufung im Mittelalter speziell im Zusammenhang mit kirchlichen Diensten verwendet. Als berufen galt ein Mensch, der ein kirchliches Amt übernahm oder in einen Orden eintrat. In der Neuzeit schließlich kann Berufung säkular und religiös verstanden werden. In beiden Fällen bezeichnet dieser Begriff die besondere Hingabe, die ein Mensch für eine Aufgabe zeigt. Berufung im religiösen Sinn sieht allerdings in Gott das berufende Subjekt, das aus freiem Willen einen Menschen beauftragt, sich für das Heil der Menschen einzusetzen (vgl. Wagner 1980c). In der Erzählung von der Bekehrung des Saulus sind nur wenige Spuren einer Berufung zu erkennen. Lediglich V 15 berichtet, dass Saulus ein „auserwähltes Werkzeug“ sei, den Namen Gottes vor „Völker und Könige und die Söhne Israels [zu] tragen“. Eventuell könnte man den Schluss der Perikope, in der Saulus mit dieser Verkündigung unter den Damaszener Juden beginnt, noch als Bestätigung dieser Absicht auffassen. Schließlich liegt auch die strukturelle Grundbedingung eines aus freien Stücken handelnden Gottes vor. Allerdings fehlt eine Szene, in der die Beauftragung explizit geschieht. Im strengen Sinn trifft die Deutung der Erzählung als Berufung also nicht zu. Fruchtbarer wären hier die beiden anderen Berichte der Bekehrung in der Apostelgeschichte, die als Selbstzeugnis des Paulus deutliche Züge einer Berufung tragen (Apg 22,3–21 und Apg 26,2–23).

Neben den beiden durchgängigen Themen Bekehrung und Berufung wurde das Verhältnis zwischen Gott und Mensch als weiterer thematischer Ansatzpunkt entdeckt. Hier ist ein sensibles Thema angesprochen, das stark vom eigenen theologischen und philosophischen Standpunkt abhängt. Geschichtlich betrachtet, erfolgt in der philosophischen Disziplin der Anthropologie z. B. die Emanzipation der Philosophie von der Theologie, wenn es darum geht, das Wesen des Menschen zu bestimmen. Nimmt man eine derartige Position ein, ist es prinzipiell möglich, den Menschen ohne Bezug zu Gott zu denken. Innerhalb der christlichen Theologie ist eine derartige Denkfigur nicht möglich, denn der Mensch wird stets im Horizont des Heilshandelns Gottes begriffen. Als Geschöpf Gottes ist jegliche Autonomie des Menschen im eigentlichen Sinn Theonomie, d. h. der Mensch ist immer Mensch vor Gott und steht somit immer in einem Verhältnis zu Gott (vgl. Haag 1993). Angesichts der durch das Eingreifen Gottes aufgeworfenen Fragestellung, welche Freiheit dem Menschen innerhalb dieses Verhältnisses zukommt, unterscheidet Gisbert Greshake zwei Antwortmöglichkeiten (1993, 726–729): Auf der einen Seite denkt der sog. transzendentaltheologische Ansatz den Menschen als Subjekt der Selbstoffenbarung Gottes. Der Mensch ist von Gott angerufen und kommt zu sich selbst, wenn er diesem Ruf antwortet. An dieser relativen Autonomie des Menschen entzündet sich die Kritik der anderen Seite, die den Menschen als Adressat der Selbstoffenbarung begreift. Auch bei diesem Ansatz steht der Mensch vor dem Anruf durch Gott, diesem Anruf kommt jedoch ein objektiver Charakter zu, der unverrückbare Maßstäbe setzt und nicht von der Wahrnehmung durch den Menschen abhängt. Beide Positionen lassen sich in gewisser Weise auf die diskutierte Perikope anwenden. Während Saulus der Erscheinung Gottes nahezu reaktionslos ausgesetzt ist, diskutiert Hananias seinen Auftrag mit Gott und muss erst von Letzterem überzeugt werden. Im übertragenen Sinn: Während Saulus ausschließlich Adressat im Verhältnis zu Gott ist, bleibt Hananias ein selbstbestimmtes Subjekt – immer vor dem Hintergrund, dass beide grundsätzlich auf Gott hingeordnet bleiben.

Mit diesem Blickwinkel ist die Frage nach der Erfahrbarkeit Gottes, dem letzten thematischen Anknüpfungspunkt in der obigen Auflistung, eng verbunden. Im Unterschied zum bloßen Ereignis treffen in der Erfahrung zwei Momente zusammen: Auf der einen Seite ein konkretes, sinnlich wahrnehmbares Geschehen, auf der anderen Seite die Reflexion dieser Wahrnehmung im Licht der zur Verfügung stehenden Begriffe, Gefühle, Wünsche, u. s. w. Erfahrung ist demnach also immer reflektierte Wahrnehmung, wobei Reflexion nicht auf den Intellekt eingeschränkt sein muss. In diesem Sinn treffen in ihr das sog. „Objektive" der Wirklichkeit und das sog. „Subjektive" des eigenen Verständnishorizonts zusammen. In diesem Spannungsfeld lässt sich nun die Frage nach der Erfahrbarkeit Gottes entfalten. In einem christlichen Verständnishorizont liegt die größte Herausforderung im Hinblick auf die Erfahrbarkeit Gottes wohl in der Frage, wie eine transzendente Wirklichkeit in sinnlich-konkreten Erfahrungsmomenten aufscheinen kann. Diese Frage stellt nicht nur ein theologisches Problem dar (vgl. Scholl 1995), sondern wird vor dem Hintergrund des modernen Wirklichkeitsverständnisses brisant, das Wirklichkeit sehr stark als mit empirischen Mitteln fassbare Realität begreift. Gisbert Greshake (1986) schlägt vor, Gotteserfahrung als „gläubige Welterfahrung" aufzufassen. Da sich Gott nicht notwendig in der empirischen Wirklichkeit beweisen lässt, hängt die Erfahrbarkeit Gottes in der Welt davon ab, ob man selbst dazu bereit ist, in den Geschehnissen Gott zu erkennen. Eine Gotteserfahrung beruht auf der Bereitschaft des Menschen, in den Dingen der Welt, die prinzipiell auch anders gedeutet werden können, das Wirken Gottes zu entdecken. Greshake macht also das „Subjektive" jeglicher Erfahrung stark. Sein Ansatz passt in die oben entwickelte Auffassung von Erfahrung und lässt sich durchaus auf die Erzählung übertragen. Saulus widerfährt ein Ereignis, das in der Erzählung als Wirken Gottes gedeutet wird. Aus einem anderen Blickwinkel heraus könnte man auch nach einer „natürlichen" Ursache der beschriebenen Phänomene suchen.

Mit Blick auf die ausgewählten Kompetenzen wird die Funktion der Frage nach den elementaren Strukturen deutlich: Sie weist die Passung zwischen ausgewähltem Thema und ausgewählter Kompetenz aus. So ist die Dimension des Kontextes, in der die historischen Rahmungen von den Anfängen des Christentums und der Missionstätigkeit des Paulus berichtet werden, besonders relevant für die Kompetenzerwartung der Sekundarstufe I. Die Dimension der thematischen Strukturen decken die mögliche Passung zur ausgewählten Kompetenz der Primarstufe auf, wenn sie die Erfahrbarkeit Gottes und der Bekehrung des Saulus im Kontext der Lichtmetaphorik in den Blick nehmen.

3 Elementare Zugänge

Unterricht wendet sich an Menschen, die eine eigene Vorstellung von und einen eigenen Umgang mit der behandelten Thematik mitbringen. Unterrichtsplanung kann also von den Menschen, mit denen die Thematik im Lernprozess entwickelt werden soll, nicht absehen. Ein zentraler Aspekt dieses Blicks auf die Schülerinnen und Schüler ist die Frage nach der Art und Weise, wie mit Informationen umgegangen wird, die Frage nach den elementaren Zugängen. In diesem Kapitel wird zuerst der Begriff der „elementaren Zugänge“ in seiner Bedeutung für die Unterrichtsplanung erklärt. Dann werden zwei Modelle zur religiösen Entwicklung (Fowler und Oser/Gmünder), ein Modell zur moralischen Entwicklung (Kohlberg) und ein Modell zur Entwicklung des Weltbildes (Fetz/Reich/Valentin) beschrieben. Sie stellen verschiedene Kriterien zur Verfügung, mit denen abgeschätzt werden kann, wie Schülerinnen und Schüler mit einer angebotenen Thematik umgehen. In einem weiteren Absatz wird die Grundidee, die hinter den beschriebenen Modellen steckt, kurz vorgestellt und in ihrer Bedeutung für den Planungsprozess erörtert. Ein Beispiel veranschaulicht die Anwendung der Modelle.

Begriff

Die Bestimmung der Verständnisvoraussetzungen der Lerngruppe gehört zu den klassischen Schritten der Unterrichtsvorbereitung; einschlägig in diesem Sinn ist die Bestimmung des kognitiven Niveaus der Klasse. Die Frage nach den Verständnisvoraussetzungen kann in zweierlei Richtung erweitert werden. Zum einen betrifft die Bestimmung des kognitiven Niveaus ganz allgemein den Modus, d. h. die Art und Weise der Auseinandersetzung mit den Lernangeboten. Kinder, die nicht zu formal-operationalem Denken fähig sind, werden nicht nur begrifflichen Argumentationen nicht folgen können, sie werden selbst auch keine derartigen Lösungsstrategien anwenden. Weder die Erarbeitung des Unterrichtsthemas noch die entwickelte Kompetenz werden formal-operationalen Kriterien entsprechen. Statt von Verständnisvoraussetzungen müsste angemessener also von Verstehenshorizonten gesprochen werden. Zum anderen beziehen sich die Verstehenshorizonte nicht nur auf die kognitive Dimension der unterrichtlichen Auseinandersetzung. Daneben spielen auch Kompetenzen wie das moralische Urteilsvermögen oder die Form, Beziehungen zu gestalten, eine Rolle; im Religionsunterricht sicher auch der Stand der religiösen Entwicklung. Hinter der Frage nach den Verständnisvoraussetzungen steht also die Frage nach der umfassenden Lernausgangslage, innerhalb derer die Lernenden die Lerngegenstände wahrnehmen, sie bearbeiten, Lösungen entfalten und die entsprechenden Kompetenzen entwickeln. Die Frage nach den elementaren Zugängen will diese Lernausgangslage aufdecken. Sie legt offen, auf welche Art und Weise Schülerinnen und Schüler den Lerngegenständen begegnen, wie sie sich das Unterrichtsthema vorstellen, wie sie mit ihm umgehen und mit welchen Maßstäben sie es bearbeiten. Bildlich gesprochen geht es bei der Frage nach den elementaren Zugängen also um die Bestimmung des Werkzeugkastens, der den Lernenden zur Verfügung steht.

Wer seine Aufmerksamkeit auf die Art und Weise des Umgangs der Lernenden mit den Lerninhalten richtet, wird den Blick der Kinder oder Jugendlichen, die unterrichtet werden, selbst nachvollziehen. Auf diese Weise wird deutlich, dass derselbe Inhalt durchaus in verschiedenen Formen angeboten und wahrgenommen werden kann. Dies soll an drei Aussagen über Gott veranschaulicht werden:

> *„Ich stelle mir Gott wie einen alten Mann vor. Er sitzt auf einer Wolke. Von dort kann er alles sehen und lenken."* *(Sabine, 6 Jahre)*
>
> *„Ich weiß nicht, was ich mir unter Gott vorstellen soll. Ich glaube aber schon, dass es eine höhere Macht gibt, die unser Leben bestimmt."* *(Franca, 17)*
>
> *„Gott ist ein transzendentes Wesen, das seine Schöpfung in seinen Händen hält."* *(Ulrike, 35)*

Auf den ersten Blick haben die drei Aussagen wenig gemeinsam. Zwar beziehen sie sich alle auf Gott, doch während die erste Aussage für eine anthropomorphe Gottesvorstellung steht, müsste die zweite einer metatheistischen Einstellung zugeordnet werden, und die dritte entspricht dem aus dem Christentum gewohnten Theismus. Herkömmlich würde man vielleicht urteilen, dass die erste Aussage einem Kinderglauben entspricht, die zweite einem jugendtypischen Suchen nach tragfähigen Gottesvorstellungen, wohingegen die dritte Aussage für einen reifen Glauben steht. Berücksichtigt man jedoch den vermutlichen Verstehenshorizont von Sabine, Franca und Ulrike, relativiert sich dieses Bild. Sabine ist wohl kaum zu formal-abstraktem Denken in der Lage. Um sich Gott vorzustellen, ist sie deshalb auf anschauliche Bilder angewiesen. In Europa mit seinen christlichen Wurzeln liegt hier der alte Mann nahe. Es kann aber angenommen werden, dass sich Sabine bewusst ist, dass Gott kein männlicher Mensch ist (z. B. Klein 2000). Sie benutzt also ein allgemein bekanntes, gegenständliches Bild, um etwas auszudrücken, was sie sich kaum vorstellen kann. Die Wolke bezeichnet dann nicht den physikalischen Aufenthaltsort Gottes, sondern markiert einen Bereich, der dem Zugriff des Menschen entzogen ist. Nichts anderes aber drücken Franca und Sabine aus, wenn sie von Gott als höherer Macht und transzendentem Wesen sprechen. Auch sie greifen auf gebräuchliche Begriffe zurück, um etwas sonst Unfassbares auszudrücken. Dass sie sich dazu abstrakter Begriffe bedienen, zeigt nur an, dass sie einen anderen Verstehenshorizont besitzen als Sabine. Wenn man wollte, könnte man den Spieß sogar umdrehen und bei Ulrike nachhaken, ob sie eine Vorstellung mit dem Begriff „transzendentes Wesen“ verbindet, oder ob sie sich in eine gebildet klingende Floskel flüchtet. Insgesamt lassen sich die Unterschiede in den Aussagen also schlüssig durch die verschiedenen elementaren Zugänge von Sabine, Franca und Ulrike erklären. Deshalb ist die landläufige Auffassung, dieser Unterschied in der Vorstellung bedeute auch einen Unterschied in der Qualität des Gottesgedankens, zu hinterfragen.

In diesem Sinn wirkt die Frage nach den elementaren Zugängen als Korrektiv gegenüber religiöser Fremdbestimmung. Lehrkräfte bringen ihre eigenen Zugänge mit in den Unterricht ein. Da sie sich normalerweise von den Verstehenshorizonten der Kinder und Jugendlichen unterscheiden, liegt es in der Verantwortung der Unterrichtenden, diese Differenz angemessen zu beachten. Dies erfordert ein Gespür dafür, welche Art der Vorstellung momentan angemessen ist. Anders ausgedrückt: Sabines Gottesvorstellung wird erst zu einem Problem für sie, wenn sich ihr Verstehenshorizont so ändert, dass das Bild von Gott als altem Mann nicht mehr ihren Zugang zu Gott beinhaltet. Zwei Aspekte scheinen uns hier besonders bemerkenswert. Erstens ist die Vorstellung von Gott als altem Mann auf einer Wolke ein für Sabine tragfähiges Erklärungsmuster. Es ermöglicht ihr einen Umgang mit der Unsichtbarkeit Gottes, der für sie keine weiteren Fragen mehr aufwirft und sie dazu befähigt, ihren Glauben stimmig zu leben (vgl. Kuld 2001, 57–95). Was in den Augen von Erwachsenen also wie Kinderglaube aussieht, ist tatsächlich der Glaube der Kinder. Er trägt sie in ihrem Leben und hilft ihnen, ihre Ängste und Unsicherheiten auszuhalten. Zweitens bemisst sich der Wert dieser Vorstellung ausschließlich an Sabines Entwicklungsstand. Nicht das Wissen der Lehrerin bzw. des Lehrers, dass Sabine später einmal die Vorstellung von Gott als altem Mann als kindisch empfinden wird, rechtfertigt es, die Vorstellung zu hinterfragen. Allein das anfängliche Zögern von Sabine, das den Übergang in diese Lebensphase andeutet, zeigt an, dass es an der Zeit ist, neue Vorstellungen anzubahnen (vgl. Bucher 2002). Die Frage nach den elementaren Zugängen trägt also dazu bei, dem Glauben von Kindern und Jugendlichen im Religionsunterricht gerecht zu werden.

Modelle religiöser Entwicklungsverläufe

Ein mittlerweile hinreichend erprobtes Mittel, der Frage nach elementaren Zugängen nachzugehen, stellen entwicklungspsychologische Stufenmodelle dar.

James Fowler

1981 legte James Fowler mit den „Stages of Faith“ ein siebenstufiges Modell religiöser Entwicklung vor. Um kulturelle Engführungen zu vermeiden, fasst Fowler Glauben als sinnstiftende Erfahrung des eigenen Selbst, der anderen und der Welt im Licht der letzten Bedingungen der Existenz. Auf konkrete Inhalte, die Glauben definieren, verzichtet er bewusst, denn sie wären notwendig an eine bestimmte religiöse Tradition gebunden. Stattdessen entscheidet sich Fowler für sieben Dimensionen, die den Zugriff auf Religion bestimmen: Die Form logischen Denkens, die Fähigkeit der Rollenübernahme, die Form des moralischen Urteils, den Umgang mit Autorität, die Grenzen des sozialen Bewusstseins, die Art und Weise des Weltbilds und den Umgang mit Symbolen.

In der Fülle des von ihm ausgewerteten empirischen Materials unterscheidet Fowler sieben typische Ausprägungen des Glaubens, die er zu folgendem Stufenmodell anordnet:

- *Vorstufe*: Undifferenzierter Glaube: Glaube ereignet sich als Urvertrauen, das in der Wechselseitigkeit der engen Beziehung zu den primären

Bezugspersonen, in der Regel den Eltern, entsteht. Entsprechend liegt die Problematik dieser Stufe im Scheitern der Wechselseitigkeit. Der Übergang zur ersten Stufe wird mit der Sprachmächtigkeit des Kleinkindes angestoßen.

- *Stufe 1*: Intuitiv-projektiver Glaube: Glaube ereignet sich in Bildern und Geschichten, in denen das egozentrisch wahrnehmende Kind seine Erfahrungen imaginiert. Problematisch wird es, wenn sich die intuitiven Bilder hinsichtlich moralischer und doktrinärer Erwartungen verfestigen. Ausgangspunkt des Stufenübergangs ist die Fähigkeit zu konkret-operationalem Denken.
- *Stufe 2*: Mythisch-wörtlicher Glaube: Hier werden die Bilder und Geschichten aus Stufe 1 zu in sich schlüssigen Erzählungen verbunden, wobei kosmische Handlungsträger mit Zügen und Eigenschaften von Menschen gedacht werden. Es gilt eine reziproke Gerechtigkeit nach dem „Wie du mir, so ich dir"-Motto. Geschichten und Erzählungen werden in ihrem Wortsinn aufgefasst. Die Problematik dieser Stufe besteht darin, dass sie in Werkgerechtigkeit oder im Gefühl der eigenen Wertlosigkeit münden kann. Mit der Fähigkeit zu formal-operationalem Denken ist der Übergang zu Stufe 3 grundgelegt.
- *Stufe 3*: Synthetisch-konventioneller Glaube: Der Glaube setzt sich aus den eigenen Welterfahrungen zusammen, die hauptsächlich in Anlehnung an die Erwartungen von Vorbildern und wichtigen Personen im eigenen Umfeld, den sog. signifikanten Anderen, gedeutet werden. Was die Bezugspersonen glauben, ist auch für den eigenen Glauben wichtig. Auf diese Weise erhält die eigene Person einen Platz im sozialen Umfeld. Problematisch wird es, wenn die Erwartungen des Umfelds die Entwicklung von Autonomie verhindern. Der Übergang zu Stufe 4 beginnt, wenn die Autoritäten, die den synthetischen Glauben stützen, hinterfragt werden.
- *Stufe 4*: Individuierend-reflektierender Glaube: Der Glaube wird von externen Autoritäten gelöst. Die bzw. der Einzelne ist darum bemüht, einen selbstbestimmten Glauben zu entwickeln. Dabei werden Symbole und Geschichten in der Regel entmythifiziert, d. h. bisher gültige Bilder und Vorstellungen verlieren ihre Glaubwürdigkeit und müssen durch neue Vorstellungen ersetzt werden. Deutungsangebote von anderen werden dann aufgegriffen, wenn sie persönlich überzeugen. Die spezifische Problematik dieser Stufe liegt darin, dass der selbst verantwor-

tete Glaube in einen sekundären Egozentrismus bzw. Narzissmus führen kann. Mit der Einsicht in die eigene Kontingenz wird der Übergang zur fünften Stufe angestoßen.

- *Stufe 5*: Verbindender Glaube: Der Glaube öffnet sich im Sinn einer zweiten Naivität den Wahrheitsansprüchen anderer Personen, aber auch den verdrängten Erfahrungen der eigenen Biografie. Die Dialektik relationaler Wahrheit wird anerkannt und in der Vielschichtigkeit symbolischer Ausdrucksweisen veranschaulicht. Eigene Passivität angesichts individueller Ohnmacht definiert die spezifische Problemlage dieser Stufe. Sie wird überschritten, wenn das Differenzierungspotential relationaler Wahrheit eingesehen wird.
- *Stufe 6*: Universalisierender Glaube: Der Glaube überwindet die Paradoxien relationaler Wahrheit zu einem kohärenten, kosmisch umfassenden Sinn- und Symbolsystem. Diese Stufe konnte Fowler in seinem empirischen Material nicht erkennen. Sie ist somit eine theoretische Weiterführung der Stufenfolge. Allerdings sieht Fowler einen universalisierenden Glauben etwa in Martin Luther King oder Mahatma Gandhi verwirklicht.

Nach Fowlers Modell verläuft religiöse Entwicklung notwendig entlang der beschriebenen Stufen. Es kann weder eine Stufe übersprungen werden, noch ist es denkbar, dass ein Mensch von einer höheren Stufe zu einer niedrigeren zurückkehrt. „Weil die Bereitschaft für einen strukturellen Stufenwechsel zum Teil eine Funktion der biologischen Reifung und der psychosozialen, kognitiven und moralischen Entwicklung ist, besteht ein gewisses Maß an Vorhersagbarken für ihn." (2000, 293) Wohlgemerkt beinhaltet Fowlers Modell nicht, dass jeder Mensch alle Stufen durchläuft. Da jede Stufe für sich ein in sich schlüssiges Glaubensgebäude darstellt, ist es möglich, zeitlebens auf einer mittleren Stufe zu verharren. Fowler selbst nimmt an, dass die Mehrheit der Menschen nicht über die dritte oder vierte Stufe hinauskommt.

Fritz Oser/Paul Gmünder

Fritz Oser und Paul Gmünder entwickelten ein Modell der Entwicklung des religiösen Urteils (1988). In seinem Mittelpunkt steht die Beziehung des Menschen zu einem sog. „Letztgültigen", d. h. zu einer Wirklichkeit – die nicht unbedingt Gott heißen muss –, die dem Leben des Menschen

Sinn verleiht. Grundlage dieser Beziehung sind nach Oser/Gmünder „kognitive Muster der religiösen Weltbewältigung“ (1988, 52). Es geht also um allgemeingültige religiöse Urteile. Kommen sie zur Anwendung, fühlt sich der Mensch mit sich selbst identisch und erlebt sich als mit sich selbst im Reinen. Oser/Gmünder nennen diese Art religiösen Urteilsvermögens „religiöse Mutter-Struktur“ (1988, 62–66).

Die empirische Grundlage des Modells ist die Auswertung von Reaktionen auf das sog. „Paul-Dilemma“. Demnach verspricht der junge Arzt Paul Gott während eines Flugzeugabsturzes, dass er im Fall des Überlebens seine glänzende Karriere abbrechen und stattdessen sein ganzes Können in der Entwicklungsarbeit einsetzen werde. Tatsächlich überlebt Paul den Absturz. Kurz nach seiner Rückkehr wird ihm eine Stelle in einer Privatklinik angeboten. Anhand mehrerer Fragen sollten die Probanden nun beurteilen, ob Paul sein Versprechen gegenüber Gott halten muss und wie sie das Verhältnis Gott–Mensch einschätzen.[4] Gestützt auf diese Antworten unterscheiden Oser/Gmünder fünf Stufen der Entwicklung des religiösen Urteilsvermögens (vgl. 1988, 79–96):

- *Stufe 1*: Orientierung an absoluter Heteronomie: Das Kind nimmt an, dass es von Kräften geleitet wird, die außerhalb dieser Welt angesiedelt sind. Dieses Letztgültige wird klar von erwachsenen Personen unterschieden und greift direkt in die Welt ein. Es belohnt und behütet, es sanktioniert und zerstört. Der Mensch kann auf diesen Gott nur reagieren und versuchen, sich in seinem Sinn zu verhalten. Eine Möglichkeit, Gott zu beeinflussen, gibt es nicht. Eine typische Antwort auf dieser Stufe ist etwa: „Ich muss halten, was ich versprochen haben, sonst macht Gott, dass ich Bauchweh kriege.“ Der Übergang auf Stufe 2 bahnt sich an, wenn das Kind erkennt, dass das Letztgültige nicht die direkte Ursache der Ereignisse seiner Umwelt ist.
- *Stufe 2*: Orientierung an „do ut des“: Das Kind nimmt an, dass der Mensch auf das Letztgültige einwirken kann. Gott wird nicht mehr als unerreichbar erfahren, vielmehr gibt es jetzt Mittel, ihn zu beeinflussen. Mit einem Letztgültigen wird ein Do-ut-des-Verhältnis gepflegt („Ich gebe, damit du gibst“). Dies kann geschehen, um sich vor möglichen Sanktionen abzusichern, aber auch, um Gott für eigene Ziele in Dienst zu nehmen. Eine typische Antwort dieser Stufe ist etwa: „Ich

[4] Oser/Gmünder haben ihr Modell noch um eine sechste Stufe ergänzt, die jedoch empirisch nicht nachgewiesen wurde.

habe die ganze Zeit gebetet. Jetzt soll Gott mir mal helfen." Der Übergang zu Stufe 3 wird angebahnt, wenn das Kind bzw. der junge Mensch erkennt, dass es Dinge gibt, die trotz intensiver Vorleistung gegenüber Gott unabänderlich sind.

- *Stufe 3*: Orientierung an absoluter Autonomie: Auf der dritten Stufe werden Welt und Gott vollständig voneinander getrennt. Ähnlich zur Position des Deismus wird Gott als eventuell existent, für die Gegenwart jedoch belang- und einflusslos angesehen. Der Mensch beansprucht absolute Selbstbestimmung und Eigenverantwortung gegenüber dem Letztgültigen. Dieses erhält einen eigenen, vom Zuständigkeitsbereich des Menschen getrennten Sektor. Eine typische Antwort ist etwa: „Wenn es mir schlecht geht, bin ich selber schuld. Mit Gott hat das nichts zu tun". Der Übergang zu Stufe 4 – falls er überhaupt stattfindet – bahnt sich an, wenn der junge Mensch erkennt, dass nicht alles in den eigenen Händen liegt.
- *Stufe 4*: Orientierung an vermittelter Autonomie und Heilsplan: Menschen dieser Stufe akzeptieren Gott als transzendenten Grund des Daseins. Im Wissen um die eigene Begrenztheit wird Gott als Sinngrund anerkannt. Die Welt selbst ist nicht mit Gott identisch, sondern in ihr scheint das Göttliche zeichenhaft auf. Das Irdische ist quasi „Gleichnis des Göttlichen". Zudem wird in den Turbulenzen des Lebens ein sinnhafter Plan erkannt, gemäß dem sich der Mensch auf ein Vollkommeneres hin entwickelt. Eine typische Antwort dieser Stufe ist etwa: „Gott will, dass ich meine Freiheit nutze und mich nach bestem Wissen und Gewissen handle." Mit Stufe 4 ist ein Verständnis erreicht, bei dem es keine empirisch abgesicherten Indizien für den Übergang auf die nächste Stufe gibt.
- *Stufe 5*: Orientierung an religiöser Intersubjektivität: Auf der fünften Stufe wird Gott im befreienden zwischenmenschlichen Handeln selbst erfahren. Gott gilt als die Bedingung der Möglichkeit menschlichen Handelns, gleichzeitig sieht der Mensch seine eigene Freiheit jedoch vollständig gewahrt. Das Göttliche wird dann zum Ereignis, wenn Freiheit anderen zuerkannt und im gegenseitigen Miteinander verwirklicht wird. Eine typische Antwort wäre: „Ich kann meine Beziehung zu Gott nicht unabhängig von der Beziehung zu meinen Freunden, Arbeitskollegen und Mitmenschen denken, denn dann würde sie inhaltsleer."

Wie schon Fowler gehen auch Oser/Gmünder davon aus, dass ein Mensch die Stufen in der skizzierten Reihenfolge durchläuft. Ebenfalls gilt, dass nicht alle Menschen notwendig die fünfte Stufe erreichen. Da jede Stufe einen in sich schlüssigen Zugang zur Welt darstellt, bleibt sie so lange von Bedeutung, bis neue Eindrücke die stufentypischen Erklärungen unglaubwürdig erscheinen lassen. Erst dann beginnt der Übergang zu einer neuen Stufe. Tritt eine derartige Störung also nicht ein, bleibt ein Mensch auf der Stufe, die er erreicht hat.

Moralisches Urteil und Weltbild

Mit den Modellen zur religiösen Entwicklung ist ein wesentlicher Blickwinkel der Frage nach elementaren Zugängen abgedeckt. Allerdings geht das inhaltliche Spektrum des Religionsunterrichts über Angebote, die eindeutig mit Religion in Verbindung gebracht werden, hinaus. Vor allem ethische Themen und Fragen zur Weltanschauung spielen in dieser Hinsicht eine wichtige Rolle. Deshalb werden im Folgenden noch ein Modell zur Entwicklung des moralischen Urteils und ein Modell zur Entwicklung des Weltbilds vorgestellt.

Lawrence Kohlberg

Lawrence Kohlbergs Modell moralischer Entwicklung (1975) beruht auf Reaktionen auf das sog. „Heinz-Dilemma“. Es handelt von einer kranken Frau, die nur durch eine spezielle Medizin geheilt werden könne. Diese Medizin wird von einem Apotheker in der Stadt angeboten, jedoch zehn Mal so teuer wie die Herstellungskosten. Als Heinz nur die Hälfte des Geldes aufbringen kann und der Apotheker sich weigert, ihm die Medizin für den halben Preis zu verkaufen, steht Heinz vor der Frage, ob er die Medizin stehlen solle. Die Probanden wurden anschließend gefragt, ob Heinz das Medikament angesichts des bevorstehenden Todes seiner Frau stehlen dürfe. Auf dieser Basis unterscheidet Kohlberg drei Ebenen des moralischen Urteilens, nämlich eine „vor-konventionelle“, eine „konventionelle“ und eine „nach-konventionelle“ bzw. „autonome“ Ebene. Jede Ebene enthält nochmals zwei Stufen:

- *Stufe 1*: Orientierung an Strafe und Gehorsam: Auf dieser Stufe wird die moralische Qualität einer Handlung an den unmittelbaren Folgen gemessen, die mit ihr für einen selbst verbunden sind. Werde ich für eine Handlung belohnt oder habe ich Spaß mit ihr, ist es eine gute Handlung, werde ich für sie bestraft oder spüre ich bei ihr Schmerz oder Langeweile, ist sie schlecht. Übergreifende Werte haben für das moralische Urteil keine Bedeutung, es zählt ausschließlich die direkte Konsequenz. Ein typisches Urteil dieser Stufe wäre etwa: „Das ist schlecht, denn es tut mir weh."
- *Stufe 2*: Instrumentell-relativistische Orientierung: Auf Stufe 2 bemisst sich die moralische Qualität einer Handlung daran, inwieweit sie einer auf Gegenseitigkeit beruhenden Gerechtigkeit entspricht. Etwas ist gut, wenn es das Gesetz des Gebens und Nehmens erfüllt, als fair angesehen wird und mit dem Prinzip der Wechselseitigkeit übereinstimmt. Man tut das, was einem die anderen auch antun. Ein typisches Urteil dieser Stufe wäre etwa: „Du bist böse, weil du mich nicht von deinem Pausenbrot beißen lässt. Gestern habe ich dich auch von meinem beißen lassen."
- *Stufe 3*: Orientierung an zwischenmenschlicher Übereinstimmung: Auf dieser Stufe bemisst sich die moralische Qualität einer Handlung an den Erwartungen der Menschen, mit denen man lebt. Gutes Verhalten gefällt oder hilft anderen und wird von ihnen anerkannt. Man sucht Übereinstimmung mit stereotypen Vorstellungen, denn gut ist, was in der eigenen Umgebung üblich ist. Verhalten wird häufig nach seinen Absichten beurteilt. Ein typisches Urteil dieser Stufe wäre etwa: „Ich streame Movies aus dem Netz ohne dafür zu bezahlen, weil alle in meiner Klasse das tun."
- *Stufe 4*: Orientierung an Gesetz und Ordnung: Auf Stufe 4 bemisst sich die moralische Qualität einer Handlung an den gültigen Gesetzen und Regeln. Gut ist, was die vorgegebene soziale Ordnung stützt und aufrechterhält. Richtiges Handeln heißt, seine Pflicht zu tun und Autoritäten zu respektieren. Moralische Qualität wird also von Dritten bestimmt, man selbst akzeptiert diese Zuordnung widerspruchslos und richtet sich nach ihr. Ein typisches Urteil dieser Stufe wäre etwa: „Man darf hier nicht schneller als 30 km/h fahren, weil hier eine Tempo-30-Zone ist."
- *Stufe 5*: Orientierung am Gesellschaftsvertrag: Auf Stufe 5 bemisst sich moralische Qualität an allgemeinen Rechten und Standards. Regeln

werden kritisch geprüft, ob sie übergreifenden Normen entsprechen. Man ist sich bewusst, dass die eigene Person nur Teil eines Ganzen ist und, dass in diesem Ganzen Verfahrensregeln gelten müssen, die das Zusammenleben garantieren. Wichtig ist aber auch die eigene Person, die innerhalb dieses Ganzen zu ihrem Recht kommen soll. Ein typisches Urteil dieser Stufe wäre etwa: „Ich darf das sagen, denn in einer Demokratie gilt die Meinungsfreiheit."

- *Stufe 6*: Orientierung an universalen ethischen Prinzipien: Auf Stufe 6 bemisst sich moralische Qualität am eigenen Gewissen. Gut ist, was mit den Prinzipien übereinstimmt, die man sich selbst gewählt hat. Im Unterschied zu den ersten Stufen richten sich diese Prinzipien jedoch nicht nach dem persönlichen Bedürfnis, sondern nach allgemeinen, die gesamte Menschheit umfassenden Überzeugungen wie etwa der Würde des Menschen oder der Bewahrung der Umwelt. In diesem Sinn orientiert sich das moralische Urteil nicht an konkreten Regeln, sondern an grundsätzlichen Einstellungen, die auf jede Situation neu angewendet werden. Ein typisches Urteil dieser Stufe wäre etwa: „Ich trenne Müll, weil ich so meinen Beitrag zur Erhaltung der Schöpfung zu leiste."

Zusammenfassend könnte man sagen, dass auf der ersten Ebene die eigene Person, auf der zweiten Ebene das unmittelbare soziale Umfeld und auf der dritten Ebene die gesamte Menschheit den Ausschlag für das moralische Urteil geben. Ebenso ließe sich sagen, die erste Ebene sei durch das persönliche Bedürfnis, die zweite Ebene durch konkrete Regeln und die dritte Ebene durch allgemeine Prinzipien geprägt.

Reto Fetz/Karl Helmut Reich/Peter Valentin

Das aktuellste Modell zur Entwicklung des Weltbildes legten Fetz, Reich und Valentin vor (2001). Im Mittelpunkt ihrer Untersuchungen stand die Frage, wie sich Kinder und Jugendliche die Entstehung der Welt und die Zusammenhänge und Abläufe in ihr vorstellen. Dabei unterscheiden sie zwischen dem Reflexionsvermögen und der Ontologie ihrer Befragten (vgl. 2001, 139–151). Unter dem Begriff des Reflexionsvermögens beschreiben Fetz/Reich/Valentin die logischen Mittel der Kinder und Jugendlichen, mit denen die Welt begriffen wird. Im Gegensatz zu diesem eher formalen Aspekt steht die Ontologie für die Inhalte der Weltbildmodelle. Beide Aspekte erfragten Fetz/Reich/Valentin in Interviews, welche die folgenden Fragebereiche umfassten (vgl. 2001, 118–134): den Anfang der Welt, die zeitliche Erstreckung ihrer Entstehung, die Art und Weise der Schöpfungs-/Naturprozesse, das Resultat dieser Prozesse sowie die Frage, welche Phänomene in Gott, dem Menschen und der Natur gründen.

In den Interviews erkennen Fetz/Reich/Valentin zwei grundsätzliche Weltbildtypen. Das „unreflektierte, artifizialistische Schöpfungsverständnis“ nimmt an, dass die Welt von Gott geschaffen wurde. Gott wird als Handwerker verstanden, der alles auf der Erde nach und nach hergestellt hat. Inhaltlich wird diese Schöpfertätigkeit mit den Bildern der biblischen Schöpfungstradition ausgestaltet. Von diesem Verständnis unterscheidet sich das „reflektierte Wirklichkeits- und Schöpfungsverständnis“. Es erklärt sich die Welt vor allem in naturwissenschaftlichen Theorien (z. B. Urknall und Evolution). Gott ist in diesem Verständnis nicht notwendig überflüssig, hat jedoch jeglichen unmittelbaren Einfluss verloren. Da die Autoren beim Artifizialismus nochmals drei Ausformungen unterscheiden, ergibt sich ein Modell von vier Stadien (vgl. 2001, 167–182, 247–273):

- *Stadium 1*: Artifizialismus (Entstehungsstadium): Im Entstehungsstadium wird Gott als Schöpfer des Universums und aller Phänomene, die in ihm zu finden sind, begriffen. Gott ist also nicht nur Ursache der Natur, sondern auch sämtlicher Artefakte. Er hat deutliche Züge eines Menschen und verhält sich als Schöpfer wie ein Mensch.
- *Stadium 2*: Artifizialismus (Hauptstadium): Im Hauptstadium gilt Gott zwar nach wie vor als Schöpfer der Welt, Artefakte werden jetzt jedoch als Produkt des Menschen verstanden. Gott hat die Natur für den Menschen zweckmäßig eingerichtet und den Menschen in die Freiheit entlassen, mit dieser Natur eigenverantwortlich umzugehen. Das Gottesbild bleibt in diesem Stadium stark mit menschlichen Zügen behaftet, Gott selbst greift jedoch nicht mehr überall unmittelbar ein. Ebenso besteht ein Bewusstsein, dass Gott auf bestimmte Elemente und Rahmenbedingungen angewiesen ist, um die Welt überhaupt erschaffen zu können.
- *Stadium 3*: Artifizialismus (Auflösungsstadium): Im Auflösungsstadium werden erste naturwissenschaftliche Erklärungsmuster für die Entstehung der Welt herangezogen. In der Folge wird Gott Schritt für Schritt aus dem Schöpfungsprozess herausgenommen. In der Regel beginnt die Auflösung des Artifizialismus mit der Berufung auf die Idee des Urknalls. Die Welt ist demnach von selbst entstanden und Gott bleibt die

Funktion, alle Lebewesen geschaffen zu haben. Mit der Kenntnis der Evolutionstheorie wird Gott schließlich auch aus dieser Funktion gedrängt.

- *Stadium 4*: Reflektiertes Wirklichkeits- und Schöpfungsverständnis: Mit diesem Stadium erreichen die Jugendlichen einen grundsätzlich neuen Zugang zum Verständnis von Wirklichkeit und Schöpfung. Ihr Interesse gilt jetzt nicht nur der Erklärung der Welt selbst, sondern sie denken auch über die Art und Weise nach, wie sie sich die Welt vorstellen. Ferner werden sie sich ihrer eigenen Freiheit bewusst, die sich auch in ihrem Gottesglauben niederschlägt. Der Mensch wird nicht mehr in Abhängigkeit von Gott gesehen, sondern als sein Partner mit eigenen Gestaltungsräumen. Gott wird als Sinngrund des eigenen Lebens wahrgenommen. In der Folge herrscht ein naturalistisches Weltbild vor. Die Jugendlichen beanspruchen eine eigene Kompetenz, wenn es um die Entscheidung geht, welches Erklärungsmodell der Welt Gültigkeit besitzt. Die biblischen Vorstellungen werden dabei in der Regel abgelehnt, weil sie als Merkmal eines unaufgeklärten Kinderglaubens angesehen werden.

Mit ihrem Modell legen Fetz/Reich/Valentin eine in sich schlüssige Beschreibung der Entwicklung des Weltbildes bei Kindern und Jugendlichen vor. Es ist dem strukturgenetischen Ansatz Jean Piagets verpflichtet, so dass es davon ausgeht, dass Kinder und Jugendliche die beschriebenen Stadien durchlaufen. Auf der Ebene des Reflexionsvermögens scheint dies plausibel. Fraglich ist jedoch, wie es sich mit den Inhalten der einzelnen Stadien verhält. Die Autoren haben vor allem religiös sozialisierte Kinder und Jugendliche interviewt. So ist die Phase des Artifizialismus eng mit dem Material der biblischen Schöpfungserzählungen verbunden. Angesichts der vielfach diskutierten Krise christlicher Sozialisation bleibt jedoch offen, mit welchen Geschichten der Artifizialismus von Kindern gefüllt wird, die nicht mit den biblischen Traditionen vertraut sind. In der Praxis sollte diese Lücke allerdings durch die Kenntnis der eigenen Lerngruppen leicht zu schließen sein.

Didaktische Bedeutung

Alle hier vorgestellten Modelle fußen auf dem sog. strukturgenetischen Ansatz. In diesem Abschnitt werden deshalb zentrale Merkmale dieses Ansatzes beschrieben und seine didaktische Bedeutung diskutiert.

Merkmale des strukturgenetischen Ansatzes

Stufenmodelle sehen im Menschen ein „epistemisches Subjekt". Mit diesem Ansatz grenzen sich Stufenmodelle gegenüber behaviouristischen Ansätzen ab, die Entwicklung ausschließlich als Reaktion auf Reize und Impulse aus dem Umfeld des Menschen verstehen. Normalerweise hat der Mensch einen gewissen Spielraum, in dem er auf Reize und Impulse reagieren kann. Stufenmodelle nehmen diesen Spielraum ernst. Sie gehen davon aus, dass sich der Mensch mit seiner Umwelt auseinandersetzt, indem er äußere Eindrücke mit den ihm zur Verfügung stehenden Mitteln wahrnimmt und im Rahmen seiner Möglichkeiten kreativ bearbeitet. Die Vorstellung, die ein Mensch von den Dingen hat, ist also kein getreues Abbild dieser Dinge, sondern dessen eigene Konstruktion.

Entwicklung ist für Stufenmodelle folglich ein konstruktiver Prozess. Der Mensch entwickelt eine Vorstellung von sich selbst und der Welt, die er so lange beibehält, bis ihn die Umstände zwingen, die eigenen Vorstellungen zu verändern. In der Regel wird dieser Vorgang mit dem Modell der Äquilibration erklärt (vgl. Montada 1998, 548–554). Demnach ist der Mensch stets darum bemüht, dass seine eigene Vorstellung von der Welt mit den Eindrücken und Erfahrungen, die er in und mit dieser Welt macht, übereinstimmt. Das Gleichgewicht zwischen Anschauung und Erfahrung ist das vorherrschende Ziel psychischer Entwicklung. Dabei stehen dem Menschen grundsätzlich zwei Strategien zur Verfügung: Assimilation und Akkomodation.

Assimilation liegt vor, wenn ein Mensch die Eindrücke aus der Umwelt in sein vorfindliches Modell der Wirklichkeit einbettet. Sie ist problemlos möglich, solange das vorfindliche Modell durch neue Erfahrungen bestätigt wird. Geht ein Kind etwa davon aus, dass Schwäne weiß sind, kann es auf seiner Annahme beharren, solange es nur weiße Schwäne zu Gesicht bekommt. Assimilation liegt aber auch dann vor, wenn eine zum vorfindlichen Modell sperrige Erfahrung schlüssig innerhalb seiner Prämissen erklärt werden kann. Sieht das Kind etwa einen schwarzen Schwan, kann es sich die schwarze Färbung z. B. durch Verschmutzung erklären. Die Strategie der Assimilation beschreibt also alle Konstruktionsvorgänge, die das vorfindliche Modell der Wirklichkeit in seiner Struktur nicht verändern.

Im Fall der Akkomodation dagegen wird das vorfindliche Modell der Wirklichkeit in Anlehnung an neue Eindrücke verändert. Diese Veränderung ist immer dann nötig, wenn sich neue Erfahrungen nicht mehr ins vorfindliche Modell einordnen lassen oder aber dieses Modell keine schlüssige Erklärung ermöglicht. Sieht obiges Kind etwa mehrere schwarze Schwäne an verschiedenen Orten, passen diese Beobachtungen weder zu seiner Theorie, Schwäne seien weiß, noch klingt die Erklärung der Verfärbung durch Verschmutzung weiterhin glaubwürdig. In der Folge muss es seine Vorstellung dahin gehend ändern, dass es weiße und schwarze Schwäne gibt.

Es sei nochmals betont, dass Assimilation und Akkomodation im Dienst der Entwicklung einer angemessenen Vorstellung von Wirklichkeit stehen. Wirklichkeit kommt in Stufenmodellen also nie als objektiv gegeben vor. Vielmehr handelt es sich immer um den Blick eines Menschen auf Wirklichkeit, und zwar so, wie er sie gemäß seinem Entwicklungsstand verstehen kann. Solange neue Eindrücke assimiliert werden können, bleibt dieser Blick stabil. Sind gehäuft Akkomodationen notwendig, hat dies eine Veränderung des Blicks zur Folge.

Veränderung verläuft in Stufen, und zwar als Bewegung von einfacheren zu komplexeren Vorstellungen der Wirklichkeit. Um von einer Stufe sprechen zu können, müssen vier Kriterien erfüllt sein (vgl. Kohlberg/Levine/Hewer 1984): Erstens steht jede Stufe für ein in sich schlüssiges Modell von Wirklichkeit, das eine einheitliche und umfassende Perspektive auf sich selbst und die Umwelt zur Verfügung stellt (strukturelle Ganzheit). Zweitens finden sich auf jeder Stufe Merkmale, die auf keiner anderen anzutreffen sind (strukturelle Differenz). Drittens behalten die Erfahrungen der Vergangenheit beim Übergang von einer Stufe zur anderen ihre Gültigkeit, erscheinen jedoch in einem neuen Licht. Diese Integration führt dazu, dass folgende Stufen komplexer sind als vorangegangene (hierarchische Integration). In der Folge – und damit viertens – ist die Reihenfolge der Stufen, die durchlaufen werden, unveränderlich und ein Rückschritt unmöglich. Jede Stufe hat ihren besonderen Platz im

Entwicklungsverlauf, der weder übersprungen noch getauscht werden kann (Irreversibilität).

Didaktische Bedeutung entwicklungspsychologischer Stufenmodelle

Stufenmodelle zeichnen wesentliche Etappen in der Entwicklung eines Menschen nach, sie lenken also den Blick auf den Entwicklungsstand der Schülerinnen und Schüler. Ferner beschreiben sie für jede Etappe die wesentlichen Prinzipien, nach denen die Welt wahrgenommen wird. Sie stellen also Kriterien zur Verfügung, um die Art und Weise abzuschätzen, wie sich Kinder oder Jugendliche mit den angebotenen Inhalten auseinandersetzen und welche Schritte es braucht, eine anvisierte Kompetenz auszubauen.

In diesem Sinn erlauben es die beschriebenen Modelle, die Unterrichtsinhalte und die Art und Weise ihrer Präsentation und Bearbeitung so auszuwählen, dass sie den Verstehenshorizonten der Schülerinnen und Schüler entsprechen. Sie stehen im Dienst der sog. „pädagogischen Pünktlichkeit". Zwei Aspekte lassen sich dabei unterscheiden. Zum einen lässt sich mit Hilfe der Modelle erschließen, welche Präsentation der Inhalte und welche Formen der Auseinandersetzung jetzt angemessen sind, um den Kompetenzaufbau zu begünstigen. Zum anderen eröffnen die Modelle einen Blick in die weitere Entwicklung der Schülerinnen und Schüler und orientieren über die nächsten Schritte, die die Klasse wohl durchlaufen wird. Fragen, die sich bald auftun werden, und Perspektiven, die demnächst eingenommen werden können, sind somit bereits der aktuellen Unterrichtsplanung zugänglich. Wenn sich in einer Klasse etwa abzeichnet, dass der mythisch-wörtliche Zugang zur Wirklichkeit brüchig wird, ist es angezeigt, im Unterricht bereits synthetisch-konventionelle Perspektiven zu eröffnen. Ebenso lassen sich bewusst Perspektiven der Stufe, die von den Schülerinnen und Schülern als nächstes durchlaufen wird, in den aktuellen Unterricht einbauen, um ihnen einen Weg in diese Stufe hinein zu bahnen. Allerdings bedarf die zuletzt skizzierte Möglichkeit einer großen pädagogischen Sensibilität, dass sie nicht vorfindliche Vorstellungen beschädigt, ohne neue aufzubauen.

Vor dem Anspruch, anhand der beschriebenen Modelle die weitere Entwicklung der Kinder und Jugendlichen abzuschätzen, muss die Kritik am strukturgenetischen Ansatz einbezogen werden. So stellen Heinz Streibs Beobachtungen zum religiösen Fundamentalismus eine gewichtige Anfrage an das Merkmal der Irreversibilität der Stufen dar (1998). Demnach wechseln Erwachsene, die sich einer fundamentalistischen Gemeinschaft anschließen, im Sinn Fowlers von Stufe 3 nach Stufe 2. Die Irreversibilität der Stufenentwicklung ist dadurch verletzt. So gewichtig Streibs Einwand in theoretischer Hinsicht ist, stellt sich für die Unterrichtsplanung vor allem die Frage, ob die Stufenabfolge eine realistische Perspektive auf die Entwicklungsverläufe zur Verfügung stellt. Für die Zeitspanne, die die Schule umfasst, scheint dies in der Regel der Fall zu sein. Darüber hinaus hält die Anfrage jedoch das Bewusstsein wach, dass es sich bei den beschriebenen Entwicklungsverläufen um Modelle handelt. Der Blick auf die elementaren Zugänge ersetzt also nicht den Blick auf die konkreten Erfahrungen der Kinder und Jugendlichen. Diese Perspektive wird im nächsten Kapitel eigens diskutiert.

Eine weitere gewichtige Anfrage bezieht sich darauf, dass sich Stufenmodelle ausschließlich auf die Struktur von Vorstellungen konzentrieren, während der Inhalt unbeachtet bleibt (vgl. Döbert 1986). Untersuchungen konnten aber zeigen, dass die Art und Weise, wie über etwas nachgedacht wird, davon abhängt, wie vertraut man mit dem Gegenstand ist, über den man nachdenkt (vgl. Hutsebaut 1996). In den Kontext der Kompetenzorientierung kann das so übersetzt werden, dass die Wahrscheinlichkeit, dass die anvisierte Kompetenz aufgebaut bzw. erweitert wird, sich da erhöht, wo eine inhaltliche Nähe oder ein sich-aus-Kennen, gegeben ist. Planungspraktisch bedeutet dies, für die Frage nach den elementaren Zugängen das angemessene Modell heranzuziehen. Die Modelle formulieren Entwicklungsverläufe für bestimmte Gegenstandsbereiche, stellen also keine Universalmodelle dar. Religiöse und moralische Entwicklung sind bei aller Ähnlichkeit im Detail verschieden, und auch die Modelle religiöser Entwicklung setzen unterschiedliche Schwerpunkte.

Ferner wurde angemerkt, dass der Übergang von einer Stufe zur nächsten ein längerer Prozess ist (vgl. Power 1991). Für die Unterrichtsplanung bleibt dieser Einwand ohne größere praktische Konsequenzen: Wer die eigenen Lerngruppen im Blick hat, ist sich auch bewusst, wie sich die zutreffenden Stufen konkret auswirken. Der Einwand erklärt jedoch, weshalb bei der obigen Beschreibung der Modelle auf Altersangaben verzichtet wurde. Die Entwicklung des Menschen lässt sich nicht in deterministische Schemata pressen, konkrete Altersangaben würden die Leserinnen und Leser deshalb wohl nur in falscher Sicherheit wiegen.

Zusammen tragen die diskutierten Kritikpunkte zu einem angemessenen Umgang mit den beschriebenen Stufenmodellen bei. Sie stellen eine praktikable Brille zur Verfügung, mit der die Lernausgangslage in Bezug auf die kognitionspsychologischen Verstehenshorizonte in der Lerngruppe abgeschätzt werden kann, um so die Erweiterung und den Aufbau der individuellen Fähigkeiten und Fertigkeiten in Bezug auf das gewählte Thema zu ermöglichen.

Beispiel

Bisher wurde auf die Zuordnung einzelner Stufen zu Altersgruppen konsequent verzichtet. Die Leserin und der Leser sollten dazu angeregt werden, die eigenen Lerngruppen den jeweiligen Stufen zuzuordnen. Für die folgende Veranschaulichung ist eine Zuordnung jedoch unumgänglich. Da keine konkreten Lerngruppen im Hintergrund stehen, erfolgt sie bewusst holzschnittartig. Es wird im Folgenden davon ausgegangen, dass von Fowler und Oser/Gmünder vor allem die Stufen zwei, drei und vier für die Planung des Religionsunterrichts von Bedeutung sind. Bei aller Unschärfe wird sich Stufe zwei vor allem in der Primarstufe, Stufe drei in der Sekundarstufe I und Stufe vier in der Sekundarstufe II wiederfinden. Von Kohlberg sind vor allem die Stufen drei, vier und fünf von Bedeutung, wobei am Beginn der Grundschule wohl auch Stufe zwei anzutreffen ist. Ansonsten werden sich die Stufen des moralischen Urteils in den einzelnen Schulstufen wohl deutlich überlappen. Schließlich wird davon ausgegangen, dass sich die Stufen der Weltbildentwicklung wie folgt verteilen: Reste des Entstehungsstadiums des Artifizialismus lassen sich am Beginn der Primarstufe finden, ansonsten ist sie durch dessen Hauptstadium und Auflösungsstadium geprägt. In der Sekundarstufe I werden einzelne Schülerinnen und Schüler noch dem Auflösungsstadium zugerechnet werden können, in der Regel wird jedoch ein reflektiertes Wirklichkeits- und Schöpfungsverständnis vorherrschen – wie auch in der Sekundarstufe II. Auf der Basis dieser groben Zuordnung lässt sich nun der Umgang mit der Erzählung von der Bekehrung des Saulus abschätzen. Dies soll an zwei Beispielen geschehen: dem Verständnis des Eingreifens Gottes und dem Zugang zur Licht-Metaphorik.

Gottes Eingreifen in das Leben des Saulus

Oben wurde herausgearbeitet, dass sich Apg 9, 1–21 in der Sekundarstufe II den Kompetenzerwartungen des zweiten Inhaltsfeldes zuordnen lässt. Der dramaturgische Höhepunkt der Erzählung von der Bekehrung des Saulus ist erreicht, als Gott in das Leben des eifernden Juden eingreift. In einer Lichtvision wirft er Saulus zu Boden und in einer Audition gibt sich Jesus als der zu erkennen, den Saulus verfolgt und gebietet ihm, nach Damaskus zu reisen. Diese Interaktion zwischen Gott und Saulus gehört zum Mittelpunkt der Erzählung. Wie gehen Schülerinnen und Schüler mit der Möglichkeit eines derartigen Eingreifens um?

In dieser Frage ist das Modell von Fritz Oser und Paul Gmünder einschlägig, denn in seinem Mittelpunkt steht das Verhältnis des Menschen zu Gott. Schülerinnen und Schüler, auf die die Kriterien der zweiten Stufe zutreffen, dürften mit der Vorstellung eines direkten Eingreifens kaum Probleme haben. Für sie ist es selbstverständlich, dass Gott und Mensch in einem Vertragsverhältnis stehen, das auf gegenseitiger Pflichterfüllung beruht, und dass Gott in das Leben des Menschen eingreift. Unverständlich wird wohl eher die Art und Weise sein, wie Gott eingreift. Das ganze Interaktionsmuster zwischen Gott und Saulus entspricht eher einer Vorstellung, wie sie Oser/Gmünder für Stufe eins beschreiben: Gott greift als absolute Macht ein, auf die Saulus keinen Einfluss hat. Wie stark diese Irritation auf Stufe zwei ausfällt, dürfte wesentlich davon abhängen, wie vertraut die Schülerinnen und Schüler mit der Geschichte des Paulus sind. Ist er ihnen als christlicher Heiliger und Völkermissionar bekannt, kann das massive Eingreifen Gottes als notwendiger Auftakt zu einem auf Gegenseitigkeit beruhenden Verhältnis stimmig erklärt werden. Als singuläres Ereignis bleibt die Art und Weise des Eingreifens Gottes auf Stufe zwei jedoch eher irritierend.

Auf Stufe drei würde die Erzählung wohl als eines der Märchen verstanden, wie sie typisch für die Bibel sind. Schülerinnen und Schüler dieser Stufe gehen von der absoluten Autonomie des Menschen aus. Unabhängig davon, ob die Existenz Gottes anerkannt wird oder nicht, wird ihm keine Wirksamkeit in der Welt von heute zugesprochen. Für Schülerinnen und Schüler, die wenig Sympathie für das Christentum aufbringen können, erscheint die Erzählung somit als Instrument der Verdummung von Menschen. Sie behauptet Tatsachen, die einen nüchternen Blick auf die Wirklichkeit verstellen. Religiös aufgeschlossene Schülerinnen und Schüler dagegen sehen in ihr vielleicht den Versuch einer Erklärung für etwas, das man sich rational nicht erklären kann. Da bei diesem Versuch jedoch auf ein Eingreifen Gottes zurückgegriffen wird, bleibt er wenig glaubwürdig. In jedem Fall stellt die Erzählung auf Stufe drei eine Kontrasterfahrung dar, die stark von dem abweicht, was man selber für glaubwürdig erachtet.

Mit dem Erreichen von Stufe vier verändert sich der Zugang zum Eingreifen Gottes abermals. Nach dem Stufenprinzip der vermittelten Autonomie wird der Mensch nicht mehr als gänzlich unabhängig von Gott gesehen. Es herrscht das Bewusstsein um die eigene Begrenztheit vor, und Kräfte jenseits seiner selbst werden anerkannt. Für den Zugriff auf die Erzählung bedeutet dies, dass das Eingreifen Gottes in der beschriebenen Art und Weise zwar hinterfragt wird, die Tatsache eines Einflusses jedoch akzeptabel erscheint. Vision und Audition werden wohl als Symbole für eine Wirksamkeit Gottes begriffen, die nicht direkt darstellbar ist. In der Folge wird auf Stufe vier wahrscheinlich die Frage aufgeworfen, wie man sich das Eingreifen Gottes „in Wirklichkeit" vorstellen kann. Eine Lösungsmöglichkeit für dieses Dilemma könnte darin liegen, dass Saulus als Verfolger – also bereits vor seiner „Bekehrung" – über die Christen und ihren Glauben Bescheid wusste. Diese Kenntnis gärt in ihm, und nach einem Zwischenfall auf der Reise nach Damaskus trifft Saulus auf den Christen Hananias, der ihm einen neuen Zugang zu Jesus Christus erschließt. In einer derartigen Lösungsstrategie würde das Handeln Gottes hineingenommen in das Wirken seiner Botschaft, in den Menschen selbst und durch sein Tun. Saulus könnte nach wie vor als eigenverantwortlicher Mensch begriffen werden, der über den Kontakt mit Menschen, die an Jesus Christus glauben, selbst zum Glauben an ihn kommt – ein Muster, das den Kriterien von Stufe vier entspricht.

Die Metaphorik von Licht und Blendung

Mit den Bildungsstandards der Grundschule korrespondiert u. a. die Licht-Symbolik, mit der Apg 9,1–21 arbeitet. Auf der Bildebene der Bekehrung des Saulus spielt das „Licht vom Himmel" eine herausragende Rolle. Obwohl diese Vision, die ausschließlich Saulus wahrnimmt, auf der Erzählebene gleichberechtigt neben Gottes Stimme steht, wurde sie in der darstellenden Kunst zu einem ikonographischen Symbol für die gesamte Erzählung. Um den Zugang der Kinder und Jugendlichen zu dieser Licht-Erscheinung abzuschätzen, sind zwei der vorgestellten Modelle hilfreich. Zum einen kann mit dem Modell der Weltbildentwicklung von Fetz/Reich/Valentin erschlossen werden, welchen Wirklichkeitsgehalt die Schülerinnen und Schüler der Licht-Erscheinung wahrscheinlich zuschreiben werden, zum anderen kann mit dem Fowlerschen Modell religiöser Entwicklung ihr Umgang mit Symbolen bestimmt werden.

Sowohl im Entstehungsstadium des Artifizialismus als auch in dessen Hauptstadium gilt Gott als Schöpfer der Natur. Das Licht in der Erzählung wird also dem Bereich zugerechnet, der als von Gott geschaffen gilt. In beiden Stadien ist ein Verständnishorizont gegeben, der dazu führen kann, Gott als Herr über die Naturphänomene zu begreifen. Im gegebenen Fall wäre es kein Problem für ihn, Licht scheinen zu lassen. Einen gänzlich anderen Zugang zur Licht-Erscheinung haben Schülerinnen und Schüler, die sich im Auflösungsstadium des Artifizialismus oder im Stadium des reflektierten Wirklichkeits- und Schöpfungsverständnisses befinden. Hier wird die Schöpfermacht Gottes nach und nach eingeschränkt, bis sich letzten Endes die gesamte Welt von selbst entwickelt hat. Eine ursächliche Verbindung zwischen dem „Licht vom Himmel" und Gott ist nicht mehr gegeben. Wenn die Licht-Erscheinung also nicht als Phantasie ohne reale Entsprechung verstanden wird, dann liegt eine „naturwissenschaftliche" Erklärung nahe – etwa die Identifikation des Lichts mit einem Blitzschlag, der im Nachhinein auf Gott gedeutet wird.

Die Neigung, die erzählte Licht-Erscheinung als unmittelbar reales Erlebnis des Saulus wahrzunehmen, ist unter den Schülerinnen und Schülern also sehr gering. Selbst auf den beiden ersten Stadien des Modells der Weltbildentwicklung ist dieser Blick zwar möglich, nicht jedoch selbstverständlich gegeben. Damit ist die Frage aufgeworfen, inwieweit dieser Erscheinung symbolisches Potential zugeschrieben wird. Hier ist das Modell James Fowlers einschlägig, das unter anderem auf dem Umgang der Menschen mit Symbolen beruht.

Auf der mythisch-wörtlichen Stufe wird das erzählte Geschehen in seinem Wortsinn aufgefasst, ein Bewusstsein für symbolisches Potential ist also kaum vorhanden. Letzteres ist nach Fowler erst auf der Stufe des synthetisch-konventionellen Glaubens gegeben. Hier können Symbole in ihrer Bedeutungstiefe nachvollzogen werden, sofern sie den Schülerinnen und Schülern aus ihrem Umfeld heraus vertraut sind. Für den Zugang zur Licht-Erscheinung bedeutet Stufe drei also ein Zweifaches: Zum einen kann angenommen werden, dass die Lerngruppe keine Probleme mit einem „säkularen“ Symbolgehalt von Licht hat, etwa als metaphorisches Ausdrucksmittel für den falschen (d. h. „verblendeten“) bisherigen Lebensweg des Saulus und die Tatsache seiner Einsicht in diesen Sachverhalt (d. h. ihm „geht ein Licht auf“). Zum anderen ist der Nachvollzug eines „religiösen“ Symbolgehalts, als Symbol für das Wirken Gottes, zwar prinzipiell möglich, wahrscheinlich liegt er aber nur bei einer entsprechenden Sozialisation vor. Wenn die Schülerinnen und Schüler mit dieser Deutungstradition nicht vertraut sind, werden sie die Licht-Metaphorik kaum auf eine göttliche Wirklichkeit beziehen.

Im Rahmen eines individuierend-reflektierenden Glaubens schließlich können Symbole in ihrer Wirkweise durchdrungen werden. Sie werden also nicht nur nachvollzogen, sondern auch in ihrer Funktion hinterfragt. Auf dieser Stufe kann folglich kreativ mit der Licht-Erscheinung umgegangen und es können neue Metaphoriken entwickelt werden. Auf diese Weise ist es möglich, verstärkt die individuellen Glaubensgebäude der Schülerinnen und Schüler zum Tragen kommen zu lassen – eine Strategie, die der Betonung individueller Autonomie auf dieser Stufe Rechnung trägt.

4 Elementare Erfahrungen

Mit den elementaren Zugängen wurden die entwicklungspsychologischen Umstände dem Planungsprozess zugänglich gemacht. Sie geben allerdings noch keinen Aufschluss darüber, in welchen inhaltlichen Zusammenhängen die Schülerinnen und Schüler die unterrichtlichen Angebote aufnehmen und erörtern. Dass dieser zweite Blick notwendig ist, deutete sich bereits in der Veranschaulichung der elementaren Zugänge an – etwa wenn beim Symbolverständnis die Vertrautheit mit dem gegebenen Symbol eine Rolle spielt. Dieser inhaltliche Verstehenshorizont der Kinder und Jugendlichen ist Gegenstand der Frage nach den elementaren Erfahrungen. Sie ergänzt den formalen Blick der elementaren Zugänge um den materialen Blick auf die sog. „Lebenswelt" der Lernenden, d. h. ihren Alltag und die in ihm gültigen Lebensmaximen.

Im Folgenden wird zuerst der Begriff der „elementaren Erfahrungen" geklärt und erörtert, welche Bedeutung der Frage nach der Lebenswelt der Schülerinnen und Schüler in der Unterrichtsplanung zukommt. Anschließend werden zwei Typologien beschrieben, die einen inhaltlichen Leitfaden für die Analyse der Lebenswelt zur Verfügung stellen. Es handelt sich dabei um fünf Typen religiöser Orientierung nach Hans-Georg Ziebertz u. a. (2003) und drei Typen der Wahrnehmung alltäglicher Ereignisse nach Gerhard Schulze (1992). Beide Typologien werden ergänzt um einen Überblick über die Bedeutung, welche das Geschlecht der Kinder und Jugendlichen für ihre Religiosität hat. Mit Hilfe dieser Kenntnisse lassen sich die Verstehenshorizonte der Klasse abschätzen, wie im abschließenden Beispiel veranschaulicht wird.

Begriff

Die Freisetzung aus traditionalen Bindungen gehört zu den Grundzügen der Gesellschaft, in der wir leben. Bräuche und Traditionen bestimmen kaum noch das Leben der Kinder und Jugendlichen. Für die Unterrichtsplanung ist diese Freisetzung doppelt bedeutsam. Zum einen leben nur noch wenige Schülerinnen und Schüler in einem Umfeld, das sie mit christlichen Perspektiven vertraut macht, zum anderen orientieren sich Kinder und Jugendliche verstärkt an dem, was sie selbst erfahren haben.

Spätestens seit der Mitte des letzten Jahrhunderts lösen sich konfessionelle Milieus zunehmend auf. Die Teilnahmezahlen an Gottesdiensten pendeln sich auf einem vergleichsweise niedrigen Niveau ein, kirchliche Moralvorstellungen spielen im alltäglichen Leben nur eine untergeordnete Rolle und die Kenntnis zentraler christlicher Glaubensformeln schwindet. Das Christentum ist nicht mehr in der Lage, das Leben eines Menschen „von der Wiege bis zur Bahre" zu prägen. Dies bedeutet nicht, dass christliches Gedankengut in einer modernen Gesellschaft keine Rolle mehr spielt. So leben etwa Romane und Filme wie „Matrix" vom Messiasmotiv – allerdings oft in verfremdeter Form. Es muss aber damit gerechnet werden, dass das Umfeld der Kinder und Jugendlichen nicht mehr in der Lage ist, ihnen die christlichen Analogien derartiger Inhalte zu vermitteln. Viele Eltern fühlen sich verunsichert und überfordert, wenn sie ihre Kinder religiös erziehen wollen (vgl. Schwab 1995; Ziebertz 1999, 55–69). Auch im Freundeskreis sind religiöse Themen in der Regel tabu (vgl. Ziebertz/Kalbheim/Riegel 2003, 130–132). Kinder und Jugendliche kennen also durchaus (noch?) einige zentrale Symbole und Begriffe des Christentums, es ist aber eher unwahrscheinlich, dass sie unter ihnen auch dasselbe verstehen, wie es in christlichen Gemeinden üblich ist.

Ferner hat sich die Art und Weise geändert, wie Kenntnisse erworben werden. An die Stelle bewährter Wissensbestände, die von Generation zu Generation weitergegeben wurden, sind heute vielfach unmittelbare Lebenserfahrungen getreten. Wissen wird punktuell und bei Bedarf abgefragt (via Smartphone immer und überall). So sehr man es bedauern mag, dass althergebrachtes Wissen von Kindern und Jugendlichen kaum noch wertgeschätzt wird, gilt es doch anzuerkennen, dass sich die Lebensbedingungen der heutigen Generation von denen früherer stark unterscheiden. Durch Fernsehen, Handy und Internet ist die Welt zusammengerückt. Kinder und Jugendliche machen heute Erfahrungen, die viele ihrer Eltern noch nicht gemacht haben. So haben sie zum Beispiel jederzeit Zugang zu jeder Art von Wissen (von wikipedia bis hin zu Lexikonartikeln). Es ist also durchaus berechtigt, althergebrachte Wissensbestände und Tugenden erst einmal kritisch zu hinterfragen. Maßstab dieser Kritik sind in der Regel die eigenen Erfahrungen, die Heranwachsende in ihrer Familie und mit ihren Freunden gemacht haben, denn sie stammen aus der

Lebenswelt, in der sich die Wissensbestände und Tugenden bewähren müssen.

Die Frage nach den elementaren Erfahrungen trägt diesen veränderten Lernbedingungen Rechnung. Sie will die Alltagserfahrungen erhellen, in deren Horizont sich die Klasse mit der Unterrichtsthematik auseinandersetzt. Der Begriff der Erfahrung übersteigt dabei die kognitive Dimension der klassischen Frage nach dem Vorwissen. Es geht um die Selbstverständlichkeiten, die den Alltag der Schülerinnen und Schüler prägen, um das, was die Kinder und Jugendlichen für „normal" und somit maßgebend halten. Wenn im Religionsunterricht zum Sonnengesang des Franz von Assisi etwa die innige Beziehung des Beters zu den verschiedenen Naturphänomenen thematisiert wird, spielen die Naturerfahrungen der Klasse eine bedeutende Rolle für die Art und Weise des Verständnisses – und zwar einzelne, herausgehobene Erfahrungen ebenso wie die alltäglichen Berührungen mit Natur. Je nach der Gestalt dieser Erfahrungen wird die Beziehung des Beters zu den Naturphänomenen aufgenommen und innerhalb dieses Verstehenshorizonts verhandelt werden. Wem das Verständnis von Natur als Schöpfung Gottes fremd ist, der wird im Sonnengesang wohl vor allem ein Lob der Natur wahrnehmen.

Um Missverständnissen vorzubeugen: Ziel der Frage nach den elementaren Erfahrungen ist es nicht, herauszufinden, was unterrichtet werden kann und was nicht. Vielmehr geht es darum herauszufinden, welche Vorstellungen ein Thema bei den Kindern und Jugendlichen weckt. Die Lehrerin bzw. der Lehrer informiert sich über die Bedeutung der Lebenssituation der Klasse in Bezug auf das Unterrichtsthema[5] und kommt so z. B. auch potenziellen lebensweltlichen Anforderungs- und Anwendungssituationen auf die Spur.

Ferner belebt die Frage nach den elementaren Erfahrungen den Religionsunterricht. Es gehört zu den leidvollen Erfahrungen, dass sich die Kommunikation in vielen Religionsstunden auf die Lehrkraft und wenige

---

[5] Die Konzentration der „elementaren Erfahrungen" auf die gegenwärtige Lebenssituation unterscheidet ihre Verwendung im vorliegenden Band wesentlich von ihrer Verwendung im Tübinger Modell. In diesem beziehen sich „elementare Erfahrungen" auch auf vorangegangene Generationen, z. B. die Menschen zu biblischer Zeit. Diesem Ansatz wird hier nicht gefolgt, weil die Erarbeitung der elementaren Strukturen derartige Erfahrungen u. E. bereits berücksichtigt. Im vorliegenden Modell beziehen sich die „elementaren Erfahrungen" also ausschließlich auf die alltägliche Normalität der Schülerinnen und Schüler.

Schülerinnen und Schüler beschränkt. Offensichtlich fühlen sich in derartigen Stunden viele Kinder und Jugendliche nicht angesprochen. Die Frage nach den elementaren Erfahrungen versetzt Unterrichtende in die Lage, die Thematik so auszuwählen und ins Gespräch zu bringen, dass sie den Lebenserfahrungen der Lernenden entspricht. Außerdem erlaubt eine Analyse der vielfältigen Erfahrungen innerhalb der Lerngruppe, die Schülerinnen und Schüler untereinander ins Gespräch zu bringen. Die „Heterogenität" der heutigen Jugend wird gerne angeführt, um anzuzeigen, dass Religionsunterricht heute ein schwieriges Unterfangen ist. Sie lässt sich produktiv nutzen, wenn sie einmal bewusst durchdrungen ist. Kennt man das Meinungsbild und das soziale Beziehungsgefüge innerhalb der Klasse, lassen sich Diskussionen unter den Schülerinnen und Schülern gezielt anregen. Dies entlastet nicht nur die Lehrperson. Es fördert auch demokratische Grundtugenden und steigert den Lernwert des Unterrichts, denn Schülerinnen und Schüler lernen Inhalte, die in ihrem Leben Geltung haben sollen, vor allem im Gespräch untereinander (vgl. Blatt/Kohlberg 1975).

Schließlich erdet die Frage nach den elementaren Erfahrungen den Religionsunterricht. Schülerinnen und Schüler entwickeln schnell ein Gespür dafür, mit welchen Stichworten sie ohne großen Aufwand im Unterricht mitschwimmen können. Innerhalb der Religionspädagogik wird dieses Verhalten unter dem Begriff des „Religionsstunden-Ichs" verhandelt. Es kann dazu führen, dass eine Religionsstunde flüssig verläuft, die Themenentwicklung spielerisch von Stichwort zu Stichwort fortschreitet und in ein rundes Tafelbild mündet – und die Schülerinnen und Schüler mit dem Schlussgong unberührt ins nächste Fach wechseln. Die Frage nach den elementaren Erfahrungen hat das Potential, derartige Unterrichtsverläufe aufzubrechen. In dem Maß, in dem der Lehrerin bzw. dem Lehrer die Verstehenshorizonte und Kompetenzstände der Klasse vertraut sind, können die Sinnangebote des Unterrichts auf das Leben der Schülerinnen und Schüler hin problematisiert werden. Authentische Beiträge lassen sich so von funktionalen Stichworten unterscheiden. Der Religionsunterricht wird realistischer, rückt näher an den Alltag der Schülerinnen und Schüler heran und gewinnt damit an Bedeutung.

Typen individueller Religiosität

Die Einzigartigkeit persönlicher Religiosität gehört zu den am häufigsten zitierten Einsichten empirischer Studien zu gegenwärtiger Religion. Jede und jeder glaubt, was sie und er als glaubwürdig erachtet. Gemeinsamkeiten scheint es nach diesem Zitat nicht zu geben. So richtig diese Einsicht im Detail ist, lassen sich doch auch in einer modernen Gesellschaft noch Strukturen der Religiosität ihrer Mitglieder feststellen (vgl. Terwey 1996; Wippermann 1998).

Eine in der Religionspädagogik breit beachtete Typologie zur Religiosität von Schülerinnen und Schülern legte eine Studie des Würzburger Lehrstuhls für Religionspädagogik vor, die in einem Projekt zur Religiosität Jugendlicher entstanden ist (vgl. Ziebertz/Kalbheim/ Riegel 2003).

Beschreibung der fünf Typen

Die fünf Typen der Religiosität Jugendlicher stehen für eine kirchlich-christliche, eine christlich-autonome, eine konventionell-religiöse, eine autonom-religiöse und eine nicht religiöse Orientierung. Sie werden im Folgenden in ihrem Profil beschrieben.

Kirchlich-christliche Jugendliche stehen zum christlichen Glauben, wie er durch die beiden Kirchen vertreten wird. Sie sehen keinen Widerspruch zwischen Religion und moderner Gesellschaft und erkennen die Kirche als religiöse Gemeinschaft an, die vorlebt, was Glaube bedeutet. Religion gilt ihnen als Orientierungshilfe für ihr eigenes Leben, und Werte wie Gottvertrauen und Gläubig-Sein sind ihnen sehr wichtig. Kirchlich-christliche Jugendliche betonen auch die Bedeutung der eigenen Familie, des Einsatzes für andere Menschen und eines Lebens in Harmonie mit sich selbst und der Umwelt. Unabhängigkeit und Selbstverwirklichung sind ihnen zwar ebenfalls wichtig, im Vergleich mit den anderen Typen nehmen sie jedoch keine herausragende Stellung ein. Als einzige der Befragten akzeptieren sie einen Religionsunterricht, der ins Christentum einführen will, d. h. christliche Themen nicht nur informativ behandelt, sondern auch von ihrem Wahrheitsgehalt überzeugen will. Kirchlich-christliche Jugendliche zeigen eine relativ hohe Bereitschaft, eigene Erfahrungen als religiös zu deuten, und greifen als einzige auf biblische Vorstellungen zurück, um ihr eigenes Gottesbild zu beschreiben. Entgegen mancher Klischeevorstellungen akzeptieren sie kulturelle und religiöse Vielfalt und lehnen einen Exklusivanspruch der Kirchen ab. Aus diesen Einzelheiten entsteht das Bild von jungen Menschen, die in einer konkreten Gemeinde ihre religiöse Heimat gefunden haben und ihre religiösen Bedürfnisse im Angebot der Kirchen gut aufgehoben sehen.

Christlich-autonome Jugendliche glauben nicht, dass sich Religion und eine moderne Gesellschaft gegenseitig ausschließen. Sie orientieren ihr Leben an religiösen Grundsätzen, schätzen religiöse Werte als wichtig ein, nehmen relativ oft am sonntäglichen Gottesdienst teil und wollen zentrale Lebenswenden in der Kirche feiern (Taufe, Hochzeit und Beerdigung). Darüber hinaus schätzen sie die Familie, den Einsatz für andere und ein Leben ohne Streit. Im Gegensatz zu kirchlich-christlichen Jugendlichen legen sie großen Wert auf ihre Unabhängigkeit. Sie sind fest davon überzeugt, dass jeder selbst herausfinden muss, was sie oder er glauben will und kann. Einer religiösen Institution wie der Kirche schreiben sie in dieser Frage keine Autorität zu und betonen, dass Glaube auch außerhalb von Kirche möglich ist. Sie nehmen so lange an kirchlichen Veranstaltungen teil, so lange sie ihre Entscheidungsfreiheit gewahrt sehen. Entsprechend befürworten sie einen Religionsunterricht, der über das Christentum und andere Religionen informiert, nicht jedoch in es einführt. Der Dialog zwischen den Religionen ist ihnen sehr wichtig. Biblischen Vorstellungen von Gott stehen christlich-autonome Jugendliche eher skeptisch gegenüber, sie selbst bevorzugen Bilder von Gott als etwas im tiefsten Inneren des Menschen oder als einer höheren Macht, die das Leben bestimmt. Fasst man die Einzelbefunde zusammen, erweisen sich christlich-autonome Jugendliche als christlich aufgeschlossene Menschen, die am kirchlichen Leben teilnehmen, dabei ihre Unabhängigkeit wahren und sich kritisch mit verschiedenen Glaubensüberzeugungen auseinandersetzen.

Konventionell-religiöse Jugendliche bewegen sich im religiösen Mainstream. Sie wissen auf die Frage, ob Religion und moderne Gesellschaft zusammenpassen, nicht so recht zu antworten. Ebenso unentschieden sind sie, wenn es darum geht, ob die Religionen um der Wahrheit und der Zukunft willen in einen Dialog eintreten sollen, ob ihnen religiöse Werte wichtig sind oder ob sie den Wunsch hegen, dass Gott sie durch ihr Leben begleitet. In all diesen Fragen haben sie (noch?) nicht zu einer eigenen

Haltung gefunden. Konventionell-religiöse Jugendliche sind überzeugt, dass Glaube auch unabhängig von der Kirche möglich ist, nehmen aber gelegentlich an Gottesdiensten teil, vor allem an Weihnachten und Ostern. Wenn andere Menschen von eigenen religiösen Erfahrungen berichten, sind konventionell-religiöse Jugendliche bereit, ihnen zu glauben. Sie sind sich jedoch unsicher, ob sie selbst religiöse Erfahrungen machen wollen. Biblische Vorstellungen von Gott haben für diese Jugendlichen eine nur geringe Überzeugungskraft, allerdings lehnen sie auch gottkritische Gedanken ab. Stattdessen glauben sie an eine höhere Macht, an der sie teilhaben. Konventionell-religiöse Jugendliche erkennen Religion als Orientierungs- und Lebenshilfe an und wünschen sich einen Religionsunterricht, der über verschiedene Religionen informiert. Insgesamt ist Religion für konventionell-religiöse Jugendliche also kein vorherrschendes Thema, und ihr Verhältnis zu religiösen Einstellungen und religiösen Gruppen ist unverbindlich.

Den vierten Typ individueller Religiosität bilden *autonom-religiöse Jugendliche*. Ihre charakteristischen Merkmale sind der Wille zur religiösen Selbstbestimmung und die starke Abgrenzung gegenüber dem kirchlich verfassten Christentum. Wie kein anderer Typ akzeptieren diese Jugendliche kulturelle und religiöse Vielfalt und gehen davon aus, dass Glaube auch außerhalb der Kirchen möglich ist. Sie sind von der Gleichwertigkeit aller Religionen überzeugt und lehnen einen Exklusivanspruch des Christentums ab. Sie nehmen praktisch nicht am kirchlichen Leben teil, lediglich an den Lebenswenden (Taufe, Hochzeit, Beerdigung) wollen einige von ihnen nicht auf kirchlichen Beistand verzichten. Am Religionsunterricht sind sie interessiert, solange er über die verschiedenen Religionen informiert. Unabhängigkeit und persönliche Freiheit sind diesen Jugendlichen sehr wichtig, allerdings auch der Einsatz für andere und die eigene Familie – wenn auch nicht so sehr wie den anderen Typen. Sie akzeptieren Religion als Orientierungshilfe für das eigene Leben und sind sich unsicher, ob die Religionskritiker Recht haben. Selbst zeigen sie Vorstellungen von Gott als einer höheren Macht oder dem eigenen Gewissen. Insgesamt setzen sich autonom-religiöse Jugendliche mit verschiedenen spirituellen Angeboten auseinander, um sich ihre Glaubenswelt selbst zusammenzubasteln. Dazu greifen sie auch auf religiöse Alternativen zum Christentum zurück.

Nicht religiöse Jugendliche sind davon überzeugt, dass sich Religion und eine moderne Gesellschaft gegenseitig ausschließen, können sich nicht vorstellen, dass Religion ihrem Leben Orientierung geben könnte und lehnen religiöse Werte und die Existenz Gottes ab. An einem Dialog zwischen den Religionen sind sie nicht interessiert. An Gottesdiensten nehmen sie nur vereinzelt teil, und sie sind sich unsicher, ob sie ihre Kinder später taufen lassen, ob sie in der Kirche heiraten und sich von einem Priester begraben lassen wollen. Als einzige Gruppe lehnen sie Religionsunterricht unabhängig von seinen Zielen ab. Weiterhin fällt auf, dass diesen Jugendlichen familiale Werte weniger wichtig sind, während sie auf Freiheit und Selbstbestimmung sehr großen Wert legen. Erwartungsgemäß vertreten nicht religiöse Jugendliche gottkritische Gedanken und halten sowohl biblische als auch andere Gottesbilder für wenig überzeugend. Allerdings erkennen sie an, dass Religion für andere Menschen relevant sein mag. Jugendliche dieses Typs sind nicht atheistisch im ideologischen Sinn. Sie kämpfen nicht gegen Religion. Vielmehr soll jede und jeder nach der eigenen Fasson selig werden.

Didaktische Bedeutung

Die beschriebene Typologie stellt Kriterien zur Verfügung, die eigene Klasse zu beschreiben, ist aber auch geeignet, das eigene Unterrichtsangebot zu hinterfragen.

Es liegt auf der Hand, dass sich Jugendliche in vertrauten Klassen den Typen zuordnen lassen. Aber auch Studierenden, die ihre Praktikumsklasse kaum kennen, bietet die Typologie einen gewissen Erwartungshorizont: die konkrete Verteilung der Typen kann gemäß des religiösen Profils der Region, in der unterrichtet wird, geschätzt werden. Die Typologie eignet sich aber auch dazu, das eigene Unterrichtsangebot zu hinterfragen. Sie kann benutzt werden, um herauszufinden, welchen der beschriebenen Typen die bisherigen Angebote besonders ansprechen. Darüber hinaus kann die Typologie dazu anregen, die Frage nach dem eigenen Verständnis von Religion und Religiosität zu stellen. Legt man etwa einen streng kirchlichen Maßstab an, erweisen sich nur kirchlich-religiöse, vielleicht auch noch christlich-autonome Jugendliche als religiös. Allerdings scheinen viele sog. „gute Christen“ eher dem Bild der konventionell-religiösen Jugendlichen zu entsprechen.

Bleibt abschließend noch die Frage zu beantworten, ob sich die vorliegende Typologie, die unter Jugendlichen erhoben wurde, auch in der

Grundschule einsetzen lässt. Ein Übertrag scheint uns dann möglich, wenn man die einzelnen Typen als Konstellationen des familiären Umfelds der Kinder liest. Diese Anwendung geht davon aus, dass Kinder noch sehr stark durch ihr Elternhaus geprägt werden, so dass ihre eigene Religiosität vor allem das religiöse Familienklima spiegelt. Kirchlich-christlich bedeutet dann, dass eine Familie in einer konkreten Gemeinde eine spirituelle Heimat gefunden hat und die Kinder an entsprechenden Gemeindeangeboten teilnehmen, christlich-autonom steht für eine Familie, die kirchlichen Angeboten kritisch-aufgeschlossen gegenübersteht, u. s. w. Das religiöse Klima in der Familie würde sich dann durch die Kinder im Religionsunterricht äußern – wohl gemerkt gemäß ihres Entwicklungsstandes (vgl. Kap. 3).

Typen alltagsästhetischer Wahrnehmung

Neben explizit religiösen Themen und fachspezifischen Kompetenzen spielen im Religionsunterricht auch eher alltagspraktische Inhalte und allgemeine Kompetenzen eine Rolle, deren Bezug zu Religion nicht sofort einsichtig ist. Zahlreiche Aspekte zur Frage der Identität, des Zusammenlebens der Menschen oder des Umgangs mit der Natur ließen sich hier nennen. Bei diesen Themen liegt es nahe, dass sie von den Lernenden eher im Horizont ihres alltäglichen Bewusstseins verhandelt werden als vor dem Hintergrund ihrer persönlichen Religiosität.

Die Beschreibung alltäglichen Bewusstseins ist Gegenstand der Milieuforschung. Sie geht davon aus, dass eine gemeinsame Lebenslage nicht durch äußere Merkmale, sondern durch „kollektive Erlebniswelten" bestimmt wird (vgl. Endruweit 2000; Zerger 2000). Der gemeinsame Nenner der vielfältigen Lebensstile in einer modernen Gesellschaft ist deren Erlebnisorientierung, d. h. die Art, wie alltägliche Ereignisse erlebt werden. Es ist nicht mehr entscheidend, was gemacht wird, sondern wie etwas gemacht wird. Ein Milieu zeichnet sich nach der neueren Milieuforschung dadurch aus, dass seine Mitglieder ein Ereignis ähnlich erleben, d. h. ihm dieselbe Bedeutung zuschreiben. So hat das Verreisen innerhalb eines Milieus den Sinn, sich von der Arbeit zu erholen, in einem anderen Milieu den Sinn, fremde Menschen und Länder kennen zu lernen, in wieder einem anderen, so viel Spaß und Aufregung zu erlangen wie möglich, und in einem vierten Milieu schließlich, sich selbst zu bestätigen, indem man die Stätten wiederfindet, die man zuvor im Kunstreiseführer nachgelesen hat. „Milieus sind soziokulturelle Gravitationsfelder mit eigenen Wirklichkeiten." (Schulze, 1992, 267)

Alltagsästhetische Wahrnehmungsmuster

Milieus werden nach diesem Ansatz durch sog. „alltagsästhetische Schemata" zusammengehalten. Ein alltagsästhetisches Schema beschreibt dabei die Art und Weise, wie Ereignisse wahrgenommen und in ihrer Erlebnisqualität bewertet werden. Gerhard Schulze, dessen Studie „Erlebnisgesellschaft" einen klassischen Bezugspunkt der neueren Milieuforschung darstellt, unterscheidet drei Typen derartiger Wahrnehmungsmuster (vgl. 1992, 142–157): ein „Hochkulturschema", ein „Trivialschema" und ein „Spannungsschema".[6]

Im *Hochkulturschema* spielen Selbstdisziplin, Intellekt und Anspruch eine große Rolle. Genuss wird durch konzentriertes Zuhören, stilles Betrachten und versunkenes Dasitzen erreicht, nicht durch besondere körperliche Aktivität oder ständige Abwechslung. Es dominiert die psychische Erlebnisqualität gegenüber der physischen. Menschen dieses Schemas lesen gerne „gute" Bücher, informieren sich über seriöse Informationsquellen, hören anspruchsvolle Musik, gehen ins Theater oder diskutieren gegenwärtige Probleme. Die Abgrenzung gegenüber anderen Menschen wird im Hochkulturschema über musikalische, sprachliche, intellektuelle oder kulturhistorische Kompetenzen hergestellt. Die Lebensphilosophie dieses Schemas ist durch die Fähigkeit gekennzeichnet, widersprüchliche Perspektiven dialektisch miteinander in Beziehung zu setzen. Antrieb ist ein Streben nach Perfektion. Sie ist dann erreicht, wenn die verschiedenen Erwartungen, die im Alltag auf einen einströmen, miteinander vermittelt und dem eigenen Anspruch angepasst sind. Dem Zeitgeist stehen diese Menschen deswegen kritisch gegenüber.

---

[6] Im Folgenden werden die Bezeichnungen Schulzes übernommen, um bei der Leserin und beim Leser keine Verwirrung zu stiften. Es soll aber nicht verschwiegen werden, dass die Schemanamen u. E. problematisch sind, weil zumindest mit dem "Trivialschema" negative Assoziationen verbunden sind. Wer gilt schon gerne als trivial?

Die Alltagsästhetik des *Trivialschemas* dagegen gruppiert sich um Sicherheit, Geborgenheit und Gemütlichkeit. Für den Genuss spielt der Körper eine größere Rolle als der Geist, wobei ruhige und gleichmäßige Bewegung bevorzugt wird. Menschen dieses Schemas sehen gerne TV-Serien, lesen Klatschzeitungen, spielen gern Computerspiele und sind auf dem neuesten Stand der Technik (Smartphone etc.). Sie hören Schlager und Popmusik, sitzen gerne bei einem Bier beieinander und fühlen sich in gemütlicher Kleidung wohl. „Man sucht nicht das Neue, sondern das Altgewohnte." (Schulze 1992, 151) Entsprechend grenzen sich Menschen des Trivialschemas durch die Betonung von Vertrautem und die Versicherung von Gemeinsamem ab. Alles Fremde und Individualistische wird abgelehnt. Die Lebensphilosophie des Trivialschemas ist auf das irdische Glück gerichtet, das in beruflichem Erfolg, Liebe und Besitz seine Erfüllung findet.

Im *Spannungsschema* schließlich werden Tempo, Action und Thrill betont. Der Körper spielt die entscheidende Rolle für das Erleben von Genuss, der durch physische Erlebnisqualität, schnellen Rhythmus und die Suche nach Abwechslung gekennzeichnet ist. Menschen dieses Schemas buchen Extremerlebnisse bei Jochen Schweitzer, gehen Trendsportarten nach, besuchen Rockkonzerte, treffen sich in Szenekneipen und verbringen den größten Teil ihrer Freizeit außerhalb der eigenen vier Wände. Die Abgrenzung gegenüber anderen Menschen erfolgt im Spannungsschema über körperliche Merkmale wie Sportlichkeit und jugendliches Verhalten. Die Lebensphilosophie des Spannungsschemas kreist um Selbstverwirklichung und Unterhaltung. Die Bedürfnisse der eigenen Person werden gegenüber den Sollensansprüchen einer bestehenden Ordnung bevorzugt. Es gilt ein „Narzissmus von eigenen Gnaden" (Schulze 1992, 157).

Didaktische Bedeutung

Die drei Typen alltagsästhetischer Wahrnehmungsmuster erfüllen dieselben didaktischen Funktionen, wie sie bereits im Zusammenhang mit den Typen religiöser Orientierung erörtert wurden. Im Folgenden soll skizziert werden, wie sich die einzelnen Typen auf die Wahrnehmung von Religion auswirken können. Drei Vorbemerkungen scheinen jedoch nötig, um Missverständnisse zu vermeiden.

Erstens handelt es sich bei besagten Schemata um allgemeine Wahrnehmungsmuster, die grundsätzliche Perspektiven auf alltägliche Ereignisse zur Verfügung stellen. Wahrscheinlich haben Menschen, die innerhalb ihres Geltungsbereichs aufwachsen, ihren spezifischen Blickwinkel verinnerlicht. Die folgenden Überlegungen skizzieren also eine generelle Richtung, die es stets im Einzelfall auf ihre Angemessenheit hin zu überprüfen gilt.

Zweitens handelt es sich bei einer Typologie nicht um Kästchen, in die Menschen eingesperrt sind. Typologien liefern einen Maßstab, mit dem Wirklichkeit wahrgenommen werden kann. Dessen ungeachtet sind Menschen lebendige Wesen, deren Leben sich durch Freundschaften und tiefgreifende Ereignisse ändert. Die Zuordnung eines Menschen zu einem Typus ist also immer ein vorläufiger Versuch, ihn zu verstehen.

Die Berücksichtigung der Milieuforschung innerhalb der Theologie steht immer noch am Anfang (vgl. Gabriel 2002, Streib 2003).[7] Die folgenden Auswertungen sind also tastende Versuche, die in der eigenen Praxis überprüft werden müssen. Im Hochkulturschema liegt der Schwerpunkt auf der Kontemplation und dem Nachdenken. Eine entsprechende Religiosität könnte durch asketische und rationale Züge gekennzeichnet sein. Neben den kirchlich gestützten Glaubensvollzügen wie Gottesdienstbesuch oder Gebet könnten religiöse Bildungsangebote wie Vorträge oder Exerzitien eine größere Rolle spielen. Klassische religiöse Musik und Kunst dürften ebenso Anerkennung finden wie theologische Diskussionen. Ferner sollte die monastische Tradition eine große Anziehungskraft entwickeln, steht sie doch für ein reiches kulturelles Erbe. Einträge aus anderen Religionen wie meditative Elemente sollten problemlos mit dem individuellen Glauben vereinbar sein, da es im Hochkulturschema möglich ist, scheinbar Gegensätzliches miteinander zu vereinbaren.

Im Trivialschema sollte dagegen das religiöse Brauchtum der Heimatgemeinde und -region die Religiosität der Menschen prägen, denn es

---

7 Eine besondere Rolle kommt mittlerweile den sog. „SINUS-Studien" zu, die im Auftrag der katholischen Kirche religiöse und kirchliche Orientierungen in den sog. Sinus-Milieus® untersucht hat (2005; 2008; 2012; 2013). Demnach wird die Kirche vor allem als unbeweglich und nicht an den Bedürfnissen der Menschen interessiert erlebt. Jugendliche fallen deswegen aber nicht in eine Sinnkrise. Sie probieren unbefangen verschiedene Sinnquellen aus – religiöse wie säkulare (z. B. Naturschutz). Allerdings bleiben diese Einsichten isoliert. Zum einen erfragten beide Sinus-Studien Religiosität im Sinn von Kirchlichkeit. Zum anderen gestattet Sinus Sociovision als kommerzielles Unternehmen keinen Einblick in die Genese der Daten.

steht für das Gewohnte und Bekannte. Religiöse Vollzüge konzentrieren sich auf Gottesdienste, Gebete und Sakramente. Die eigene religiöse Praxis bedarf dabei keiner weiteren Begründung, als dass sie auch von den Menschen in der unmittelbaren Umgebung geteilt wird. Volkstümliche religiöse Kunst wie Heiligenfiguren oder Weihnachtskrippen wird geschätzt, Bildungsveranstaltungen der Heimatgemeinde werden besucht, und sei es nur wegen der Verbundenheit mit der Gemeinde. Fremde Religionen spielen keine Rolle, sie passen nicht zum Althergebrachten.

Im Spannungsschema entwickeln diese fremden Religionen dagegen eine große Faszination, denn sie stehen für Neues und Unerwartetes. Die Religiosität dieser Menschen könnte deshalb einem Patchwork aus vielen verschiedenen Einträgen entsprechen, das zusätzlich leicht verändert werden kann. Christliche Inhalte und Glaubensvollzüge werden nur insofern nachvollzogen, als sie der bzw. dem Einzelnen etwas bringen oder aber gegenwärtig „in" sind. Dies könnte vor allem auf körperbetonte Praktiken wie das Wallfahren zutreffen.

An diesem Beispiel zeigt sich auch, dass sich die drei Typen nicht notwendig in ihren Aktivitäten unterscheiden, sondern vielmehr darin, wie sie ein Ereignis erleben bzw. in den Motiven, aus denen heraus sie ein Ereignis anstreben. Nehmen Mitglieder des Spannungsschemas an Wallfahrten teil, weil sie die körperliche Herausforderung suchen, wallfahren Mitglieder des Trivialschemas, weil es in ihrer Gemeinde so üblich ist. Mitglieder des Hochkulturschemas finden sich auf Wallfahrten, wenn ihnen eine besondere kulturelle Tradition zukommt.

Geschlechtlichkeit

Auch das Geschlecht einer Person beeinflusst, in welchem Horizont die Unterrichtsgegenstände verarbeitet werden. Denn Geschlecht prägt den Alltag der Schülerinnen und Schüler in elementarer Weise (vgl. Athenstadte/Alfermann, 2011). In der Folge kommen Kinder als Mädchen und Jungen an die Schule, die die stereotypen Erwartungen ihres Umfelds kennen. In der Pubertät müssen beide Geschlechter ihre neuen Körper im Spannungsfeld zwischen den eigenen Gefühlen und Bedürfnissen und den gesellschaftlich wirksamen Frauen- und Männerbildern begreifen und gestalten. Die Frage nach der geschlechtlichen Identität ist geprägt durch kollektive Zuschreibungen, Rollenerwartungen, die in der Regel heterosexuell geordnet sind. Heranwachsen bedeutet demnach – ungeachtet vieler Veränderungen in den stereotypen Zuschreibungen in diesem Jahrtausend - für weibliche Jugendliche in der Regel, sich selbst in den Beziehungen zu ihrem sozialen Umfeld zu entdecken, während männliche Jugendliche vor allem mit der Entwicklungsaufgabe ringen, sich als eigenständigen und autonomen Menschen zu begreifen (vgl. Blohm/Walter 2018). Selbst wenn Kinder und Jugendliche sich heute auch in einem Alltag bewegen, in dem ein Erleben in weiteren sexuellen Identitäten (Homosexualität, Transsexualität, Intersexualität) immer öfter zumindest thematisiert wird (vgl. Lehner-Hartmann 2021, 125), so bestärkt auch Schule in vielfacher Weise die traditionellen Rollenbilder (vgl. Faulstich-Wieland u. a. 2009). Speziell für den Religionsunterricht kann festgehalten werden, dass die vehemente Schulbuchkritik der letzten zwanzig Jahre Wirkung zeigt, so dass in Schulbüchern und anderen Medien die Darstellung der Rolle von Frau und Mann zumindest oberflächlich die Grenzen traditioneller Rollenmuster sprengt (vgl. Duschet 2005).

Das Aufbrechen der traditionellen Geschlechtszuordnungen und Rollenerwartungen stellt auch den Religionsunterricht heute vor die Herausforderung geschlechtssensibel zu agieren (vgl. Lehner-Hartmann 2021, 125), denn Geschlecht und Gender prägen auch das religiöse Feld. Auf der einen Seite sind viele theologische Konzepte androzentrisch geprägt, d. h. sie wurden von Männern auf der Grundlage ihrer spezifischen Lebenserfahrungen formuliert und spiegeln damit einen typisch männlichen Blick auf die Wirklichkeit wider. Das zeigt sich exemplarisch im Gottesbild von Kindern und Jugendlichen (vgl. Klein 2000): Für sie ist es nicht denkbar, sich Gott als Mutter vorzustellen, obwohl dies theologisch möglich ist. Hier schlägt sich die Androzentrik der Theologie nieder, die erst in jüngster Zeit weibliche Bilder und Metaphern für Gott (wieder-)entdeckt. Auf der anderen Seite sind Frauen durch Religion leichter ansprechbar als Männer (vgl. Woodhead 2007a). Sie stellen das Gros derer, die einen Gottesdienst besuchen, nehmen häufiger an Veranstaltungen der Gemeinden teil, stimmen religiösen Überzeugungen stärker zu und engagieren sich überdurchschnittlich in freiwilligen diakonischen Diensten. Das größere Engagement von Frauen in der religiösen Erziehung führt Schritt für Schritt zu einer Feminisierung der Pastoral und zu einem Eintrag weiblicher Lebenserfahrungen in religiöse Vorstellungen. So denken Kinder und Jugendliche Gott zwar nicht als Mutter, allerdings hat der barmherzige Vater den strengen Richter vollständig abgelöst (vgl. Riegel 2004). Linda Woodhead erklärt die größere Offenheit von Frauen für Religion durch zwei Ursachen (vgl. 2007b). In dem Maß, in dem sich Religion von einer öffentlichen Angelegenheit zur Privatsache des Menschen verändert hat, in dem Maß wurde Religion zu einer Aufgabe der Frauen, denn ihnen obliegt traditioneller Weise der Haushalt (= Privatsphäre). Außerdem erschließt sich Religion für moderne Menschen stärker aus Erlebnissen und Gefühlen als aus Überzeugungen und Wahrheiten, was wiederum besser zu dem passt, was Geschlechterstereotype Frauen zuschreiben.

Ein geschlechtergerechter Religionsunterricht will die Kinder und Jugendlichen darin bestärken, ihre eigene Identität in der kritischen Auseinandersetzung mit stereotypen Erwartungen zu entwickeln (vgl. Pithan u. a. 2011). Dazu werden zum einen vorherrschende Geschlechterrollen hinterfragt und irritiert. So können etwa Jungen weibliche Rollen ausfüllen und umgekehrt; oder es werden Biographien aus der christlichen Tradition angeboten, die nicht den stereotypen Erwartungen entsprechen, etwa Mirjam im Alten Testament oder die Mystikerinnen in der Kirchengeschichte. Dazu werden zum anderen die Kinder und Jugendlichen darin bestärkt, ihre eigenen Gefühle und Bedürfnisse wahrzunehmen und sie in eine selbstbestimmte Beziehung zu den herrschenden geschlechtlichen Stereotypen und religiösen Mustern zu stellen. Leitend ist dabei die Würde der weiblichen Jugendlichen bzw. des männlichen Jugendlichen, die sich aus ihrer bzw. seiner Gottesebenbildlichkeit ableitet.

Beispiel

Die obigen Modelle wurden mit dem Anspruch vorgestellt, Kriterien für die Frage nach den elementaren Erfahrungen zur Verfügung zu stellen. Dieser Anspruch soll im Folgenden an der biblischen Erzählung von der Bekehrung des Saulus veranschaulicht werden. Hier wird gefragt, wie sich die Person des Saulus, das Eingreifen Gottes in das Leben des Saulus und das Motiv der Bekehrung als lebensverändernder Umkehr in den verschiedenen Verstehenshorizonten darstellen. Da die beiden ersten Themen stark religiös konnotiert sind, werden sie nur im Licht der Typen religiöser Orientierung beleuchtet. Das Motiv der Bekehrung als existentielle Lebenswende hat jedoch auch eine säkulare Dimension, so dass die alltagsästhetischen Wahrnehmungsmuster nach Schulze herangezogen werden können.

Die Person des Saulus

Saulus erscheint in der Bekehrungserzählung als fanatischer Jude, der bereit ist, für seinen Glauben „über Leichen zu gehen". In der festen Überzeugung, im Dienst der Wahrheit zu handeln, bedrängt und verfolgt er die Anhängerinnen und Anhänger der neuen jüdischen Sekte, die sich zu Jesus Christus bekennen. Diese Konsequenz zeigt er auch nach der Bekehrung, wenn er seinen neuen Glauben nachhaltig und öffentlich bekennt. Zwar mit anderen Mitteln, aber immer noch mit derselben Beharrlichkeit versucht er nun Juden und Heiden von der Wahrheit des Glaubens an Jesus Christus zu überzeugen.

Kirchlich-christliche Kinder und Jugendliche haben bereits – bewusst oder unbewusst – von Paulus gehört. Wahrscheinlich kennen sie ihn als Gründungsfigur des Christentums und mit dem Sprachspiel „vom Saulus zum Paulus" steht ihnen sogar ein begriffliches Motto für den Wendepunkt in seiner Biographie zur Verfügung. Es kann daher angenommen werden, dass sie die Person des Saulus als Inbegriff des Christenverfolgers wahrnehmen, ohne dass damit besondere emotionale Effekte erzielt werden, weil das Ende der Geschichte absehbar ist: Saulus wird zum Mann Gottes. Auch für christlich-autonome Kinder und Jugendliche wird die Figur des Saulus samt seiner Vergangenheit ausreichend Anknüpfungspunkte bieten. Auf Grund ihres Willens zur Selbstbestimmung ist es nicht leicht abzuschätzen, inwieweit sie die Person des Saulus unabhängig von der Gesamterzählung wahrnehmen. Möglicherweise widerstrebt ihnen die Unnachgiebigkeit im Handeln des Saulus, weil sie dem Gegenüber praktisch keinen Platz für die eigene Position lässt. Saulus erschiene dann als ein fundamentalistischer Eiferer. Nahezu sicher wird dieses Bild bei autonom-religiösen Schülerinnen und Schülern entstehen. Ohne den Effekt einer grundsätzlichen Glaubwürdigkeit biblischer Erzählungen tritt die Hingabe des Saulus wohl vor allem in ihrer Kompromisslosigkeit und Unnachgiebigkeit zu Tage. Konventionell-religiöse Kinder und Jugendliche dürften wie bereits die kirchlich-christlichen Saulus als biblische Erzählfigur begreifen. Auf Grund des besonderen Charakters des konventionell-religiösen Typs wird sie wohl keine emotionalen Regungen auslösen. Ebenso diffus wird die Person des Saulus wohl im Blickfeld nicht religiöser Schülerinnen und Schüler erscheinen. Es bleibt fraglich, ob sie als Bestandteil einer eher prominenten christlichen Erzählung, deren Erzählduktus in seinen Grundzügen eventuell vertraut ist, überhaupt Aufmerksamkeit erregt. Falls dem so ist, überwiegen wohl vor allem Unverständnis und Ablehnung: Man kann zwar akzeptieren, wenn Menschen glauben, nicht jedoch, wenn sie andere missionieren wollen.

Einen weiteren Zugang zur Person des Saulus ergibt sich, wenn man die Damaskus-Perikope mit Blick auf die Perspektive des Geschlechts liest. Saulus ist eine männliche Figur. Das gilt nicht nur für sein biologisches Geschlecht, sondern am Beginn der Perikope auch für sein Verhalten. Als religiöser Eiferer verfolgt er Andersgläubige aggressiv, auch hält er das Heft des Handelns fest in seiner Hand. Aus der Geschlechterperspektive erweist sich Saulus am Beginn der Erzählung somit als typischer Mann. Diese Inszenierung bricht im Verlauf der Erzählung. Niedergerungen durch die Gotteserfahrung und erblindet verliert er seine Initiative. Saulus ist auf Hilfe angewiesen: Zum einen muss er von seinen Gefährten nach Damaskus hineingeführt werden, zum anderen muss er von Hananias darüber aufgeklärt werden, was mit ihm geschehen ist. Hier werden die männlichen Geschlechterstereotype irritiert, in denen Hilfsbedürftigkeit keinen Platz hat. Man kann die Erzählung so arrangieren, dass Männlichkeiten angefragt werden. Eignet sich die Perikope damit nur für eine geschlechtssensible Arbeit mit Jungen und männlichen Jugendlichen? Die Identifikation von Mädchen oder weiblichen Jugendlichen mit Saulus stellt diese in einen geschlechtlichen Gegenhorizont. Das sind weibliche Menschen in ihrem Alltag zwar gewohnt. Im exemplarischen Durchschreiten können sie aber auch eine alternative Wirklichkeit erfahren, von der aus sie ihr eigenes geschlechtliches Verständnis bestätigen, anfragen oder kritisieren können. Dies kann umso stärker provoziert werden, wenn man im Gedankenexperiment Saulus durch eine Frau ersetzt. Würde die Geschichte dann ähnlich verlaufen?

Das Eingreifen Gottes

Das Eingreifen Gottes hat in der Erzählung von der Bekehrung des Saulus wunderbare Züge. Kirchlich-christlichen Kindern und Jugendlichen wird das Eingreifen Gottes als natürlich erscheinen, denn Visionen und Auditionen gehören zum klassischen religiösen Inventar. Die Erzählung ist also glaubwürdig, so dass sich weitere Fragen wohl erübrigen. Eine ähnliche Wahrnehmung dürfte sich bei konventionell-religiösen Schülerinnen und Schülern einstellen, nur dass sie keinen Bezug zu ihrer Wirklichkeit sehen dürften. Anders stellt sich die Situation im Falle christlich-autonomer und religiös-autonomer Schülerinnen und Schüler dar. Zwar wissen beide Gruppen ebenfalls um die Gebräuchlichkeit der verwendeten Ausdrucksformen, gerade ihre Metaphorik aber legt die Frage nach dem realen Hintergrund nahe. Eine rationale, d. h. mit den Mitteln einer naturwissenschaftlich informierten Vernunft erfassbare Erklärung, was mit den Bildern der Vision und der Audition mitgeteilt werden soll, wird wohl eingefordert werden. Im Fall christlich-autonomer Kinder und Jugendlicher erfolgt dieser Wunsch nach Aufklärung wohl aus einem gewissen Vertrauen in die biblische Erzählung, im Fall der religiös-autonomen eher aus einer gewissen Skepsis heraus. Für nicht religiöse Kinder und Jugendliche erscheint das Eingreifen Gottes wahrscheinlich unglaubwürdig. Das Eingreifen hat etwas Märchenhaftes, und als Märchen wird die Erzählung wohl eingestuft werden – so dass ihr im besten Fall eine Moral abgewonnen wird.

Bekehrung als lebensverändernde Umkehr

In der Erzählung wird das Leben des Saulus auf den Kopf gestellt, denn aus einem unnachgiebigen Christenverfolger wird ein glühender Anhänger Jesu Christi. Diese Veränderung spielt sich nicht nur im Glaubensinhalt ab, sie ist auch mit dem Verlust der ursprünglichen Heimat verbunden: Der Jude Paulus wird aus den Synagogen vertrieben, sobald er von Christus erzählt. Bekehrung erscheint also als ein fundamentaler Wendepunkt, der das gesamte Leben verändert.

Kirchlich-christliche Kinder und Jugendliche sind mit dem Gedanken der Umkehr vertraut. Die Bekehrung wird ihnen deshalb als Beispiel dessen erscheinen, was sie als Anspruch einer christlichen Lebensführung kennen. Als Christen haben sie gelernt, dass jeder Mensch ständig sündigt, so dass die Umkehr im kleinen Rahmen zur täglichen Tugend geworden ist. Hier finden sie einen lebensweltlichen Anknüpfungspunkt an die Erzählung. Auch christlich-autonome Schülerinnen und Schüler kennen den Gedanken an die tägliche Besinnung. Sie hat einen existenziellen Charakter, denn im Rahmen religiöser Selbstbestimmung tragen autonom-christliche Menschen allein die Verantwortung für ihr Tun. Die erzählte Lebenswende könnte somit als mahnendes Beispiel aufgefasst werden, das durchaus auf das Gesamt des eigenen Lebens bezogen werden kann. Für konventionell-religiöse Kinder und Jugendliche liegt in dem Gedanken einer Bekehrung als Lebenswende ein Kontrast zu ihrem Alltag, der eine gewisse Faszination auslösen könnte. Dennoch bleibt die Bekehrung eine kaum im eigenen Leben geerdete Vorstellung. Autonom-religiöse Schülerinnen und Schüler werden die Bekehrung wohl als spezielles Beispiel eines allgemeinen Vorgangs auffassen, den sie sich in ihrem eigenen Leben selbst vorstellen können. Als Pendler zwischen verschiedenen religiösen Welten ist ihnen der Gedanke einer lebensverändernden Umkehr vertraut, ebenso der Gedanke, dass diese Wende durch eine göttliche Kraft ausgelöst wird. Im Rahmen einer nicht religiösen Orientierung gibt es keinen Anhaltspunkt, warum der Gedanke einer tiefgreifenden Lebenswende abgelehnt werden sollte. Wenig Verständnis dürfte dagegen für die religiöse Dimension aufkommen. Es erscheint wenig glaubhaft, dass eine göttliche Macht ins Leben eingreift. Die Bekehrung wird für diese Schülerinnen und Schüler wohl als Lebenswende aufgefasst werden, die im Nachhinein als von Gott ausgelöst gerechtfertigt wurde.

Betrachtet man das Phänomen der Bekehrung aus der Perspektive der alltagsästhetischen Wahrnehmungsmuster, weist das Hochkulturschema viele Anknüpfungspunkte für die oben skizzierte Lesart dieses Phänomens auf. Bekehrung wird dabei vor allem als inneres Geschehen aufgefasst, das intellektuell nachvollzogen werden muss. Jugendliche dieses Milieus sind es gewohnt, auf die innere Stimme zu hören und diese durch Fleiß und Selbstdisziplin zu kultivieren. Die Bekehrung des Saulus kann somit als existentielle Lebenswende gesehen werden, bei der es darum geht, vom zeitgenössisch Angemessenen Abstand zu nehmen und sich dem Guten zuzuwenden. Anders stellt sich die Situation im Rahmen des Trivialschemas dar: Hier liegt der Schwerpunkt auf der Sicherheit, die das Gewohnte und Gemütliche bietet. Eine Bekehrung als existenzielle Lebenswende irritiert diese Grundhaltung. Für Jugendliche dieses Milieus ist es ein provozierender Gedanke, dass sich das Leben plötzlich schlagartig ändert. Bekehrung lässt sich allenfalls als etwas denken, das anderen widerfährt und sie dorthin führt, wo man selbst schon ist. Es kann also vermutet werden, dass Jugendliche des Trivialschemas durch den Gedanken der Bekehrung entweder herausgefordert werden oder aber diesen so trivialisieren, dass er eine Bestätigung des eigenen Lebensstils darstellt. Im Spannungsschema schließlich liegt es nahe, dass der existentielle Charakter der Bekehrung geschätzt wird, die Perspektive einer bleibenden Veränderung jedoch befremdet. Hier stehen der Thrill und die eigene Verwirklichung im Mittelpunkt. Beides kann durch ein Erlebnis, das das eigene Leben durcheinanderwirbelt, hervorgerufen werden. Insofern ist das Konzept der Bekehrung attraktiv. Allerdings setzt das Spannungsschema auf Abwechslung. Eine Bekehrung wird damit stark zeitgebunden wahrgenommen werden. Hier liegt wahrscheinlich die entscheidende Differenz zwischen dem, was das Konzept der Bekehrung beinhaltet, und dem, was den Jugendlichen dieses Schemas vertraut ist.

5 Elementare Wahrheiten

Mit den elementaren Strukturen ist der inhaltliche Horizont des Themas abgesteckt, mit den elementaren Zugängen und Erfahrungen der Verstehenshorizont problematisiert, in dem das Thema auf Seiten der Schülerinnen und Schüler wahrgenommen wird. Auf der Basis dieser Informationen ließe sich bereits ein Unterricht planen, in dem fachliche Lernprozesse möglichst schülergerecht angelegt sind. Unser Ziel ist jedoch ein Unterricht, der nicht nur eine schülergerechte bzw. subjektorientierte Aneignung von Inhalten ermöglicht, sondern seine Inhalte so bedeutsam werden lässt, dass die Schülerinnen und Schüler dazu befähigt werden, das Gelernte auch im eigenen Leben anzuwenden. Die Frage nach der Bedeutung des Unterrichtsthemas ist Gegenstand der Frage nach den elementaren Wahrheiten. Sie wird hier entwickelt, indem zuerst der Begriff der „elementaren Wahrheit" geklärt wird. Dann werden Perspektiven vorgestellt, die die Bedeutung eines Themas erhellen. Abschließend wird das Gesagte am Beispiel der Bekehrung des Saulus veranschaulicht.

Begriff

Im vorangegangenen Kapitel wurde bereits erwähnt, dass heute kaum noch geschlossene religiöse Milieus anzutreffen sind. An ihre Stelle ist ein Feld religiöser Vielfalt getreten. Nach Rudolf Englert ist dieses Feld durch sog. „positionale", „stilistische", „kontextuelle" und „biografische Differenzen" gekennzeichnet (2002, 18–31). Positionale Differenzen zeigen sich in der Diskussion um die Wahrheitsansprüche, die die verschiedenen Religionen sowohl untereinander als auch mit nichtreligiösen Philosophien führen. Im Mittelpunkt steht die Frage, woran der Mensch glauben kann (und soll). Die stilistischen Differenzen werden in der Vielfalt religiöser Praktiken und Vollzüge deutlich, wie Menschen ihren Glauben leben. Kontextuelle Differenzen ergeben sich aus der Lebenslage eines Menschen, denn die Art und Weise, wie Religion erlebt wird, hängt auch von der Situation ab, in der sich ein Mensch befindet. Biografische Differenzen schließlich scheinen in den Veränderungen auf, die der Glaube im eigenen Leben durchläuft. Hier lautet die zentrale Frage, wie die persönliche Lebensgeschichte den Glauben betrifft.

Eine Konsequenz dieser religiösen Pluralität besteht darin, dass die Bedeutung der Inhalte, die im Religionsunterricht angesprochen werden, nicht mehr auf der Hand liegt. In einer Situation religiöser Pluralität fällt die bedeutungsstiftende Kraft religiöser Milieus zunehmend aus. Ohne lebendiges Gemeindeleben bleibt beispielsweise die Kenntnis über die Gegenstände eines Kirchenraums bei den meisten Schülerinnen und Schülern ohne Resonanz in ihrem Alltag. Damit ist diese Kenntnis aber totes Wissen, denn es gibt im alltäglichen Leben praktisch keinen Raum, wo sie eine Bedeutung entwickeln kann. Die Aufgabe des Religionsunterrichts ist es also, zum Beispiel neben der Kenntnis der Gegenstände eines Kirchenraums den Kindern und Jugendlichen auch Bedeutungsperspektiven anzubieten und Situationen zu kennzeichnen, in denen das Gelernte zur Anwendung kommen kann. Wie dringlich dieses Angebot ist, zeigt etwa die Veröffentlichung eines „Kleinen römisch-katholischen Knigges" in einer Zeitschrift für Religionslehrpersonen, in dem Verhaltensregeln für den Besuch einer Kirche aufgelistet werden.

Die mögliche Bedeutung eines Sachverhalts ist Gegenstand der Frage nach den elementaren Wahrheiten. Sie entschlüsselt den Wahrheitsanspruch, der biblischen Zeugnissen und Sachverhalten der christlichen Tradition eingeschrieben ist und sucht nach Möglichkeiten, ihn in die Lebenswelt der Schülerinnen und Schüler hineinzudeuten. Mit der Frage nach den elementaren Wahrheiten ist also die Einsicht verbunden, dass Religionsunterricht kein ortloses Geschehen ist. Auf der einen Seite steht der konfessionelle Religionsunterricht in einer bestimmten Tradition, aus deren Ursprung er Sinn- und Bedeutungsangebote seiner Inhalte gewinnt. Auf der anderen Seite hat gerade die kontextuelle Verwiesenheit von Religion die Konsequenz, dass die Wahrheitsansprüche der christlichen Tradition in der Gegenwart Bedeutung gewinnen müssen. Angesichts religiöser Pluralität bieten sich hier vielfältige Bedeutungspotentiale an. Je nach spezifischer Lebenssituation und Lebensgeschichte bekommt ein Wahrheitsanspruch unterschiedliche Konturen. Demnach kann Wahrheit nicht in „ganz eindeutiger, gleichsam objektiver Tradition" (Nipkow 2002, 434) festgemacht werden. Sie steht vor dem Problem der Vergewisserung in einer Situation pluraler Religiosität.

Mit der Frage nach den elementaren Wahrheiten geht Religionsunterricht über die ausschließliche Vermittlung religiöser Inhalte und Wissensbestände hinaus. Er stellt sich den Wahrheitsansprüchen, die mit seinen Inhalten und Wissensbeständen verbunden sind, und regt die Schülerinnen und Schüler dazu an, die Bedeutung dieser Wahrheitsansprüche in ihrem Alltag zu ergründen. In der Antwort auf die Frage nach den elementaren Wahrheiten bezieht die Religionslehrerin bzw. der Religionslehrer ferner selbst eine bestimmte Position innerhalb des religiösen Feldes. Dies bedeutet nicht notwendig, dass diese Position der einzige Standpunkt ist, der hinsichtlich des zu entwickelnden Unterrichtsthemas eingenommen werden kann. Heutige Schülerinnen und Schüler sind sich ihrer religiösen Autonomie sehr wohl bewusst. Es geht bei der Frage nach den elementaren Wahrheiten deshalb darum, den eigenen Wahrheitsanspruch abzuklären, um ihn den Kindern und Jugendlichen anbieten und sie in ihren individuellen Prozessen der Selbstvergewisserung begleiten zu können.

Operationalisierungen

Die Frage nach den elementaren Wahrheiten lässt sich anhand verschiedener Perspektiven entwickeln. Im Folgenden werden ein bildungstheoretischer Zugang, die Begründungsdimensionen des Religionsunterrichts nach der Würzburger Synode sowie ein Modell biblischer Grundbescheide vorgestellt.

Aus einem bildungstheoretischen Bewusstsein heraus schlägt Wolfgang Klafki vor, den Bildungswert einer Thematik daran zu messen, inwieweit sie zur Auseinandersetzung mit zentralen Herausforderungen der gegenwärtigen Welt und ihrer Zukunft anregt. Lehren und Lernen sind in diesem Ansatz dem Ziel verpflichtet, Schülerinnen und Schüler in die Lage zu versetzen, sich zu eigenverantwortlichen Kulturträgern zu entwickeln. Bildung hat deshalb den Auftrag, „epochaltypische Schlüsselprobleme" (Wolfgang Klafki) zu erhellen und zur Auseinandersetzung mit ihnen anzuhalten. Klafki nennt die folgenden Bereiche, ohne einen Anspruch auf Vollständigkeit zu erheben (vgl. 1996, 56–69):

- Die Friedensfrage angesichts der unterschiedlichen Vernichtungspotentiale

- ○ Die Umweltfrage angesichts der globalen ökonomischen, technischen und wissenschaftlichen Entwicklungen
- ○ Die Frage gesellschaftlicher Gleichheit in sozialer, geschlechtlicher, gesundheitlicher, ökonomischer und ethnischer Hinsicht
- ○ Die Herausforderung durch moderne Steuerungs-, Informations- und Kommunikationsmedien
- ○ Die Gestaltung von Beziehungen in der Spannung zwischen individuellem Glücksanspruch und zwischenmenschlicher Verantwortung

Die Bedeutung eines Themas bemisst sich daran, inwieweit es Kindern und Jugendlichen hilft, ihr eigenes Subjektsein im Kontext der so umrissenen gegenwärtigen Wirklichkeit zu entfalten. Diese Bedeutung kann anhand dreier Perspektiven erschlossen werden:

In der Perspektive der *exemplarischen Bedeutung* bemisst sich die elementare Wahrheit einer Thematik danach, inwiefern sie über einen charakteristischen Sachverhalt bzw. einen zentralen Zusammenhang der Wirklichkeit aufklärt und inwiefern das Thema sich eignet, eine bestimmte Kompetenz zu schulen, die später auch in anderen Situationen angewendet werden kann. Trägt die Thematik dazu bei, die Komplexität von Welt und Gesellschaft besser zu verstehen und sich in ihr zu verhalten und zu handeln? Eröffnet sie einen Einblick in grundlegende Sachverhalte? Zielt sie auf den Kern der angesprochenen Problematik?

Aus der Perspektive der *Gegenwartsbedeutung* leitet sich die elementare Wahrheit einer Thematik daraus ab, inwiefern sie den Schülerinnen und Schülern einen Einblick in aktuelle Herausforderungen ihres Alltags und der sie umgebenden Gesellschaft und das Durchspielen von Handlungsoptionen in ebendieser ermöglicht. Hilft die Thematik, die Gegenwart zu verstehen? Trägt sie dazu bei, den momentanen Alltag zu bewältigen? Sind die angesprochenen Probleme heute von Bedeutung?

Im Blick auf die *Zukunftsbedeutung* ergibt sich die elementare Wahrheit einer Thematik aus dem Grad, in dem sie Schülerinnen und Schüler dazu befähigt, eigene Ideen, Maßstäbe und Haltungen zu entwickeln, die für eine absehbare Zukunft gültig sind und auf eine nicht absehbare Zukunft vorbereiten. Macht die Thematik für Entwicklungen sensibel, die sich für die nähere Zukunft abzeichnen? Macht sie mit der Widersprüchlichkeit zwischen Hoffnung und Enttäuschung vertraut? Regt sie dazu an, auch in ambivalenten Situationen eigenverantwortlich zu agieren?

Zusammenfassend bestimmt sich die bildungstheoretische Bedeutung einer Thematik innerhalb eines Koordinatensystems, das zum einen zwischen Individuum und Gesellschaft/Welt, zum anderen zwischen Gegenwart und Zukunft unterscheidet. In diesem Spektrum zielt Bildung auf die Selbstwerdung des Menschen, die sich in der Auseinandersetzung mit epochaltypischen Schlüsselproblemen ereignet.

Für die Bestimmung von elementaren Wahrheiten bietet dieser bildungstheoretische Ansatz einen ersten Orientierungspunkt. Mit Blick auf Bibel und Tradition stellt sich jedoch die Frage nach dem Ort der ureigenen Werthaltungen und Überzeugungen des Christentums innerhalb dieses Spektrums. Eine Antwort liefert das bereits erwähnte Synodenpapier „Der Religionsunterricht in der Schule“ (1974), das einen kulturgeschichtlichen, einen anthropologischen und einen gesellschaftlichen Zugang zur Frage nach der elementaren Wahrheit vorlegt.

Aus *kulturgeschichtlicher Perspektive* bemisst sich die elementare Wahrheit eines Themas danach, inwiefern es Schülerinnen und Schüler mit den geistigen Überlieferungen vertraut macht, die die gegenwärtige kulturelle Situation bedingt haben. Dieses Kriterium setzt bei der prägenden Rolle des Christentums in der Entwicklung der europäischen Gesellschaften an und geht davon aus, dass die Gegenwart nur angemessen verstanden werden kann, wenn Kinder und Jugendliche zentrale Aspekte dieser Tradition kennen. Pädagogisch gewendet ermöglicht die kulturgeschichtliche Perspektive ein tieferes Verständnis der Gegenwart, und die elementare Wahrheit einer Thematik begründet sich durch den Einblick, den sie in die Gesellschaft gewährt. Theologisch gewendet stellt die kulturgeschichtliche Perspektive die Voraussetzungen für ein tieferes Verständnis des christlichen Glaubens zur Verfügung, weil sie über die geschichtlichen Wurzeln des Christentums aufklärt.

Nach dem *anthropologischen Kriterium* bemisst sich die elementare Wahrheit eines Themas danach, inwiefern es den Schülerinnen und Schülern in ihrer Selbstwerdung hilft. Dieses Kriterium beruht auf der Annahme, dass sich jedem Menschen die Sinnfrage stellt und sie bzw. er sich Gedanken über den eigenen Platz in der Gesellschaft macht. In pädagogischer Hinsicht lenkt die anthropologische Perspektive den Blick auf die Identitätsarbeit von Kindern und Jugendlichen, und die elementare Wahrheit eines Themas ergibt sich aus dem Grad, in dem es die Schülerinnen und Schüler zur Auseinandersetzung mit dem Sinngrund ihres Lebens und ihrer gesellschaftlichen Aufgabe anregt. In theologischer Hinsicht macht die anthropologische Perspektive mit den Lebenschancen vertraut, die die gläubige Antwort des Menschen auf den Ruf Gottes mit sich bringt.

Aus *gesellschaftlicher Perspektive* bestimmt sich die elementare Wahrheit eines Themas danach, inwiefern es die Schülerinnen und Schüler dazu befähigt, sich von gesellschaftlichen Ansprüchen nicht vereinnahmen zu lassen, sondern eigenverantwortlich auf diese zu reagieren. Dieses Kriterium geht davon aus, dass die moderne Gesellschaft nach Spielregeln funktioniert, die nicht das Wohl der bzw. des Einzelnen zum Ziel haben. Pädagogisch betrachtet ist es deshalb notwendig, die Kinder und Jugendlichen zu einer kritischen Analyse gesellschaftlicher Ansprüche zu befähigen. Theologisch betrachtet beinhaltet die christliche Tradition eine Fülle an Grundhaltungen, die zu einem verantwortlichen Umgang mit sich selbst, den Mitmenschen und der Umwelt veranlassen.

Nimmt man die drei Perspektiven, die die Würzburger Synode anbietet, zusammen in den Blick, zeigen sich Bezüge zum vorher beschriebenen bildungstheoretischen Ansatz. In beiden Fällen spielen die individuelle Selbstwerdung und das Verstehen der gegenwärtigen Gesellschaft eine zentrale Rolle. In der Würzburger Synode sind beide Perspektiven jedoch an die christliche Tradition rückgebunden, denn sie werden nicht nur pädagogisch, sondern auch theologisch entfaltet. Das Synodenpapier verortet das bildungstheoretische Spektrum also innerhalb der christlichen Botschaft. Durch diese theologische Signatur lassen sich die Perspektiven der Würzburger Synode ohne größeren Transfer auf die Frage nach den elementaren Wahrheiten im Rahmen des Religionsunterrichts übertragen.

Inhaltlich bleibt das Synodenpapier relativ allgemein, wenn es darum geht, was das Spezifische des Christentums ist. Hier ist die elementartheologische Fragestellung berührt, was zum unverzichtbaren Kernbestand der christlichen Botschaft gehört. Als eine Antwort auf diese Frage sollen hier die biblischen Grundbescheide referiert werden, wie sie Horst Klaus Berg herausgearbeitet hat. Sie erheben keinen Anspruch auf Vollständigkeit, zeigen aber exemplarisch, dass der christliche Glaube auf der einen Seite nicht beliebig ist, auf der anderen Seite immer neu in die Gegenwart hinein ausgedeutet werden muss. Berg unterscheidet sechs derartiger Grundbescheide (vgl. 1993, 79–87):

Gott schenkt Leben: Gott hat den Menschen erschaffen und stellt ihm mit der Schöpfung einen Lebensraum zur Verfügung, den es zu erhalten gilt. Der Missbrauch dieses Lebensraums führt zur Entfremdung zwischen

Mensch und Gott, weshalb das geschenkte Leben immer von Zerstörung bedroht ist. Gott hat sich dem Menschen gegenüber aber selbst in derartigen Phasen der Entfremdung als jemand erwiesen, der sein Versprechen endgültigen Heils aufrecht erhält.

Gott stiftet Gemeinschaft: Glauben und Leben sind kommunikativ bestimmt, und zwar sowohl als Beziehungsgeschehen zwischen Gott und den Menschen als auch der Menschen untereinander. Der Bund Gottes mit den Menschen und das Reich Gottes, das Jesus verkündet, sind Ausdruck dieser Gemeinschaft, die ihre Grenze dort erreicht, wo die Kommunikation untereinander abbricht.

Gott leidet mit und an seinem Volk: Gott ist seinem Volk nahe und nimmt Anteil an seinem Schicksal. Statt unberührt über den Dingen zu schweben, lässt sich Gott auf die Menschen ein und macht sich so selbst angreifbar und verletzlich. Verdichtet zeigt sich diese „Geschichte der leidenschaftlichen Liebe Gottes zu seinen Menschen" im Leben und Sterben Jesu (Berg 1993, 82).

Gott befreit die Unterdrückten: Gott setzt sich für die Freiheit seines Volkes ein und wendet sich gegen jene, welche die Freiheit der Menschen bedrohen. Er stellt aber auch den Anspruch an sein Volk, selbst so zu leben, dass Freiheit gewahrt bleibt und Unrecht keine Chance hat. Diese Option für die Unterdrückten und Entrechteten zeigt sich exemplarisch im Exodusgeschehen und der Hinwendung Jesu zu den Menschen, die im Schatten der damaligen Gesellschaft lebten. Auch steht die Auferweckung Jesu für die Befreiung von der Macht der Sünde.

Gott gibt seinen Geist: Gott schenkt dem Menschen seinen Geist, der ihn zum Leben befähigt und am Leben hält. Aus diesem Geist heraus kommen dem Menschen verschiedenste Begabungen zu und er kann vielfältige Aufgaben erfüllen. Gemeinsamer Bezugspunkt dieser Charismen ist der Dienst an der Gemeinschaft, die durch den Geist lebendig, dynamisch und vor Verkrustungen bewahrt bleibt.

Gott herrscht in Ewigkeit: Gottes Herrschaft erstreckt sich über die Welt und durchwirkt alle ihre Bereiche. Ziel dieser Herrschaft ist das Wohlergehen der Schöpfung und ein gemeinschaftliches Leben in Frieden und Gerechtigkeit. Gottes Herrschaft äußert sich also nicht in Macht und Gewalt, sondern in Fürsorge und Liebe.

Beispiel

Mit den Wahrheitsansprüchen ist eine Ebene des Planungsprozesses erreicht, in der der individuelle Verstehenshorizont der Lehrerin und des Lehrers eine große Rolle spielt. Hier kommt die eigene theologische und spirituelle Haltung zum Tragen, denn in der Frage nach den elementaren Wahrheiten durchdringen sich die in der Tradition überlieferten Wahrheitsansprüche und die konkrete Lebenssituation. Wenn also im Folgenden „Gott als Korrektiv des Menschen" und „Umkehr als existenzieller Wendepunkt" als zwei Bedeutungsdimensionen der Bekehrungs-Erzählung entwickelt werden, so schöpft dies das Bedeutungspotential der Perikope bei weitem nicht aus.

Gott als Korrektiv des Menschen

Bei den elementaren Strukturen wurde das Verhältnis zwischen Gott und Mensch als ein zentrales thematisches Motiv herausgearbeitet. Entgegen modernen Auffassungen, der Mensch sei absolut autonom und sein Wesen begründe sich ausschließlich aus sich selbst heraus, vertritt das Christentum die Position, dass der Mensch immer schon auf Gott hingeordnet sei. Der Mensch kommt nur zu sich, wenn er sich von Gott her begründet. Gott stellt in gewisser Weise ein Korrektiv des Menschen dar, an dem er sich selbst messen kann.

Liest man die Bekehrungs-Erzählung im Horizont dieses Wahrheitsanspruchs, so erweist sich Saulus als ein Mensch, der in seinem Bemühen, den Regeln seiner Religionsgemeinschaft gerecht zu werden, Gott aus den Augen verlor. Erst mit der Rückbesinnung auf Gott – die auf der Erzählebene von Gott aktiv herbeigeführt wird – ist Saulus in der Lage, sein Verhalten zu ändern. Ein inhaltlicher Maßstab für diese Lesart lässt sich in den biblischen Grundbescheiden finden. Im religiösen Eifer des Saulus vor der Bekehrung wird Gott weder als ein Gott, der Leben schenkt, erfahrbar, noch zeigt er sich als ein Gott, der Unterdrückte befreit. Nach der Bekehrung bleibt zwar der religiöse Eifer des Saulus erhalten, er hat jetzt jedoch ein anderes Ziel und greift zu anderen Mitteln. An dieser Stelle scheint uns eine Nebenbemerkung angebracht, denn die Perikope lädt dazu ein, sie antijudaistisch zu lesen. Auf der Erzählebene verfolgt Saulus die Christen im Dienst des jüdischen Gottes und bekehrt sich dann zum Gott der Christen. Historisch betrachtet erklärt sich diese Konstellation aus der religiösen Konkurrenz, in der Juden und Christen in den ersten Jahrzehnten standen (vgl. elementare Strukturen). Nimmt man die biblischen Grundbescheide als Maßstab ernst, stellt sich jedoch die Frage, ob das Verhalten des Saulus überhaupt im Sinne Gottes, wie er im Alten Testament bzw. den jüdischen Heiligen Schriften bezeugt wird, ist. In dieser Perspektive spielt die Unterscheidung zwischen jüdisch und christlich keine Rolle. Vielmehr handelt Saulus vor seiner Bekehrung im Auftrag einer religiösen Institution, die den Bezug zum Gott des Lebens verloren hat. Dass es sich hierbei – bei aller historischen Bedingtheit – um kein exklusiv jüdisches Phänomen handelt, zeigen – wiederum bei aller historischen Bedingtheit – die christlich motivierten Kreuzzüge und Hexenverbrennungen der Vergangenheit und die islamistisch motivierten Terroranschläge der Gegenwart.

Mit den Beispielen aus Vergangenheit und Gegenwart ist bereits die Bedeutungsebene erreicht. Warum lohnt es sich, sich in einer modernen Gesellschaft mit dem christlichen Wahrheitsanspruch menschlicher Theonomie auseinanderzusetzen? Orientiert man sich an den Begründungsdimensionen der Würzburger Synode, lässt sich die Bedeutung dieses Anspruchs entlang der anthropologischen und der gesellschaftlichen Dimension entwickeln. In anthropologischer Hinsicht verweist die Erzählung auf die Problematik, die sich ergeben kann, wenn sich der Mensch zur letzten Instanz erklärt. Ist alles das gut, was dem Menschen hilft? Kann und muss der Mensch dann alles aus eigener Kraft schaffen? In der modernen Gesellschaft, die die Individualität der und des Einzelnen betont, begegnen die Schülerinnen und Schüler dieser Frage täglich. Sie stehen vor der Herausforderung, eine eigene Persönlichkeit zu entwickeln, wobei das Idealbild der Eigenverantwortlichkeit und Selbständigkeit im Raum steht. Es liegt nahe, dass Kinder und Jugendliche diesen Anspruch als Chance persönlicher Freiheit sehen, aber auch die Risiken spüren, die mit dieser Eigenverantwortlichkeit verbunden sind. Im Gedanken menschlicher Theonomie wird dagegen das Bewusstsein geweckt bzw. wachgehalten, dass der Mensch nicht der letzte Maßstab von allem ist. Er erinnert daran, dass es Freiheit nie absolut gibt, sondern immer nur in Beziehung zu anderen. Unabhängig davon, wie man die Systemstelle eines transzendenten Gottes inhaltlich füllt, trägt der Gedanke menschlicher Theonomie in einer modernen Gesellschaft also dazu bei, dass sich der Mensch seiner Grenzen versichert.

In gesellschaftlicher Hinsicht verweist die Erzählung auf die Problematik, die sich ergeben kann, wenn alltägliche Selbstverständlichkeiten unkritisch übernommen werden. Wiederum geht es um die Frage des Maßstabs. Wann ist es sinnvoll, sich anzupassen? Wann ist es sinnvoll, Widerspruch und Widerstand zu leisten? Schülerinnen und Schüler erleben diese Problematik ständig. Sie leben in einer Welt, in der die Inszenierung der eigenen Person zum Alltag gehört. Vielfache Industriezweige stellen einschlägige Ausdrucksmittel zur Verfügung, und Medien, die sich speziell an Jugendliche richten, geben die Trends dieses Ausdrucks vor. Nicht alles entspricht dabei den eigenen Bedürfnissen, dafür entschädigt das positive Feedback der Freunde für viele Anpassungen. Der Gedanke menschlicher Theonomie erinnert daran, das Verhältnis zum eigenen Umfeld zu hinterfragen. Er löst die bzw. den Einzelnen aus seinem unmittelbaren Bezug zu seinen Freunden und Mitmenschen, denn er erweitert dieses Verhältnis um ein Drittes, das die christliche Tradition Gott nennt. Mensch und Umfeld bleiben angesichts dieser Theonomie nicht auf sich selbst verwiesen. Insgesamt liegt die Bedeutung des christlichen Anspruchs der Theonomie also darin, dass sie den Menschen dazu anhält, sich selbst zu hinterfragen. In der Bekehrung des Saulus wird diese Denkfigur erzählerisch umgesetzt. Von hier aus kann die Erzählung für heutige Schülerinnen und Schüler Bedeutung erlangen.

Umkehr als existenzieller Wendepunkt

In ihrem Kern beschreibt die Erzählung einen Wendepunkt in der Biographie des Saulus, denn vor und in Damaskus verändert sich sein gesamtes Leben. Die Erzählung setzt somit eine christliche Grundüberzeugung in Szene, wonach Umkehr einen existenziellen Wendepunkt darstellt. Umkehr betrifft den ganzen Menschen und führt zu einer nachhaltigen Veränderung des eigenen Verhaltens bzw. eigener Einstellungen. „Existenzielle Betroffenheit“ und „Wendepunkt im Leben“ stehen dabei freilich für qualitative Aspekte. Umkehr ereignet sich nicht notwendig als totale Veränderung des Lebens, die von einer gesundheitlichen Krise begleitet ist.

Es geht vielmehr um ganzheitliche Einsicht und nachhaltige Veränderung.

Bedeutsam kann diese christliche Grundeinsicht an den drei Schnittstellen mit dem Leben werden, die der bildungstheoretische Ansatz vorschlägt. Zwei Erzählmomente können dabei u. E. produktiv aufgegriffen werden: Zum einen geht die Umkehr in der Erzählung von Gott aus. Man muss dieses Eingreifen nicht naturalistisch verstehen, um zu erkennen, dass Umkehr eines Anstoßes von außen bedarf. Solange man sich nicht von außen in Frage stellen lässt, so lange gibt es kaum einen Anlass zur Umkehr. Zum anderen bedarf Saulus der Unterstützung des Hananias, um zu verstehen, was passiert ist. Einsicht ist demnach ein kommunikatives Geschehen, bei dem die und der Einzelne auf andere angewiesen bleibt. Umkehr ist kein solipsistischer Akt, sondern sozial eingebunden.

Mit diesem strukturellen Layout trägt die Einsicht in Umkehr als existenziellem Wendepunkt zum besseren Verständnis der Gegenwart bei. Eigenverantwortung bedeutet individuelle Freiheit, aber auch ein großes persönliches Risiko. Sie ist mit Zeiten von euphorischem Optimismus verbunden und mit kritischen Phasen, in denen man sich selbst in Frage stellt. Im Anspruch der Umkehr als existenziellem Wendepunkt werden beide Seiten dieser Eigenverantwortung deutlich zur Sprache gebracht. Er betont, dass Eigenverantwortung auch heißt, eigene Fehler einzugestehen und an sich selbst zu arbeiten. In der christlichen Grundeinsicht wird dabei die existenzielle Krise nicht verschwiegen, die in der Regel mit Umkehr verbunden ist. Sie zeigt aber auch auf, dass mit einer nachhaltigen Umkehr innerer Frieden und Zufriedenheit verbunden sind, aus denen persönliche Freiheit erwachsen kann. Den Kindern und Jugendlichen wird mit dem Gedanken der Umkehr somit ein realistisches Orientierungsmuster für die eigene Identitätsarbeit zur Verfügung gestellt.

Die Beschäftigung mit diesem Anspruch der christlichen Tradition macht die Kinder und Jugendlichen mit einem zentralen Charakterzug ihrer Zukunft vertraut. Gegenwärtig ist kaum absehbar, wie sich die Welt entwickeln wird. Durch den technischen Fortschritt, die wirtschaftliche Vernetzung und die ökologischen Herausforderungen ist die Welt enger zusammengerückt. Heutige Kinder und Jugendliche müssen damit rechnen, flexibel auf globale Veränderungen zu reagieren. In der Grundeinsicht existenzieller Umkehr wird ein derartiges Szenario beschrieben. Demnach ist Umkehr schmerzhaft und anspruchsvoll, aber auch möglich. Nimmt man dabei auch den obigen Gedanken auf, dass die Umkehr, von der die Erzählung berichtet, sich nicht als pures Anpassen an den Status Quo, sondern als eigenverantwortliche Veränderung in einem größeren Begründungszusammenhang erfolgt, regt man dazu an, auch in einer sich verändernden Zeit handlungsfähig zu bleiben.

6 Das Elementarisierungsschema

In den letzten vier Kapiteln wurden zentrale Fragestellungen für die Entwicklung eines Unterrichtsthemas herausgearbeitet. Aus der praktischen Erfahrung heraus liegt es nahe, dass diese Perspektiven im Planungsprozess nicht unvermittelt nebeneinander stehen. So wird in der Regel bei der Frage nach den elementaren Strukturen wohl immer die Klasse, für die die Thematik vorbereitet wird, im Auge behalten werden. Dieses Zusammenspiel der vier Perspektiven wird im Elementarisierungsschema veranschaulicht, das im Gefolge des Tübinger Ansatzes entwickelt wurde. In diesem Kapitel wird das Schema vorgestellt und dabei die Verschränkung der Fragen nach den Strukturen, Zugängen, Erfahrungen und Wahrheiten in ihrer Bedeutung für den kompetenzorientierten Planungsprozess beschrieben. Ferner werden typische Herausforderungen, die sich in der Arbeit mit diesem Schema ergeben können, besprochen. Wie mittlerweile üblich, wird auch dieses Kapitel mit der Anwendung des Schemas auf die Erzählung von der Bekehrung des Saulus beschlossen.

Modell

Mit den elementaren Strukturen, den elementaren Zugängen, den elementaren Erfahrungen und den elementaren Wahrheiten stehen vier Perspektiven zur Verfügung, um das Unterrichtsthema in seiner Bedeutung für die jeweilige Lerngruppe zu entwickeln. In ihrem Zusammenspiel erlauben sie es, sowohl den Schülerinnen und Schülern als auch dem unterrichteten Inhalt gerecht zu werden.

Die vier Perspektiven des Elementarisierungsschemas folgen dem bildungstheoretischen Ansatz einer wechselseitigen Erschließung von Sache und Person (vgl. Nipkow 2002, 452). Die sachbezogenen Aspekte kommen dabei in den elementaren Strukturen und den elementaren Wahrheiten zum Tragen. In ihnen werden die strukturellen Zusammenhänge des Inhalts geklärt und ihre Bedeutung hinterfragt. Den Anliegen und Bedürfnissen der Lerngruppe wird in den elementaren Erfahrungen und elementaren Zugängen Rechnung getragen. Sie recherchieren, welche grundlegenden Erfahrungen die Schülerinnen und Schüler mit dem Lerngegenstand gemacht haben und auf welche Art und Weise sie mit ihm umgehen. In ihrem gegenseitigen Bezug bewahren diese vier Perspektiven die Planung einer Unterrichtsstunde davor, sich ausschließlich auf den Inhalt oder ausschließlich auf die Lerngruppe zu konzentrieren. Positiv gewendet: Die Thematisierung religiöser Inhalte bleibt an die Erfahrungen und Zugänge der Lerngruppe mit und zu diesen Inhalten rückgebunden, die Besprechung individueller Problemlagen der Klasse erfolgt vor dem Hintergrund sachdienlicher Informationen und der damit verbundenen Wahrheitsansprüche.

Hinter dieser wechselseitigen Erschließung von Sache und Person steht nicht nur ein pädagogisches Programm, sie legt sich vielmehr vom Unterrichtsprozess her nahe. Die vier Perspektiven sind interdependent, d. h. sie bedingen sich gegenseitig. Strukturen und Wahrheiten sind aufeinander verwiesen, weil die Wahrheiten sich aus dem Zusammenhang der Sache selbst herleiten, dieser Zusammenhang aber bereits mit Blick auf die Wahrheiten, die er darstellen soll, gebildet wurde. So sind die biblischen Zeugnisse keine neutralen Beschreibungen, sondern bekennen die Begegnung Gottes mit den Menschen. Zugänge und Erfahrungen bedingen sich gegenseitig, weil die Art und Weise, wie mit Wirklichkeit umgegangen wird, festlegt, wie ein Ereignis erfahren wird, die Erfahrungen selbst sich aber auch in der Art und Weise, wie Wirklichkeit wahrgenommen wird, niederschlagen. Der Zusammenhang zwischen Strukturen und Wahrheiten auf der einen Seite und Zugängen und Erfahrungen auf der anderen Seite ergibt sich schließlich aus dem hermeneutischen Zirkel. Demnach ist eine Sache zwar nicht beliebig deutbar, sie liegt aber auch nie an sich vor, sondern erscheint immer in der Perspektive, die die deutende Person mitbringt bzw. an die Sache anlegt. Religionsunterricht findet also stets im Beziehungsfeld zwischen Inhalt und Lerngruppe statt.

Die Bedeutung des Zusammenspiels aller vier Perspektiven in der Entwicklung des Unterrichtsthemas wird deutlich, wenn man sich überlegt, was passieren würde, ließe man eine der vier Perspektiven unbeachtet. Ohne die Frage nach den elementaren Zugängen stünde kein Kriterium zur Verfügung, mit dem beurteilt werden kann, ob das Unterrichtsthema der Entwicklung der Lernenden überhaupt gerecht wird. Nimmt man die elementaren Erfahrungen aus dem Schema heraus, steht man vor dem Problem, die Assoziationen und Gefühlslagen, die die angebotene Thematik bei den Lernenden weckt, nicht abschätzen zu können. Verzichtet man auf die Frage nach den elementaren Strukturen, gibt es kein Korrektiv zum eigenen Wissensbestand der Lehrperson mehr. Ohne die Frage nach den elementaren Wahrheiten schließlich fehlt ein Prüfstein, mit dem sich die Bedeutung des Themas problematisieren lässt. Im Zusammenspiel der vier Perspektiven sind die skizzierten Verkürzungen im Unterrichtsprozess systematisch ausgeschlossen. Die Kraft des Religionsunterrichts beruht damit nicht auf zufälligen Prozessen, sondern erwächst aus einer bewussten Planungsarbeit.

In den vier Perspektiven des Elementarisierungsschemas ist die korrelative Grundfigur angelegt, die die katholische Religionspädagogik seit der Würzburger Synode stetig begleitet. In ihr durchdringen sich die religiös-existenziellen Erfahrungen der Christinnen und Christen vorausgegangener Generationen mit den religiös-existenziellen bzw. religionsanalog-existenziellen Erfahrungen der Schülerinnen und Schüler (vgl. Schambeck 2021). Dabei erlaubt das Elementarisierungsschema eine Lesart von Korrelation, die Glaube und Leben in ihrem gegenseitigen Bezug ernst nimmt. Es verzweckt nicht Zugänge und Erfahrungen auf Seiten der Kinder und Jugendlichen, um die Sache und ihre Wahrheitsansprüche möglichst zielsicher rüber zu bringen. Auch dient die Beschäftigung mit den Strukturen und Wahrheiten nicht dazu, aus dem christlichen Potpourri das herauszupicken, was heutigen Schülerinnen und Schülern helfen kann. Vielmehr bringt das Schema den Eigenwert der christlichen Botschaft und die Herausforderungen des gegenwärtigen Lebens miteinander so ins Spiel, dass sich Glaube und Leben gegenseitig hinterfragen können. Vor dem Hintergrund dieses Anliegens bestimmt sich auch der spezifische Platz des Elementarisierungsschemas in der Phase der Unterrichtsplanung: Es garantiert nicht, dass Korrelation im Unterrichtsgeschehen tatsächlich stattfindet. Aber es erhöht die Wahrscheinlichkeit, dass sich Korrelation ereignet, indem sich die Religionslehrerin bzw. der -lehrer bereits in der Planungsphase darüber Rechenschaft gibt, wo potenzielle Anknüpfungspunkte für Korrelationen vorliegen.

Die Vereinbarkeit des Elementarisierungsmodells mit einem kompetenzorientierten Religionsunterricht lässt sich an dieser Stelle gut überprüfen. Wie oben gesehen wird Kompetenz aufgefasst als Disposition, welche eine Person befähigt, konkrete Anforderungssituationen eines bestimmten Typs zu bewältigen (vgl. Klieme/Leutner 2006: 879). Kompetenzorientierter Unterricht wird sich demnach an charakteristischen Anforderungssituationen der jeweiligen Domäne orientieren. Eine mögliche Anforderungssituation im Kontext interreligiösen Lernens wäre etwa die Frage, was man alles beachten muss, wenn man ein Fest oder eine Party vorbereitet, bei dem bzw. der neben Christen auch Muslime und Buddhisten teilnehmen. Im mariologischen Kontext könnte man sich als Anforderungssituation vorstellen, bei einem Kirchenbesuch dem jüngeren Geschwister zu erklären, warum die betrachtete Frauenfigur ein Schwert in der Brust stecken hat.

Mit den vier Perspektiven des Elementarisierungsschemas lassen sich solche Anforderungssituationen für den Religionsunterricht finden bzw. konstruieren. Die elementaren Strukturen geben die inhaltlichen Konturen vor, welche eine Anforderungssituation modellieren muss und welche fachlichen Kompetenzen es braucht, um diese zu bewältigen. Die elementaren Wahrheiten klären darüber auf, ob die Anforderungssituation einen in religiöser Hinsicht bedeutsamen Sachverhalt modelliert. Im Zusammenspiel der elementaren Zugänge wird schließlich auch ersichtlich, welche Schritte es braucht, um die relevante Kompetenz bei der eigenen Lerngruppe anzubahnen. Dabei bestimmen die elementaren Zugänge das Komplexitätsniveau der Anforderungssituation. Die elementaren Erfahrungen informieren über die oben angeführte Lebensrelevanz derselben.

So ließe sich aus der Perspektive der elementaren Erfahrungen etwa anfragen, wie realistisch die zweite der oben formulierten Anforderungssituationen tatsächlich ist, denn so erklärungsbedürftig das genannte Motiv ist, so wenige Kinder oder Jugendlichen werden tatsächlich mit ihm konfrontiert. Das stellt nicht zwingend in Frage, ob die mit der Anforderungssituation verbundenen Kompetenzen überhaupt gefördert werden sollen, denn wer fachlich kompetent sein will, braucht sie gewiss. Wohl aber stellt dieser Umstand die Bedeutung der Kompetenzen für den Alltag der Kinder und Jugendlichen in Frage. Bei mangelndem fachlichem Interesse und fehlender Motivation kann das auf Schülerinnenseite dann durchaus zur Anfrage der Notwendigkeit des Kompetenzaufbaus führen.

Nimmt man dagegen eine dezidiert katholische Haltung ein und vergleicht die beiden oben genannten Anforderungssituationen aus der Perspektive der elementaren Wahrheit, könnte die mariologische Frage als bedeutsamer erscheinen als die interreligiöse. Die Entscheidung, wie realistisch bzw. alltagsnah eine Anforderungssituation im Religionsunterricht ausfallen soll, wird an dieser Stelle der didaktischen Verantwortung der Leserin und des Lesers überlassen. Deutlich wurde aber, dass das Elementarisierungsmodell nicht nur in der Lage ist, Anforderungssituationen und Lernausgangslagen zu identifizieren, sondern es auch ermöglicht, die theologische und alltagsweltliche Relevanz dieser Situationen zu bestimmen.

Anwendung

In religionsdidaktischen Seminaren, in denen das Elementarisierungsschema zum Einsatz kommt, zeigen sich immer wieder typische Problemstellungen, die die Studierenden in der Aneignung des Schemas zu bewältigen haben. Erstens bereitet es bisweilen Probleme, den vier Perspektiven gerecht zu werden. Immer wieder kommt es zu Irritationen, weil man das Gefühl hat, unter jeder Perspektive das Gleiche zu diskutieren. Zweitens ist es für viele schwierig, den angemessenen Umfang der einzelnen Perspektiven abzuschätzen. Es wird die Frage aufgeworfen, was unter den einzelnen Perspektiven besprochen werden muss und was weggelassen werden kann. Drittens fällt in vielen Fällen die Konzentration auf die Themenkonstitution schwer, weil sie bei der konkreten Unterrichtsplanung bereits im Zusammenhang mit der Durchführung bedacht wird. Fragen zur Methodik und zu möglichen Medien spielen bei der Planung von Beginn an eine Rolle. Viertens schließlich wird häufig die Frage aufgeworfen, mit welcher Perspektive man am besten in das Elementarisierungsschema einsteigt.

Das Problem der gegenseitigen Abgrenzung von elementaren Strukturen, Zugängen, Erfahrungen und Wahrheiten liegt aus zwei Gründen nahe. Zum einen richten sich die vier Perspektiven auf ein und dasselbe Thema, zum anderen sind sie in ihrer Interdependenz eng aufeinander bezogen. Es liegen also durchaus Berührungspunkte zwischen den einzelnen Perspektiven vor. Allerdings eröffnet jede einen spezifischen Blickwinkel auf die angezielte Thematik, an dem sich die Bearbeitung orientieren kann. Bei den elementaren Strukturen handelt es sich dabei um die inhaltlichen Grundinformationen und deren systematischen Zusammenhang, bei den elementaren Wahrheiten um die Wahrheitsansprüche samt ihrer Bedeutungspotentiale, bei den elementaren Zugängen um die Art und Weise, wie die Lerngruppe die Thematik wahrnimmt, und den elementaren Erfahrungen schließlich um die lebensweltlichen Assoziationen und Selbstverständlichkeiten, die die Schülerinnen und Schüler mit der Thematik verbinden. Konsequent angewendet bietet dann jede Perspektive eigenständige Informationen zur angezielten Thematik.

Das Problem, wie viele Informationen zu den Strukturen, den Zugängen, den Erfahrungen und den Wahrheiten notwendig sind, lässt sich endgültig nur im Rückblick auf die durchgeführte Unterrichtsstunde lösen. Eine vorläufige Antwort lässt sich allerdings bereits im Vorfeld der eigentlichen Stunde finden. Sinn und Zweck des Elementarisierungsmodells ist es, sämtliche Informationen bereitzustellen, die notwendig sind, den geplanten Unterrichtsverlauf zu erklären. In diesem Sinn stellen die elementaren Strukturen keine eigenständige Seminararbeit zum Unterrichtsthema dar, sondern erhellen die Inhalte samt ihrem Zusammenhang, die im Mittelpunkt des geplanten Unterrichts stehen. Ebenso beinhalten die elementaren Zugänge, Erfahrungen und Wahrheiten keine umfassenden Einblicke in die jeweiligen Felder, sondern konzentrieren sich auf das für die jeweilige Unterrichtsstunde Einschlägige. Um hier das richtige Maß zu finden, bedarf es sicher einiger Übung. Auch wird sich schnell zeigen, dass viele Informationen, die in der Planungsphase bedacht wurden, für die spätere Stunde keine unmittelbare Rolle mehr spielen. Ein Orientierungspunkt, ob die bisher gegebenen bzw. recherchierten Informationen ausreichen, ergibt sich, wenn man die gesammelten Informationen auf der Basis des Stundenentwurfs (vgl. Kap. 11) nochmals liest. Finden sich im Entwurf Momente, die nicht durch Informationen hinsichtlich der Strukturen, der Zugänge, der Erfahrungen und der Wahrheiten abgedeckt sind, bedarf es weiterer Recherchen.

Im Problem der Überlagerung von methodischen, medialen und thematischen Aspekten spiegelt sich die Komplexität des Planungsprozesses wider. Hierbei handelt es sich unseres Erachtens weniger um ein praktisches als um ein analytisches Problem. Es liegt nahe und macht durchaus Sinn, für alle Einfälle und Beobachtungen offen zu sein. Gerade Unterrichtsmaterialien eröffnen in der Regel einen Einstieg in die Planungsphase, denn sie bieten aufgearbeitete Informationen. In der Fülle inhaltlicher, methodischer und medialer Aspekte kann ein Thema Konturen gewinnen. Nach dieser ersten Phase der Orientierung ist es jedoch angebracht, die bisher gewonnenen Konturen einer systematischen Analyse zu unterziehen. Unterrichtsmaterialien, Methoden und Medien sind nicht unschuldig. Sie beinhalten – oftmals unterschwellig – eine eigene Sichtweise der Strukturen und Wahrheiten und stehen in einem spezifischen Horizont hinsichtlich der Zugänge und Erfahrungen der Lerngruppe. Ein eigenständiger Durchgang durch das Elementarisierungsschema erlaubt es, eventuelle Lücken zu schließen und alternative Sichtweisen zu entwickeln.

Das Problem des Einstiegs in das Elementarisierungsschema schließlich muss individuell gelöst werden. Das Schema selbst ist als Kreislauf angelegt, womit vor allem das Ineinandergreifen der vier Perspektiven ausgedrückt werden soll. Wichtig ist, dass die einzelnen Perspektiven in der Themenkonstitution aufeinander bezogen werden. In praktischer Hinsicht liegen die elementaren Strukturen und die elementaren Zugänge als geeignete Einstiege nahe. Die Strukturen bieten sich an, weil die angezielte Thematik durch die Beschäftigung mit der Fachwissenschaft inhaltliche Konturen gewinnt. Zudem ist durch das Thema ein inhaltlicher Einstiegspunkt gegeben. Darauf aufbauend kann mit den elementaren Zugängen und elementaren Erfahrungen ein erster Blick auf die Lerngruppe geworfen werden und die in Bezug auf das Thema vorhandenen Kompetenzstände durchleuchtet werden. Die Zugänge eignen sich als Einstieg, weil mit den entwicklungspsychologischen Modellen konkrete Analyseraster vorliegen, an denen sich die ersten Überlegungen orientieren können. Gerade im kompetenzorientierten Setting bietet der Beginn mit den elementaren Zugängen die Möglichkeit, die Lernausgangslage der Schülerinnen und Schüler in Bezug auf ein bestimmtes Thema und hinsichtlich ihres Kompetenzstands zu erheben. Dieser Blick kann anschließend die Auseinandersetzung mit den elementaren Strukturen lenken. Mit Blick auf den Output des Unterrichts kann dann in beiden Szenarien ein adaptives Unterrichtsangebot gestaltet werden, das zu Kompetenzförderung der Einzelnen beitragen kann. Mit Blick auf den didaktischen Ansatz, der die eigene Unterrichtsvorbereitung leitet, kann durchaus überlegt werden, welches Durchgangsmuster man selbst bevorzugt. Einem kerygmatisch orientierten Typus könnte etwa die Reihenfolge Wahrheiten – Strukturen – Zugänge – Erfahrungen entsprechen, denn in ihm läge die Betonung auf dem christlichen Anspruch der Inhalte, und es ist die Aufgabe der Lehrerin bzw. des Lehrers, diesen Anspruch schülergemäß zu formulieren. Umgekehrt entspräche einem problemorientierten Ansatz die Reihenfolge Erfahrungen – Zugänge – Strukturen – Wahrheiten u. s. w.

Beispiel

In diesem Abschnitt soll das Zusammenspiel der vier Perspektiven in der Themenkonstitution veranschaulicht werden. Es werden die bisher eher allgemeinen Überlegungen zur Erzählung von der Bekehrung des Saulus unter Rückbezug auf die konkreten Kompetenzerwartungen zu drei konkreten Themen verdichtet: eines mit Blick auf die Grundschule (Primarstufe), ein zweites mit Blick auf eine Gesamtschulklasse (Sekundarstufe I) und ein drittes mit Blick auf einen Kurs der gymnasialen Oberstufe (Sekundarstufe II).

Dieses Verfahren bedarf einiger Vorklärungen hinsichtlich der Zusammensetzung der Lerngruppe. Die entwicklungspsychologische Einordnung ist mit den Angaben zur Schulart weitgehend gegeben. In allen drei Klassen wird angenommen, dass mindestens einige Schülerinnen und Schüler bereits am Beginn des Übergangs zur nächstmöglichen Stufe stehen oder aber diesen Übergang bereits vollzogen haben. Für die religiöse Orientierung wird jeweils ein Fünftel-Mix vorausgesetzt, d. h. es befinden sich zu etwa gleichen Teilen kirchlich-christliche, christlich-autonome, konventionell-religiöse, religiös-autonome und nicht religiöse Schülerinnen und Schüler in der Lerngruppe. Dies ist zwar ein wenig realistisches Szenario, trägt aber dazu bei, die praktische Bedeutung der Typologie zu veranschaulichen. Die Typen der Alltagsästhetik werden in analoger Verteilung angenommen. Mit diesen Vorklärungen kann nun die Themenkonstitution zur Bekehrung des Saulus erfolgen.

Primarstufe

Elementare Strukturen: In der Religionsstunde der Primarstufe soll der Schwerpunkt darauf liegen, dass die Schülerinnen und Schüler am Ende der Unterrichtsstunde das Symbol Licht erläutern können (vgl. KLP 2021, 163). Will man diese Kompetenz mit Hilfe des Damaskuserlebnisses fördern, dann liegt der Fokus der Deutung auf dem Gedanken, dass sich das Leben verändert, wenn Gott in dieses eingreift. Mit diesem Thema lehnt sich die Stunde eng an den Erzählduktus der Perikope an. Saulus wird in seiner Entwicklung begleitet und der Grund für den Wendepunkt in seinem Leben in Gott gesucht. Dabei soll über die Licht-Metaphorik ein immanenter Zugang zu Gott angeboten werden: Saulus geht ein Licht auf, und er verändert daraufhin sein Leben.

Elementare Zugänge: Die Unterrichtsthematik richtet sich an eine Klasse, die in ihrer Entwicklung von einem mythisch-wörtlichen Glauben in einen synthetisch-konventionellen übergeht (nach Fowler). Die biblische Erzählung wird zwar noch nicht in einem symbolischen Sinn wahrgenommen, die Glaubwürdigkeit des direkt Erzählten beginnt jedoch zu schwinden. Es liegt also genügend Potential für eine kognitive Dissonanz auf Seiten der Schülerinnen und Schüler in der Erzählung. Darüber hinaus entwickeln sie langsam ein Gespür für symbolische Bezüge. Hier bietet sich die Licht-Metapher geradezu an, denn sie ist im Alltag der Kinder („ein Licht aufgehen") präsent. Eine Zuspitzung könnte diese entwicklungspsychologische Konstellation noch erfahren, wenn sich einige Kinder der Lerngruppe auf dem Sprung in die Stufe absoluter Autonomie (nach Oser/Gmünder) befinden. Sie hinterfragen die Wirkmächtigkeit Gottes, so dass die Tatsache seines Eingreifens in Zweifel gezogen wird. Fasst man die Frage nach den elementaren Zugängen zusammen, ergibt sich eine Lerngruppe, deren Grundvertrauen in die Erzählebene biblischer Geschichten bröckelt, ohne dass es bereits zerstört wäre. Hier bietet es sich also an, vorsichtig anderweitige Blickwinkel auf die Erzählung anzubieten. Der in der Stunde angebotene Blickwinkel besteht darin, Umkehr als Folge einer Einsicht zu begreifen, die den ganzen Menschen erfasst. In dieser Einsicht liegt das Wirken Gottes.

Mit Blick auf die elementaren Erfahrungen steht zu vermuten, dass Kinder aus einem kirchlich-christlichen Elternhaus mit dem Gedanken existenzieller Umkehr vertraut sind. Für sie wird auch das Eingreifen Gottes ins Leben eine geläufige Gedankenfigur sein. Ähnlich wird es sich bei Kindern aus christlich-autonomen Elternhäusern verhalten, wobei es nahe liegt, dass sie sich nicht mit üblichen Sprachspielen zufrieden geben, sondern die Phänomene erklärt bekommen wollen bzw. nach einer eigenen Erklärung suchen. Bei Kindern aus einem autonom-religiösen Elternhaus wird die Reaktion auf die Erzählung stark von der religiösen Praxis in der Familie abhängen. Ist diese mystisch geprägt, ist ihnen der Grundgedanke der Stunde vertraut, ist diese eher rational ausgerichtet, werden sie die Erzählung eher hinterfragen. Bei Kindern mit einem konventionell-religiösen Hintergrund wird der Gedanke einer Lebenswende durch das Eingreifen Gottes bekannt sein, ohne dass ein existenzieller Anknüpfungspunkt besteht. Nicht religiöse Kinder schließlich werden zwar den Gedanken einer Lebenswende nachvollziehen können, die Annahme, dass sie von Gott angestoßen wurde, wird jedoch märchenhaft erscheinen. Anknüpfungspunkte im eigenen Leben ergeben sich eher nicht. Insgesamt hat die Klasse also das Potential, die Erzählstruktur im Rahmen ihres religiösen Hintergrunds zu rekonstruieren, wobei die beiden autonomen Gruppen sowie die nicht religiösen Kinder dafür sorgen können, dass die Rekonstruktion eine Problematisierung des Rekonstruierten beinhaltet.

Elementare Wahrheiten: Die Erarbeitung der Umkehr als existenzielles Geschehen knüpft unmittelbar an die Überlegungen an, die das letzte Kapitel beschlossen haben. Die Kinder können lernen, dass Erkenntnis den ganzen Menschen betrifft und zu einer Veränderung bei ihm führt. Damit kann sich ihnen ein zentrales Merkmal von Wirklichkeit erschließen. Ferner wird Gott an diese Erkenntnis rückgebunden. Hier wird den Kindern eine Perspektive eröffnet, die ihnen einen Weg durch die Phase der absoluten Autonomie weisen kann: Gott ist kein Magier, sondern im Leben von Menschen erfahrbar.

Anforderungssituation: Folgt man den Konzepten zum kompetenzorientierten Religionsunterricht, orientiert und erdet die Anforderungssituation in der Regel eine gesamte Unterrichtssequenz. Inhaltlich verknüpft die obige Analyse die Hell-Dunkel-Symbolik mit dem Motiv der Umkehr aufgrund des Eingreifens Gottes in das Leben eines Menschen. Ein Gespür für die Tiefendimension der Hell-Dunkel-Symbolik ist dabei der Ausgangspunkt obiger Verknüpfung. Solche Hell-Dunkel-Konstellationen finden sich an zentralen Stellen christlicher Praxis wieder, so etwa im Weihnachtsbrauchtum oder in der Osterliturgie. Für die Konstruktion der Anforderungssituation stellt sich damit eine doppelte Frage: Zum einen muss sie funktional auf die zu planende Unterrichtssequenz ausgerichtet sein. Zum anderen muss entschieden werden, welche Lerndimensionen vor allem angesprochen werden sollen. Angesichts der Altersstufe könnte man als Anforderungssituation die Erfahrung des Hell-Dunkel-Kontrasts formulieren, welche methodisch mit einer Licht-Übung als Einstieg umgesetzt werden kann. Diese Übung bietet dann die Basis für die Bestimmung der Lernausgangslage und gibt Aufschluss über das Symbolverständnis und die Deutungskompetenz der Schülerinnen und Schüler. So können notwendige Etappen der Kompetenzerweiterung identifiziert werden, die es den Kindern im weiteren Unterrichtsverlauf ermöglicht, die Hell-Dunkel-Erfahrung mit dem christlichen Deutungsschema der Umkehr aufgrund des Eingreifens Gottes zu koppeln.

Sekundarstufe I

Elementare Zugänge: In der Sekundarstufe I befinden sich die Schülerinnen und Schüler mehrheitlich auf der Stufe absoluter Autonomie (nach Oser/Gmünder). Ihnen wird immer stärker bewusst, dass sie ihr Leben selbst gestalten können, was dazu führt, dass sie die Wirkmächtigkeit Gottes anzweifeln. Vor diesem Hintergrund erscheint das direkte Eingreifen Gottes in das Leben des Saulus als kaum nachvollziehbar. Es hat märchenhafte Züge. Aus dieser Perspektive bleibt also zu bedenken, welches Gewicht Gott in der geplanten Stunde haben soll.

Neben dem Eingreifen Gottes handelt die Erzählung von der Umkehr des Saulus. Darin klingt ein ethischer Zug an, denn Saulus muss sich bzgl. seines künftigen Lebenswegs entscheiden. Betrachtet man die moralische Entwicklung, befindet sich die Lerngruppe nach Kohlberg wohl auf der konventionellen Ebene. Ethische Entscheidungen werden nach den Erwartungen des sozialen Umfelds und gültigen Regeln getroffen. Einige der Lerngruppe könnten bereits auf dem Sprung in die postkonventionelle Ebene sein, d. h. nach den Prinzipien fragen, die hinter den Erwartungen und Regeln wirken.

Elementare Strukturen: Nimmt man beide Beobachtungen zusammen in den Blick, bietet es sich an, in der Stunde die Frage zu betonen, was ein christliches Leben ausmacht. In der Erzählung findet sich dazu eine inhaltliche Leerstelle, die in der Stunde gefüllt werden kann: Saulus bedarf der Hilfe des Hananias, um zur Einsicht zu gelangen. Diese Hilfe selbst ist jedoch stark formelhaft gestaltet, insofern Hananias die Hände auflegt und den Heiligen Geist verheißt. Ohne beide Tätigkeiten damit zu relativieren, kann vermutet werden, dass sich die Begegnung zwischen den beiden nicht nur auf diese kurze Handlung beschränkt hat. Ein Gespräch zwischen Hananias und Saulus liegt nahe. Hier kann die Frage nach den Maßstäben für ein gerechtes Leben verortet werden.

Für die elementaren Erfahrungen bietet die Typologie religiöser Orientierungen einen groben Maßstab. Christlich orientierte Jugendliche, d. h. kirchlich-christliche, christlich-autonome und konventionell-religiöse, werden wohl um sog. christliche Werte wissen. Sie stellen für das Gespräch zwischen Hananias und Saulus eine Ressource dar. Gemeinhin werden Solidarität, Nächstenliebe, Hingabe, Rücksicht u. s. w. als christliche Werte genannt. In ihnen kann eine religiöse Dimension mitschwingen. Den gleichen Wertepool können aber auch autonom-religiöse und nicht religiöse Jugendliche anführen, ohne auf das christliche Proprium zurückzugreifen. Hier besteht ein Dilemma, das im Unterricht fruchtbar gemacht werden kann: Was ist das Christliche an den genannten Werten?

Weniger diffizil dürfte die Debatte ausfallen, wenn die Maßstäbe eines gottgefälligen Lebens über den Begriff der Gerechtigkeit verhandelt werden. Bedenkt man die Spielregeln, die im Alltag der Schülerinnen und Schüler gelten, scheinen zwei Erfahrungen einschlägig: Auf der einen Seite erleben sie, dass sich Leistung lohnt, wobei jede und jeder nach dem vermeintlich gleichen Maßstab gemessen wird. Diese Leistungsgerechtigkeit findet sich in vielen Bereichen der Schule wieder, aber auch in ihrer Freizeit oder den kleinen Jobs, mit denen sie sich ihren Lebensstil finanzieren. Auf der anderen Seite erfahren sie aber auch Liebe und Zuneigung, die versucht, ihnen selbst gerecht zu werden. Diese personale Gerechtigkeit ist nicht auf Gegenseitigkeit gebaut, sondern auf eine weitgehend selbstlose Orientierung am anderen. Sie findet sich in vielen Familien, in romantischen Beziehungen und zwischen besten Freundinnen bzw. Freunden. Beide Typen prägen den Alltag der Schülerinnen und Schüler, wobei die Grenze zwischen ihnen fließend ist. Allerdings kann vermutet werden, dass die religiöse Orientierung zumindest die Neigung beeinflusst, personale Gerechtigkeit als allgemeineres Prinzip zu akzeptieren. Da sie der Kern des Gebots der Selbst- und Nächstenliebe ist, wird sie für kirchlich-christliche, christlich-autonome und konventionell-religiöse Jugendliche ein vertrauter Gedanke sein. Bei autonom-religiösen Schülerinnen und Schülern wird es dagegen von entscheidender Bedeutung sein, wie stark sie den Gedanken personaler Gerechtigkeit mit den Kirchen assoziieren. Da diese Jugendlichen alles Kirchliche stark ablehnen, könnte sich hier eine Barriere für das Unterrichtsgespräch ergeben.

Nicht religiöse Jugendliche werden personale Gerechtigkeit in ihrer säkularen Gestalt nachvollziehen können. Damit stellen sie ein Korrektiv zu den kirchlich orientierten Jugendlichen dar, insofern sie klischeehafte religiöse Vorstellungen zur Debatte stellen können.
Zieht man die alltagsästhetischen Wahrnehmungsmuster heran, scheinen Jugendliche aus dem Hochkulturschema am ehesten geneigt, die Dialektik zwischen Leistungsgerechtigkeit und personaler Gerechtigkeit auflösen zu können. In ihrer Wahrnehmung ist Leistung immer auch an das persönliche Vermögen gebunden, und ihnen stehen die persönlichen Ressourcen zur Verfügung, die eigenen Stärken zu entwickeln. Darüber hinaus verfügen sie auch über die notwendige Selbstdisziplin, von sich Abstand zu nehmen, wie es die Nächstenliebe teilweise verlangt.[8] Im Trivialschema könnte dagegen ein eher klischeehaftes Bild vorherrschen. Leistungsgerechtigkeit funktioniert nach dem do-ut-des-Prinzip, personale Gerechtigkeit könnte den Charakter von Sozialhilfe haben. Entscheidend für deren Beurteilung ist dann die eigene soziale Lage. Geht es einem selbst gut, ist Leistungsgerechtigkeit o. k., denn sie eröffnet einem die Chance für ein gelingendes Leben. Hat man dagegen nicht die Ressourcen, diese Chancen zu nutzen, tröstet die Idee personaler Gerechtigkeit, denn sie nimmt Rücksicht auf die eigenen Schwächen. Auch wird der persönliche Freundeskreis eine Rolle in der Beurteilung spielen. Im Sinn der Freundschaftsethik gönnt man Menschen, mit denen man sich verträgt, auch personale Gerechtigkeit. Mit Menschen jedoch, mit denen einen wenig verbindet, wird man auf Leistungsbasis verkehren. Im Spannungsschema bleibt personale Gerechtigkeit wohl eher blass. Man ist am Wettbewerb interessiert, der dem Leben Abwechslung und Spannung einschreibt. Leistung ist in dieser Perspektive etwas Positives, das herausfordert. Leistungsgerechtigkeit steigert damit die Erlebnisqualität. Inwieweit auch personale Gerechtigkeit in diesem Schema als aufregend erlebt wird, ist kaum abzuschätzen.

Elementare Wahrheiten: Mit der Debatte um die Bedeutung personaler Gerechtigkeit ist der christliche Wahrheitsanspruch der Nächstenliebe, d. h. eines Handelns, das die bzw. den anderen in ihrer bzw. seiner

---

[8] Angesichts des starken Zusammenhangs zwischen Bildungsweg und sozialer Herkunft stellt sich hier allerdings die Frage, ob man in der Gesamtschule Jugendliche aus dem Hochkulturschema antrifft. In theoretischer Perspektive stehen ihnen jedenfalls alle Ressourcen zur Verfügung, um ein Gymnasium zu besuchen.

Würde mit einbezieht, angerissen. Dieser Anspruch trifft die Jugendlichen in einer Phase, in der sie auf der Suche nach sich selbst und ihrer Rolle innerhalb der Gesellschaft sind. In ihrer Identitätsarbeit spüren sie, dass es gut tut, geliebt zu werden, sie müssen sich aber auch bewähren. Ebenso fällt ihnen ihre Rolle in der Gesellschaft nicht einfach in den Schoß, auch wenn sie noch viel Rücksicht durch ihre Umgebung erfahren. Hier kann der Religionsstunde Bedeutung erwachsen, wenn es ihr gelingt, die Spannung zwischen Leistungsgerechtigkeit und personaler Gerechtigkeit nachvollziehbar zu machen. Dann stellt sie den Jugendlichen Begriffe zur Verfügung, mit denen sie ihren Alltag deuten können, und ermöglicht es ihnen, einen eigenen Maßstab für den Umgang mit beiden Prinzipien zu entwickeln.

Fasst man die Überlegungen zur Sekundarstufe I zusammen, soll sich an der Bekehrungserzählung eine Auseinandersetzung um die Maßstäbe für ein gottgefälliges Leben entzünden. Die Begegnung zwischen Saulus und Hananias liefert dazu den Anlass, die beiden Konzepte einer Leistungsgerechtigkeit und einer personalen Gerechtigkeit spannen den Horizont der Diskussion auf. Im Vergleich der beiden sollen sie verschiedene Verhältniskonstellationen kennen lernen und abwägen. Eventuell wird auch die Frage nach christlichen Werten aufgeworfen. Die Rolle Gottes wird in dieser Auseinandersetzung nur insoweit berücksichtigt, wie sie von den Schülerinnen und Schülern selbst angesprochen wird.

Anforderungssituation: Aus der Zusammenfassung kann die Berufswahl als Anforderungssituation abgeleitet werden. Sie rückt in der zweiten Hälfte der Gesamtschulzeit massiv in den Mittelpunkt der schulischen Wirklichkeit, so dass der Religionsunterricht hier unmittelbar Lebensrelevanz erhalten kann. Sein Beitrag zur Anforderungssituation wäre, die Berufswahl in einen größeren Horizont zu stellen, als ihn Fragen zu Einstellungschancen und individuellen Neigungen eröffnen. Freilich gibt es keinen direkten Weg von der gewählten Anforderungssituation in eine Stunde zur Umkehr des Saulus. Diese Differenz zur Konstellation in der Grundschule ist hier bewusst gewählt, um zu zeigen, dass der Bezug zwischen Anforderungssituation und einzelner Stunde nicht notwendig unmittelbar ist. Im Gegenteil: In der Regel trägt eine einzelne Stunde nur einige wenige Aspekte zur Bewältigung der Anforderungssituation bei, denn sie erdet ja eigentlich eine gesamte Unterrichtsreihe.

Sekundarstufe II

Von den Themen, die durch die Frage nach den elementaren Strukturen zur Verfügung stehen, soll die Möglichkeit, Gott in dieser Welt zu erfahren, im Mittelpunkt stehen. Die Erzählung selbst bietet dazu drei Möglichkeiten an: Saulus erfährt Gott direkt in der Audition und indirekt in einem Naturphänomen (Licht) und mittels eines Menschen (Hananias).

Einen wesentlichen Beitrag zur Auswahl dieses Schwerpunkts liefert die Frage nach den elementaren Zugängen. Nach dem Modell von Oser/Gmünder befinden sich die Schülerinnen und Schüler entweder auf der Stufe absoluter oder vermittelter Autonomie. Ihnen gilt Gott somit als eine ferne, abstrakte Macht, die es zwar prinzipiell geben kann, jedoch in dieser Welt keine Wirkung entfaltet, oder aber als Macht, die zwar nicht direkt eingreift, in den Dingen dieser Welt jedoch spürbar ist. Überträgt man diese Konstellation auf die Bekehrungserzählung, provoziert das direkte Eingreifen Gottes die religiöse Haltung der ersten Gruppe. Für die zweite Gruppe eröffnet sie jedoch Möglichkeiten, Ansatzpunkte einer vermittelten Gotteserfahrung (Stimme, Natur, Mitmenschen) zu finden. Der gewählte Themenschwerpunkt liegt also nahe. Methodisch vorausgedacht beinhaltet diese Konstellation die Chance, beide Gruppen miteinander ins Gespräch zu bringen. Unterstützt wird dieser Ansatz auch durch das Modell Fowlers, nach dem sich die Schülerinnen und Schüler auf den Stufen eines synthetisch-konventionellen oder eines individuierend-reflexiven Glaubens befinden. In beiden Stufen ist eine gewisse Selbstständigkeit angelegt, sei sie nun an andere angelehnt oder in sich selbst gründend. Diese Autonomie sollte die Auseinandersetzung um die Möglichkeit einer Gotteserfahrung in dieser Welt befördern.

Elementare Erfahrungen: Die inhaltliche Kontur des Gottesgedankens wird stark von der religiösen Orientierung der Jugendlichen abhängen. Christliche Vorstellungen dürften von kirchlich-christlichen, konventionell-religiösen und christlich-autonomen Jugendlichen eingebracht werden. Allen drei Gruppen ist das christliche Symbolreservoir bekannt, auch wenn es sehr unterschiedliche Bedeutung im eigenen Leben erlangt (vgl. Kap. 4). Für diese Jugendlichen sollte die Denkfigur, Gott in der Welt zu erfahren, nicht fremd sein. Darüber hinaus fordern die Christlich-autonomen wohl ein, dass die Gotteserfahrungen plausibel gemacht werden. Dies gilt auch für die religiös-autonomen Jugendlichen, die jedoch auch eine alternative Bildwelt mit ins Spiel bringen könnten.

Besonders mit Blick auf das Verständnis der Erzählung ist es vorstellbar, dass für sie die Möglichkeit, mit Gott direkt Kontakt aufzunehmen, keine anstößige Idee darstellt, sondern ihrem individuellen Glauben entspricht. Für nicht religiöse Jugendliche stellt die Thematik der Stunde dagegen eine echte Herausforderung dar, denn sie zeigen keine Neigung, in den Dingen dieser Welt Gott zu entdecken. Damit bringen sie jedoch ein Korrektiv in den Unterrichtsprozess ein, und zwar immer dann, wenn zu schnell der Schluss von einem innerweltlichen Phänomen auf Gott gezogen wird. In der beschriebenen Konstellation liegt die Chance, der Thematik eine Tiefendimension zu verleihen, denn die Verstehenshorizonte hinterfragen sich gegenseitig, wenn es gelingt, sie miteinander ins Gespräch zu bringen.

Elementare Wahrheiten: Die Auseinandersetzung mit der Frage, wie Gott in dieser Welt erfahrbar ist, berührt eine Grundbedingung christlichen Glaubens, denn er baut auf der Selbstoffenbarung Gottes in dieser Welt auf. Für die meisten der heutigen Jugendlichen stellt diese Erfahrung eine echte Herausforderung dar. Nur wenige von ihnen haben bereits selbst etwas Ähnliches erlebt (vgl. Ziebertz/Riegel 2008, 157–160). Deshalb soll die geplante Religionsstunde keinen apologetischen Charakter haben, sondern die Jugendlichen in die Lage versetzen, ihren eigenen Zugang zu diesem christlichen Wahrheitsanspruch zu finden. Mit der Problematisierung der Möglichkeit, Gott zu erfahren, und dem Angebot der drei Modi „unmittelbare Erfahrung", „Erfahrung über die Natur" und „Erfahrung durch Mitmenschen" können sie sich eine eigenverantwortliche Position zu den christlichen Sinnangeboten aufbauen. Damit trägt die geplante Religionsstunde einen Baustein zum Projekt bei, Glauben in einer modernen Gesellschaft nachvollziehbar zu gestalten.

Nimmt man alle vier Perspektiven zusammen in den Blick, soll das Thema die Jugendlichen mit der Frage konfrontieren, was heute als Gotteserfahrung bezeichnet werden kann. Aus dem Text heraus bieten sich die drei genannten Möglichkeiten an. Ziel der Stunde ist es, den Ansprüchen eines individuierend-reflexiven Zugangs zum Glauben gerecht zu werden, d. h. es soll darum gehen, die verschiedenen Möglichkeiten weitgehend plausibel zu entwickeln. Dabei sollen alle in der Lerngruppe vorhandenen Erfahrungen mit dem Thema in der Diskussion Raum finden, so dass miteinander an den Differenzen gelernt werden kann.

Anforderungssituation: Die geplante Stunde stellt eine religiöse Grundfrage in einer säkularisierten Gegenwart, nämlich die Frage nach der Möglichkeit von Gotteserfahrung. Nimmt man religionssoziologische Befunde ernst, wird diese Frage heute eher selten mit einem aggressiv atheistischen Unterton gestellt. Angesichts der allseitigen Plausibilität einer empirisch-immanenten Vernunft schwingt bei ihr eher ein feuilletonistisches Interesse mit, das eine solche Möglichkeit als kurioses kulturelles Phänomen ergründen will. Die entsprechende Anforderungssituation wäre demnach eine Begegnung unter Kolleginnen und Kollegen (etwa an der Bar im zukünftigen Studentenwohnheim), bei der zufällig bekannt wird, dass man religiös verwurzelt ist und sich daraus ein Gespräch über die Möglichkeit einer Gotteserfahrung heute entwickelt.

Teil III
Artikulation

Nach der Anwendung der Elementarisierung gilt es, das gewählte Thema zu artikulieren, d. h. in 45 oder 90 Minuten so zu entfalten, dass Kompetenzentwicklung ermöglicht wird. Mit der Artikulation geht ein Perspektivenwechsel einher, denn stand die Elementarisierung im Dienst der für die Kompetenzorientierung charakteristischen Output-Orientierung, konzentriert sich die Artikulation bei der Planung und Gestaltung des Lernarrangements auf den Input, der Kompetenzentwicklung ermöglicht. Konkret geht es im Sinn des sog. Angebots-Nutzungs-Modells (vgl. Helmke 2009; Seidel 2014) um die Gestaltung einer Lernumgebung und eines Lernwegs, der es den Schülerinnen und Schülern – gemäß den Kriterien von Andreas Feindt (s. o.) – erlaubt, entlang der individuellen Lernausgangslage, kognitiv aktiviert anhand lebensnaher Aufgabenstellungen unter Rückgriff auf vorhandenes Wissen ihre Kompetenzen gezielt zu erweitern und über die eigenen Fähigkeiten nachzudenken. Als Grundbedingungen für effektive Lernarrangements gilt immer noch die „Stimmigkeit von Zielen, Inhalten und Methoden", die „Folgerichtigkeit des methodischen Gangs" und ein „methodische[r] Grundrhythmus" (Meyer 2004, 26–28).

Die Frage nach dem methodischen Grundrhythmus betrifft die Choreographie des Unterrichts, die sich in unterschiedlichen Modellen typischer Unterrichtsphasen zeigt. Die beiden anderen Kriterien von Meyer beziehen sich auf die synchrone und diachrone Stimmigkeit der einzelnen Unterrichtsphasen. Synchron stimmig wird eine Phase erlebt, wenn ihre Inhalte, Ziele, Methoden und Medien sinnvoll miteinander verschränkt sind. Diachrone Stimmigkeit kann sich einstellen, wenn die einzelnen Phasen sinnvoll aneinander anschließen und in ihrem Gesamt einen Bogen spannen, der das Ende logisch und nachvollziehbar aus dem Beginn ableitet.

Im Folgenden werden diese Aufgaben schrittweise beschrieben. Zuerst wird auf die Bedeutung von Teilkompetenzen für die inhaltliche Entfaltung des Themas in Lernschritten eingegangen (Kap. 7), dann auf die

Rolle der Unterrichtschoreographie für die Phasierung dieser Lernschritte (Kap. 8). Anschließend werden elementare Handlungsformen vorgestellt, mit denen sich die Lernschritte umsetzen lassen (Kap. 9). Es folgt eine Auseinandersetzung mit der Bedeutung von Medien und die Darstellung elementarer Medientypen (Kap. 10). Abschließend wird die Darstellung der Unterrichtsidee in einem Artikulationsschema beschrieben (Kap. 11).

7 Teilkompetenzen und Lernschritte

Die Elementarisierung mündete in eine Themenidee für eine Unterrichtseinheit, die a) fachlich aufgeklärt (elementare Strukturen und Wahrheiten), b) auf die Lernausgangslage der Schülerinnen und Schüler abgestimmt (elementare Erfahrungen und Zugänge) und ins Kompetenzspektrum für die jeweilige Jahrgangsstufe rückgebunden ist. Für die Artikulation gilt es nun, diese kompetenzorientierte Themenidee in Teilkompetenzen und Lernschritte zu überführen, die es den Kindern oder Jugendlichen ermöglicht, die angezielten Kompetenzen auch tatsächlich zu entwickeln.

Teilkompetenzen

Im ersten Kapitel wurde der pädagogische Begriff der Kompetenz definiert, seine Rolle für Bildungsstandards beschrieben und die Überführung Letzterer anhand von Kompetenzmodellen, Kernlehrplänen und schulspezifischer Curricula in konkrete Kompetenzerwartungen für den Religionsunterricht dargestellt. Dabei wurde deutlich, dass die Kompetenzentwicklung langfristig und kumulativ gedacht wird, zu der oft mehrere Stunden beitragen. Wenn die Kinder etwa lernen sollen, religiöse Sprache zu verstehen, bedarf das in der Regel vielfältiger Durchgänge durch religiöse Sprachspiele, in denen zum einen der Zeugnischarakter religiöser Rede, zum anderen der Verweischarakter religiöser Metaphorik und Symbolik erarbeitet wird. Diese langfristigen Entwicklungsverläufe gilt es in der Artikulation in konkrete Unterrichtsstunden zu übersetzen, was bedeutet, Teilkompetenzen zu formulieren, die in einer Stunde entwickelt werden können. In der Logik der Kompetenzorientierung stellt eine Teilkompetenz demnach den Output im Sinn der angezielten Kompetenzentwicklung dar, der innerhalb einer definierten Zeiteinheit – im Regime der Schule also in der Regel innerhalb von 45 oder 90 Minuten – realistisch erreicht werden kann.

Einen zentralen Bestandteil in der Formulierung derartiger Teilkompetenzen stellen die sog. Operatoren dar. Ein Operator ist ein Verb, das die kognitive Tätigkeit definiert, die beherrscht werden muss, um eine Aufgabe im Sinn der einschlägigen Teilkompetenz erfolgreich zu bewältigen. Derartige Operatoren drücken somit aus, welchen Effekt das Lernangebot des Unterrichtsarrangements bei den Schülerinnen und Schülern stimulieren will. Oft werden diese Operatoren den drei Anforderungsbereichen Reproduktion, Reorganisation/Transfer und Reflexion/Problemlösen zugeordnet. Gemäß den einheitlichen Prüfungsanforderungen stehen die folgenden Operatoren für reproduktive Lerneffekte:

- *(Be-)Nennen*: ausgewählte Elemente, Aspekte, Merkmale, Begriffe, Personen etc. unkommentiert angeben
- *Skizzieren*: einen bekannten oder erkannten Sachverhalt oder Gedankengang in seinen Grundzügen ausdrücken
- *Formulieren/Darstellen/Aufzeigen*: den Gedankengang oder die Hauptaussage eines Textes oder einer Position mit eigenen Worten darlegen
- *Wiedergeben*: einen bekannten oder erkannten Sachverhalt oder den Inhalt eines Textes unter Verwendung der Fachsprache mit eigenen Worten ausdrücken
- *Beschreiben*: die Merkmale eines Bildes oder eines anderen Materials mit Worten in Einzelheiten schildern
- *Zusammenfassen*: die Kernaussagen eines Textes komprimiert und strukturiert darlegen

Operatoren des Anforderungsbereichs Reorganisation/Transfer sind:

- *(Zu-)Ordnen*: einen bekannten oder erkannten Sachverhalt in einen neuen oder anderen Zusammenhang stellen oder die Position eines Verfassers bezüglich einer bestimmten Religion, Konfession, Denkrichtung etc. unter Verweis auf Textstellen und in Verbindung mit Vorwissen bestimmen
- *Anwenden*: einen bekannten Sachverhalt oder eine bekannte Methode auf etwas Neues beziehen
- *Belegen/Nachweisen*: Aussagen durch Textstellen oder bekannte Sachverhalte stützen
- *Begründen*: Aussagen durch Argumente stützen
- *Erläutern/Erklären/Entfalten*: einen Sachverhalt, eine These etc. ggf. mit zusätzlichen Informationen und Beispielen nachvollziehbar veranschaulichen
- *Herausarbeiten*: aus Aussagen eines Textes einen Sachverhalt oder eine Position erkennen und darstellen

- *Vergleichen*: nach vorgegebenen oder selbst gewählten Gesichtspunkten Gemeinsamkeiten, Ähnlichkeiten und Unterschiede ermitteln und darstellen
- *Analysieren/Untersuchen*: unter gezielter Fragestellung Elemente, Strukturmerkmale und Zusammenhänge systematisch erschließen und darstellen
- *In Beziehung setzen*: Zusammenhänge unter vorgegebenen oder selbst gewählten Gesichtspunkten begründet herstellen

Schließlich zählen die folgenden Operatoren zum Anforderungsbereich Reflexion/Problemlösen:

- *Sich auseinandersetzen mit*: ein begründetes eigenes Urteil zu einer Position oder einem dargestellten Sachverhalt entwickeln
- *Beurteilen/Bewerten/Stellung nehmen/einen begründeten Standpunkt einnehmen*: zu einem Sachverhalt unter Verwendung von Fachwissen und Fachmethoden sich begründet positionieren (Sach- bzw. Werturteil)
- *Erörtern*: die Vielschichtigkeit eines Beurteilungsproblems erkennen und darstellen, dazu Thesen erfassen bzw. aufstellen, Argumente formulieren, nachvollziehbare Zusammenhänge herstellen und dabei eine begründete Schlussfolgerung erarbeiten (dialektische Erörterung)
- *Prüfen/Überprüfen*: eine Meinung, Aussage, These, Argumentation nachvollziehen, kritisch befragen und auf der Grundlage erworbener Fachkenntnisse begründet beurteilen
- *Interpretieren*: einen Text oder ein anderes Material (Bild, Karikatur, Tondokument, Film etc.) sachgemäß analysieren und auf der Basis methodisch reflektierten Deutens zu einer schlüssigen Gesamtauslegung gelangen
- *Gestalten/Entwerfen*: sich textbezogen kreativ mit einer Fragestellung auseinandersetzen
- *Stellung nehmen aus der Sicht von .../Eine Erwiderung formulieren aus der Sicht von...*: eine unbekannte Position, Argumentation oder Theorie aus der Perspektive einer bekannten Position beleuchten oder in Frage stellen und ein begründetes Urteil abgeben
- *Konsequenzen aufzeigen/Perspektiven entwickeln*: Schlussfolgerungen ziehen; Perspektiven, Modelle, Handlungsmöglichkeiten, Konzepte u. a. entfalten

Man beachte, dass die gelisteten Operatoren sämtlich kognitive Tätigkeiten formulieren, denen sich sichtbare Verhaltensweisen zuordnen lassen. So findet sich der aus der Lernzieldidaktik bekannte Operator „kennen lernen“ nicht in der obigen Liste, obwohl er eine geistige Tätigkeit im Lernprozess darstellt. Um aber prüfen zu können, ob Kennenlernen tatsächlich stattgefunden hat, bedarf es einer messbaren geistigen Tätigkeit. Das könnte z. B. durch den Operator „nennen“ abgebildet werden, mit dem die konkrete Verhaltensweise des unkommentierten Darstellens bzw. Aufzählens verbunden wird. Anhand solcher Operatoren lassen sich die Teilkompetenzen formulieren, die die Schülerinnen und Schüler innerhalb einer Religionsstunde entwickeln.

Da ein Operator, der auf den Lerneffekt verweist, aussagelos bleibt, wenn er sich nicht auf einen konkreten Gegenstand bezieht, wird in der Formulierung von Teilkompetenzen auch dieser Gegenstand notiert. „Die Schülerinnen und Schüler erläutern die Bedeutung der Metapher Menschenfischer in Mk 1,16–20“ ist ein Beispiel für eine Teilkompetenz auf den Weg hin zur Kompetenz „religiöse Sprache verstehen“. Mit „Metapher Menschenfischer in Mk 1,16–20“ ist der Lerngegenstand, mit „erläutern“ der Lerneffekt bezeichnet. In ihrem Zueinander machen Lerngegenstand und Lerneffekt den angestrebten Lernprozess transparent. Die Schülerinnen und Schüler sollen am Ende der Stunde die Metapher „Menschfischer“ nachvollziehbar veranschaulichen, was einer Teilkompetenz gemäß des zweiten Anforderungsbereichs (Reorganisation/Transfer) entspricht. Das geht einerseits über ein bloßes Wiedergeben der Erzählung von Mk 1,16–20 hinaus (Reproduktion). Andererseits sind die Schülerinnen und Schüler nicht aufgefordert, zur Bedeutung der Metapher Stellung zu beziehen (Reflexion/Problemlösen). Wenn letzteres erreicht werden soll, müsste man „erläutern“ durch „Stellung beziehen“ bzw. „beurteilen“ ersetzen.

Wie viele Teilkompetenzen man für eine Religionsstunde formuliert, hängt in der Regel von der Philosophie ab, innerhalb derer man die Kompetenzorientierung verwirklicht. Die ökonomischste Lösung beschränkt sich auf die Formulierung derjenigen Teilkompetenz, deren Entwicklung das Hauptaugenmerk der geplanten Stunde gilt. Wer die verschiedenen Dimensionen der Kompetenzorientierung abbilden will, kann auch für jede der Dimensionen, die der Lehrplan ausweist, eine einschlägige Teilkompetenz formulieren. Ein Unterrichtsentwurf zum Thema „Heilige“ nennt etwa fünf Teilkompetenzen, die sich auf die religiöse Kompetenz, die Fachkompetenz, die personale Kompetenz, die soziale Kompetenz und die Methodenkompetenz beziehen (vgl. Lang u. a., 2006, 21).

Lernschritte

Mit der Bestimmung von Teilkompetenzen sind die zentralen Ziele einer Stunde herausgearbeitet. Diese Ziele gilt es nun in ein geeignetes Unterrichtsarrangement zu überführen. M. a. W.: Es ist eine Abfolge von Lernschritten zu entwerfen, die die Schülerinnen und Schüler befähigt, die angestrebten Teilkompetenzen zu entwickeln.

Der Begriff „Lernschritt" bezeichnet somit einen Abschnitt innerhalb des Lernprozesses. Lernschritte definieren die einzelnen Stationen auf dem Weg der Kompetenzentwicklung und in ihrer Abfolge beschreiben die Lernschritte den Lernprozess. Ein Lernschritt steht für ein Unterrichtsangebot, das sich schlüssig auf die Abschnitte davor und danach bezieht und im Zusammenspiel der einzelnen Abschnitte die Entwicklung von Teilkompetenzen stimuliert.

Ein Lernschritt ist durch eine materiale und eine temporale Komponente gekennzeichnet. Beide Komponenten umfassen wiederum zwei Aspekte. Die materiale Komponente definiert zum einen den Aspekt der Thematik, der im Lernschritt bearbeitet werden soll. Zum anderen gibt sie an, was in der inhaltlichen Auseinandersetzung erreicht werden soll. Die temporale Komponente umfasst zuerst den Zeitumfang, der für den Lernschritt innerhalb des Lernprozesses zur Verfügung steht. Ferner weist sie dem Lernschritt seine Position innerhalb des Lernprozesses zu. Die temporale Komponente gibt somit an, wann im Lernprozess für wie lange der bezeichnete Lernschritt Thema ist.

Geht man von dieser Bestimmung des Begriffs Lernschritt aus, handelt es sich bei diesem Begriff um eine relationale Größe. Sinn und Qualität eines Lernschritts lassen sich letztendlich nur bestimmen, indem man ihn in seiner Beziehung zum vorangegangenen und zum folgenden Lernschritt betrachtet. Aus dieser Verwiesenheit auf den Lernprozess folgt jedoch nicht, dass man Lernschritte nicht auch als isolierte Lerneinheit in den Blick nehmen kann. Jeder Lernschritt stellt für sich selbst bereits ein in sich geschlossenes Ganzes dar. Im Begriff des Lernschritts spiegelt sich also der Zusammenhang zwischen einem einzelnen Aspekt und dem gesamten Spannungsbogen eines Lernprozesses wider. Das folgende Beispiel will dies veranschaulichen: Nach einer Religionsstunde sollen die Schülerinnen und Schüler erläutern können, was die Metapher „Menschenfischer" in der Berufung der ersten Jünger durch Jesus in Mk 1,16–

20 heute bedeutet. Nach einem motivierenden Einstieg wird der Text gelesen, der Begriff „Menschenfischer" geklärt und in einem Gespräch in seiner Bedeutung für heute vertieft. Lässt man den Einstieg außer Acht, ist die Stunde durch drei Lernschritte geprägt: 1) die Wiedergabe des Bibeltextes, 2) das Erläutern des Bildworts „Menschenfischer" und 3) das Übertragen dieser Metapher auf die heutige Zeit. Jeder dieser Schritte lässt sich als geschlossene Lerneinheit begreifen. Die Wiedergabe des Textes umfasst dessen Lektüre, die Nacherzählung und die Vergewisserung, dass die Lernenden den Inhalt verinnerlicht haben. Die Vergewisserung über den Sinn der Metapher „Menschenfischer" könnte als klärendes Gespräch arrangiert werden in dem die Schülerinnen und Schüler den Satz „Ein Menschenfischer zu sein, meint..." vervollständigen und mit den Sätzen anderer Schülerinnen und Schüler abgleichen. Sie ist beendet, wenn hinreichend viele Schülerinnen und Schüler mit dem Begriff sinngemäß umgehen können. Für den dritten Lernschritt gilt Ähnliches im Blick auf die aktuelle Bedeutung. Neben dieser isolierten Betrachtung der drei Lernschritte wird auch ihr Zusammenhang sichtbar. So erscheint der zweite Schritt ohne den ersten sinnlos, denn die Beschäftigung mit der Metapher „Menschenfischer" hätte keinen Ort. In der Sequenz mit dem vorangegangenen und dem folgenden Schritt dagegen erschließt sich die Dynamik des Gedankengangs. Schritt 2) schließt an die Lektüre aus Schritt 1) an und trägt dazu bei, die Bedeutungstiefe des Textes zu klären. Mit dieser Klärung werden die Grundlagen geschaffen, um den Übertrag in die Gegenwart zu leisten (Schritt 3). Die Notwendigkeit dieses Zusammenhangs erkennt man, wenn man Schritt 2) aus der Sequenz nimmt. Es ist zu vermuten, dass die Diskussion des Textes im direkten Anschluss an dessen Lektüre sehr holprig beginnt, weil kaum jemand die Sinntiefe von Mk 1,16–20 spontan erfasst.

Für die Unterrichtsplanung gerade am Beginn der eigenen Unterrichtstätigkeit empfiehlt es sich, Lernschritte präzise zu formulieren. Der Aufbau kann sich dabei an der Logik der Formulierung von Teilkompetenzen orientieren, d. h. es werden wiederum der angezielte Lerneffekt (Operator) und der Lerngegenstand genannt. Ferner kann diese Formel um die Lernform erweitert werden, d. h. die beim Lernschritt genutzten Methoden und Medien (s. u.). Die Lernschritte für die oben skizzierte Lernsequenz könnten etwa lauten:

1) Die Schülerinnen und Schüler geben den Erzählgang von Mk 1, 16–20 wieder, nachdem sie die Perikope in der Einheitsübersetzung gelesen haben.
2) Die Schülerinnen und Schüler arbeiten den Sinn der Metapher „Menschenfischer" heraus, indem sie den Satzanfang „Ein Menschenfischer zu sein, meint..." sinngemäß ergänzen und ihre Lösungen mit denen ihrer Banknachbarin vergleichen.
3) Die Schülerinnen und Schüler erläutern die aktuelle Bedeutung der Metapher, indem sie Szenarien beschreiben, wie sich ein „Menschenfischer" heute verhalten würde.

Die Formulierung von Lernschritten ist aufwändig, denn sie zwingt die planende Lehrperson, sich ihre didaktischen Entscheidungen im Vorfeld der Stunde bewusst zu machen und in Worte zu fassen. Gleichzeitig eröffnet diese Transparenz mehrere Chancen. Erstens lässt sich die eigene Planung auf Brüche im Lernprozess hin überprüfen. So stellen die Beschaffung von Informationen und die Auswertung derselben zwei unterschiedliche Schritte im Lernprozess dar. Wenn etwa nach der Lektüre eines Textes die Diskussion über seinen Inhalt angeschlossen wird, zeigt die Zuordnung eines Operators zu jedem Schritt im Lernprozess an dieser Stelle bereits den im Unterricht zu beobachtenden Bruch: Auf den Operator „wiedergeben" folgt unmittelbar der Operator „beurteilen". Mit etwas Gespür für Lernabläufe würde auffallen, dass mindestens ein Lernschritt mit dem Operator „analysieren" als Zwischenschritt notwendig wäre. Sorgfalt in der Formulierung von Lernschritten hilft, derartige Brüche bereits in der Planung zu entdecken.

Zweitens machen Lernschritte Unterrichtsplanung und tatsächlichen Unterricht miteinander vergleichbar. Geplanter Unterricht und realer Unterricht sind nicht identisch und gelingender Unterricht ist nicht unbedingt durch ein Höchstmaß an Übereinstimmung mit der Planung gekennzeichnet. Allerdings macht es einen Unterschied, ob die Differenz zwischen Plan und Wirklichkeit durch eigene Fehleinschätzungen oder durch Einflüsse, die man selbst nicht vorhersehen konnte, bedingt sind. Formulierte Lernschritte erlauben es somit, das eigene Tun zu hinterfragen und sich selbst zu evaluieren.

Drittens ermöglichen es Lernschritte, den eigenen Unterricht gegenüber Dritten zu verantworten. Speziell der Religionsunterricht ist in der modernen Gesellschaft vielen Anfragen ausgesetzt. Wer um die eigenen Schritte weiß, wem sie selbst bewusst sind, kann mit den Schülerinnen und Schülern, aber auch mit deren Eltern ins Gespräch kommen und Miss- oder Vorverständnisse ausräumen.

Viertens schließlich dokumentieren Lernschritte die eigene Unterrichtsplanung. Indem diese Schritte die situative Arbeit an der angestrebten Teilkompetenz offenlegen, ist der Lernprozess in seinen Details transparent. Wird die Planung dann noch schriftlich festgehalten, lassen sich die aktuellen Überlegungen auch in einigen Jahren noch nachvollziehen bzw. dieselbe Stunde bei vergleichbarer Lernausgangslage innerhalb der Klasse nochmals anbieten.[9]

[9] Auf Beispiele, wie sie bislang an dieser Stelle üblich waren, wird im vorliegenden Fall verzichtet, weil die Lernschritte die Innenperspektive einer unterrichtlichen Choreographie darstellen, deren äußeres Gerüst durch Unterrichtsphasen definiert ist. Diese Phasierung einer Religionsstunde ist Gegenstand des nächsten Kapitels und die einschlägigen Beispiele folgen am Ende desselben und dokumentieren somit den engen Zusammenhang zwischen Lernschritt und Unterrichtsphase.

8 Choreographie und Phasierung von Unterricht

Folgt man der Gliederung dieses Bandes, ist mit der Teilkompetenz das Ziel und den Lernschritten der inhaltliche Gang des Unterrichts vorgezeichnet. Nun geht es darum, den Unterricht in Szene zu setzen. Bei aller individuellen Gestaltungsfreiheit lassen sich hierbei typische Abläufe angeben, die die einzelnen Lernschritte in Phasen überführen und Lernangebote so nachvollziehbar darbieten. Derartige Abläufe stehen für zwei Dimensionen von Unterricht, die sich gegenseitig stark bedingen. Zum einen ist Unterricht ein Geschehen, das in seiner Choreographie bestimmte Aspekte, Facetten und Ziele des Lernprozesses besonders stimuliert. Abhängig von der gewählten Choreographie kann das z. B. der verhandelte Inhalt, das Klima in der Lerngruppe oder die Stimulierung individueller Konstruktionsprozesse im Lerngang sein (vgl. Brieden 2021). Zum anderen gliedert sich jede dieser Choreographien in einzelne Phasen, denn der Unterricht bildet i. d. R. eine zeitlich geordnete Reihe von Lernangeboten und dem Umgang mit diesen durch die Lernenden. Choreographie und Charakteristik dieser Phasen bedingen sich dabei gegenseitig.

Im Folgenden wird der Begriff der unterrichtlichen Choreographie geklärt und zwei charakteristische Choreographien, die insbesondere für den Religionsunterricht vorgeschlagen werden, knapp skizziert. Sie deuten an, was in diesem Bereich möglich ist. Dann wird die Abfolge der typischen Unterrichtsphasen einer dritten Choreographie im Detail beschrieben und diskutiert, um in einem weiteren Schritt die Spielräume dieser dritten Choreographie auszuloten. Beispiele für die Primar-, die Sekundarstufe I und die Sekundarstufe II beschließen dieses Kapitel.

Unterrichtliche Choreographien

Die Metapher der Choreographie ist in den Bildungswissenschaften eng mit den Basismodellen des Unterrichtens verbunden (vgl. Oser et al.

1997). Letztere reagieren auf die pädagogische Herausforderung, den Unterricht so zu gestalten, dass er den Schülerinnen und Schülern Lernangebote im Sinn der angestrebten Kompetenzerwartung eröffnet. Die Idee der Basismodelle geht dabei davon aus, dass der Charakter der anzustrebenden Kompetenz und der Lernweg, wie diese erreicht werden kann, sich gegenseitig bedingen und deshalb spezifische Unterrichtsarrangements beschrieben werden können. „Das Basismodell besteht aus einer, für jeden Lernenden absolut notwendigen, feststehenden Kette von Operationen oder Operationsgruppen, die nicht durch etwas anderes ersetzt werden können. Der ganzheitliche Charakter dieser jeweiligen Kette wird bestimmt durch a) lernpsychologische Gesetzmäßigkeiten einerseits, und b) durch den Typ des Ziels andererseits. Beide gehören zusammen." (ebd., 8). Oser und Kollegen identifizieren 14 derartiger Basismodelle, wie z. B. entdeckendes Lernen, Problemlösen oder Routinebildung und Training von Fertigkeiten. In der unterrichtlichen Choreographie werden diese Basismodelle Wirklichkeit, d. h. in solchen Choreographien wird die idealtypische Handlungskette, die das gewählte Basismodell kennzeichnet, im realen Unterricht durchgeführt. Die Metapher der Choreographie deutet dabei an, dass die grundsätzliche Abfolge der einzelnen Lernschritte im Unterricht zwar durch das Basismodell vorgegeben ist, die konkrete Umsetzung sich jedoch so weit von diesen Vorgaben löst, wie es die konkrete Situation notwendig macht.

Ohne sich explizit auf den Begriff der Choreographie zu berufen, identifiziert Norbert Brieden in den Planungsmodellen für den Religionsunterricht vier derartiger „Artikulationsmodelle" (2021, 363), von denen sich eines an den Subjekten, ein anderes an den Lernprozessen, ein drittes an offenen Lernumgebungen und ein viertes an der Informationsverarbeitung orientiert. Demnach schlägt Hans Schmid (1997) eine konsequent subjektorientierte Unterrichtschoreographie vor, die durch vielfältige Prozesse des Ausbalancierens antinomischer Lernmomente die Schülerinnen und Schüler ganzheitlich durch den Lernprozess führt. Ihm geht es um einen Religionsunterricht, der die richtige Balance findet zwischen Innen- und Außenorientierung, Eindruck und Ausdruck, Neugierde und Besinnung oder Fokussierung und Öffnung. Dazu gliedert er den Unterrichtsverlauf in sechs Phasen, nämlich die Vorphase, die dramaturgische Platzierung, die Erarbeitung, die Sicherung bzw. Vertiefung, die Phase des Ausdrucks bzw. der Gestaltung und den Ausklang. In charakteristischer Weise berücksichtigt Schmid die Person der bzw. des Lernenden im

Unterrichtsprozess, was daran deutlich wird, dass er mit der Vorphase und dem Ausklang zwei Zeitabschnitte beschreibt, die in klassischen Artikulationen nicht zum eigentlichen Unterricht zählen. Folgt man Schmid, hängt der Lernerfolg der Schülerinnen und Schüler wesentlich davon ab, dass sie sich im Unterricht ernst genommen und emotional mitgenommen fühlen, sodass die von ihm vorgeschlagene Choreographie sich wesentlich an beiden Aspekten orientiert.

Gerhard Büttner et al. (2014) setzen dagegen bei den Sozialformen des Unterrichts an, um sowohl dem konstruktivistischen Charakter jeglichen Lernprozesses als auch der Tatsache, dass in der Schule gemeinsam gelernt wird, gerecht zu werden. In diesem Sinn gliedern sie ihre Choreographie in die Phasen der Kontextualisierung, des Eindrucks, des Ausdrucks und des Austauschs. Dabei geht es der Kontextualisierung darum, dass die Lernenden einen individuellen Zugang zum Thema finden, inklusive der Irritationen, die es bei ihnen auslöst. In der Phase des Eindrucks kommt es zur sachlichen Auseinandersetzung mit dem Thema, sodass in der Phase des Ausdrucks eine individuell gültige Lösung gefunden werden kann. Im Austausch werden diese individuellen Lösungen gegeneinander abgeglichen, dass die Schülerinnen und Schüler im Sinn der Ko-Konstruktion voneinander lernen.[10]

Aus Platzgründen können beide Choreographien hier weder präziser beschrieben, noch ihre Stärken und Herausforderungen diskutiert werden. Entscheidend ist der Hinweis darauf, dass jeglicher Unterricht konkreten Phasen folgt, die den Schülerinnen und Schülern in ihrer Abfolge ein spezifisches Lernangebot eröffnen und dass eine Variation der Lernschritte auch den Charakter des Lernangebots verändert. Darüber hinaus werden für den Religionsunterricht verschiedene Choreographien diskutiert, die jeweils andere Aspekte dieses Unterrichts in den Mittelpunkt rücken. Wenn im Folgenden also eine Choreographie im Detail beschrieben wird, die sich dezidiert an der Verarbeitung von Informationen ori-

---

[10] Die dritte von Brieden identifizierte Choreographie bezieht sich auf offene Lernumgebungen, wie sie z. B. in Projekt- oder Freiarbeit zur Anwendung kommen und erstreckt sich auf eine gesamte Unterrichtssequenz. Sie geht damit über das Ziel dieses Bandes, die Leserinnen und Leser zur Gestaltung einer Religionsstunde zu befähigen, hinaus. Die vierte Choreographie, die sich an der Verarbeitung von Informationen orientiert, wird im Folgenden beschrieben.

entiert, ist das keine Wertaussage über alternative Choreographien, sondern eine Fokussierung auf eine unter vielen angemessenen Zugängen, Religion an öffentlichen Schulen zu unterrichten.

Typische Phasen des Unterrichtsverlaufs

Bemisst man den Lernprozess an der Informationsverarbeitung, die in ihm stattfindet, lässt sich der Unterrichtsverlauf in sechs Phasen einteilen: Motivation – Themenstellung – Informationsbeschaffung – Erkenntnisgewinn – Sicherung – Vertiefung/Transfer. Sie werden im Folgenden in ihrer Funktion für den Lernprozess beschrieben.

Motivation

Unterricht folgt in Deutschland in der Regel einem 45-Minuten-Rhythmus. Für die Schülerinnen und Schüler bedeutet das, dass sie sich ständig auf neue Inhalte, Lernformen und Kommunikationsstile einstellen müssen. Speziell im Religionsunterricht steht der Fachwechsel häufig auch für einen Wechsel im Unterrichtsstil und in der Arbeitsatmosphäre. Zu Beginn einer Unterrichtsstunde werden von den Schülerinnen und Schülern also vielfältige Orientierungsleistungen verlangt. Die Motivationsphase gibt ihnen den Raum, sich auf das neue Fach und das Thema der Stunde einzustellen.

Die Motivationsphase bietet den Schülerinnen und Schülern Gelegenheit, den Nachhall der vorangegangenen Stunde ausklingen zu lassen und sich in das Thema der kommenden Stunde einzudenken. Dazu muss sich die Motivationsphase inhaltlich bereits auf das Unterrichtsthema beziehen. In Unterrichtsversuchen lässt sich oft beobachten, dass der eigentlichen Einführung in das Thema eine Phase vorausgeht, in der sich die Klasse innerlich sammelt, z. B. mit einem Gebet, einem musikalischen Impuls oder einer Traumreise. Charakteristisch für derartige Sammlungsphasen ist es, dass sie keinerlei inhaltliche Bezüge zum Kommenden aufweisen. Ein derartiger Stundenanfang lässt sich gut begründen (vgl. Schmid 1997, 21–31), führt jedoch zu einem doppelten Beginn, nämlich einem atmosphärischen und einem inhaltlichen. Aus Zeitgründen und da der inhaltliche Bezug das Stimulieren einer Arbeitsatmosphäre nicht ausschließt, scheint uns ein doppelter Beginn in dieser Hinsicht problematisch. Die Motivationsphase eröffnet somit möglichst viele inhaltliche Anknüpfungspunkte an das Unterrichtsthema und ermöglicht so eine erste kognitive Aktivierung im Sinne Feindts. Diese Offenheit im Zugang erlaubt es den Schülerinnen und Schülern, ihren eigenen Weg ins Thema zu finden und aktiviert viele von ihnen, mitzudenken und sich auf das Thema einzulassen. Im klassischen Brainstorming zu einem vorgegebenen Stichwort wird diese Offenheit zum Beispiel durch die Bandbreite der möglichen Antworten erreicht, bei der Bildbetrachtung durch die Vielfalt der beobachtbaren Details, aus denen sich das Bild erschließt.

Ferner weckt die Motivationsphase Interesse für das Unterrichtsthema. Sie gibt den Schülerinnen und Schülern Gelegenheit, sich für das Thema zu begeistern und einen persönlichen Bezug zu ihm zu finden. Um diese Motivationsfunktion frei von kaum erfüllbaren Ansprüchen zu halten, scheint uns die Unterscheidung zwischen intrinsischer und extrinsischer Motivation notwendig. Bei der intrinsischen Motivation erwächst die Begeisterung für ein Thema aus der lernenden Person heraus. Versteht man die Motivationsfunktion im Sinn dieser Motivation, setzt man sich unter Umständen einen unmöglichen Maßstab. Bei der extrinsischen Motivation wird das Interesse für ein Thema dagegen durch das Umfeld geweckt. Sie wird in der Regel schon dann erreicht, wenn der Inhalt der Motivationsphase nachvollziehbar und ansprechend präsentiert wird. Die logische Schlüssigkeit der Gedankenführung, ein angemessenes Tempo in der Entwicklung der Gedankenschritte und die Anschaulichkeit und Lebensnähe der Inhalte sind Kennzeichen einer derartigen Präsentation, die dann auch den lebensweltlichen Anspruch eines kompetenzorientierten Religionsunterrichts bedient.

Weiterhin stellt die Motivationsphase den thematischen Anschluss an die vorangegangene Religionsstunde her. Sie macht den roten Faden der Unterrichtsreihe sichtbar und ordnet das neue Thema in ihn ein. Jede Reihe zeichnet sich durch einen inhaltlichen Spannungsbogen aus und steht für eine besondere Perspektive auf den Unterrichtsgegenstand. Diese Dynamik können die Schülerinnen und Schüler in der Bearbeitung des Unterrichtsthemas aufgreifen, wenn sie seinen Zusammenhang mit dem bisher Erarbeiteten erkennen. So steht sie z. B. auch im Dienst der horizontalen und vertikalen Wissensvernetzung nach Feindt.

Schließlich etabliert die Motivationsphase die Arbeitsatmosphäre. Sie macht die Schülerinnen und Schüler mit der Art und Weise der Entwicklung des Unterrichtsthemas vertraut. Der Religionsunterricht unterscheidet sich atmosphärisch von den meisten Fächern. Bereits inhaltlich spielen eigene Erlebnisse in der Erarbeitung eine große Rolle, was einen anderen Gesprächsstil untereinander erfordert als der Austausch über reine Fakten. Außerdem lassen sich viele Fragen nicht eindeutig mit ja oder nein beantworten, was dazu führt, dass die Beantwortung solcher Fragen vom individuellen Zugang abhängen. Dabei ist es notwendig, dass das Stilversprechen der Motivationsphase in der folgenden Stunde auch eingelöst wird. So aktiviert z. B. ein Brainstorming primär den kognitiven Bereich und eignet sich daher nicht als Motivation für eine meditative Stunde. Insgesamt erfüllt die Motivationsphase folgende Funktionen:

- die Einführung in die Unterrichtsthematik,
- das Wecken von Interesse dafür,
- die Einordnung des Themas in den roten Faden der Unterrichtsreihe und
- die Herstellung der Arbeitsatmosphäre.

Sie richtet den Lernprozess inhaltlich und atmosphärisch auf das angestrebte Ziel aus und trägt so zur Öffnung der Schülerinnen und Schüler für die Thematik bei.

Themenstellung

Die Motivationsphase ist eher breit angelegt, um möglichst vielen Schülerinnen und Schülern einen Zugang zum Unterrichtsthema zu ermöglichen. Sie führt in das Thema ein, lässt es aber noch unbestimmt und facettenreich. In der Phase der Themenstellung wird deshalb das Unterrichtsthema eindeutig formuliert. Sie klärt die Schülerinnen und Schüler über den genauen Gegenstand und den Bezugspunkt der folgenden Erarbeitung auf. Sie gewährt den Lernenden die Sicherheit, dass ihre Vermutungen aus der Motivationsphase hinsichtlich des Themas zutreffen. Es wird Komplexität reduziert, indem offene Fragen zu den angezielten Teilkompetenzen beantwortet werden. Und wer sich bisher noch nicht in den Lernprozess eingeklinkt hat oder einklinken wollte, hat nun die Gelegenheit, dies zu tun.

Durch die Formulierung des Themas wird die Aufmerksamkeit der Klasse gebündelt. Dazu ist es notwendig, dass das Thema explizit genannt wird, so dass alle wissen, worum es in der Stunde geht. Das kann durch die Lehrkraft geschehen, das Thema kann aber auch von den Kindern oder Jugendlichen genannt werden. Wichtig ist, dass es von allen wahrgenommen wird – was zum Beispiel dadurch erreicht werden kann, dass das Unterrichtsthema an die Tafel geschrieben wird. Die Themenstellung soll also

- über die angezielte(n) Teilkompetenz(en) informieren und
- die Aufmerksamkeit der Klasse bündeln.

Im Vergleich zu den anderen Unterrichtsphasen erstreckt sich die Themenstellung über einen sehr kurzen Zeitraum. Im Extremfall besteht sie aus einem Satz der Lehrperson. Gleichwohl ist sie für den Unterrichtsprozess von großer Bedeutung. So lässt sich in Stunden, in denen die Themenstellung ausgelassen wurde, oft gut rekonstruieren, wie Irritationen in den Phasen der Informationsbeschaffung und des Erkenntnisgewinnes daher rühren, dass sich die Schülerinnen und Schüler unsicher waren, auf was sie die gegebenen Informationen beziehen sollten.

Informationsbeschaffung

Mit der Phase der Informationsbeschaffung beginnt die eigentliche Erarbeitung des Stundeninhalts. Durch den bisherigen Unterrichtsverlauf sind die Schülerinnen und Schüler auf das Kommende eingestimmt und haben ein klares inhaltliches Ziel vor Augen. Nun benötigen sie die Informationen, anhand derer sie die angezielten Teilkompetenzen entwickeln können. Dies ist die Aufgabe der Phase der Informationsbeschaffung.

Sie versorgt die Schülerinnen und Schüler mit den Informationen, die sie brauchen, um das Unterrichtsthema bearbeiten zu können. Die Quelle der Informationen ist dabei von der angestrebten Kompetenzerwartung der Stunde abhängig. Die Sachverhalte können medial präsentiert werden, etwa durch Texte, Filme oder Anschauungsobjekte, sie können aber auch aus dem Erleben der Kinder oder Jugendlichen selbst rekonstruiert werden. Hier kann sich die Kreativität der Unterrichtenden voll entfalten. Es sollte jedoch bedacht werden, dass Methoden und Medien stets im Dienst der zu vermittelnden Informationen stehen (s. u.). Unnötiger Methoden- und Medieneinsatz lenkt eher vom Inhalt ab und kann inhaltliche Lücken nicht kompensieren. Zudem verändert sich eine Information mit dem Medium, durch das sie präsentiert wird. Hört man etwa einen Song, steht die ästhetische Wahrnehmung im Vordergrund, während viele Aspekte des Songinhalts eher nicht erinnert werden. Liest man dagegen nur den Songtext, sind die Inhalte leicht rekonstruierbar, aber die ästhetische Anmutung fehlt fast vollständig. Ferner gilt, wie schon in der Motivationsphase, dass die Informationen gemäß dem Entwicklungsstand der Schülerinnen und Schüler aufbereitet sein müssen und ansprechend präsentiert sein sollten.

Die Phase der Informationsbeschaffung erfüllt also die Funktion der Bereitstellung der notwendigen Informationen. Im Sinne Feindts trägt sie zur kognitiven Aktivierung bei und weist im besten Fall Elemente der individuellen Lernbegleitung auf.

Erkenntnisgewinn

Mit dem Durchlaufen der Informationsbeschaffung sind die notwendigen Sachverhalte zur Bearbeitung des Unterrichtsthemas aufgedeckt. Sie stehen für eine weitere Bearbeitung zur Verfügung, liegen aber noch quasi im Rohzustand vor. Weder sind sie im Einzelnen diskutiert, noch in ihrem Zusammenhang erörtert. Beides ist Aufgabe der Phase des Erkenntnisgewinns. Sie versichert die Schülerinnen und Schüler darüber, dass sie die erarbeiteten Informationen richtig verstanden haben, und klärt sie über deren Bedeutung auf. Zum einen werden Irrtümer in der Informationsbeschaffung korrigiert. Zum anderen wird ein Verständnis der gewonnenen Informationen formuliert und vertieft.

Ferner werden die gesammelten Informationen aufeinander bezogen, was im Sinn Feindts der horizontalen Wissensvernetzung dient. Die Phase des Erkenntnisgewinns erlaubt es den Schülerinnen und Schülern, Zusammenhänge herzustellen und ein geschlossenes Bild über den erarbeiteten Gegenstand zu gewinnen. Dieser Schritt baut auf der Rückversicherung über die einzelnen Sachverhalte auf und führt den Lernprozess weiter. Hierbei sind vielfältige Verfahren der Synthese denkbar, die je nach Stundenziel stärker durch die Lehrperson gelenkt werden oder aber die Selbsttätigkeit der Schülerinnen und Schüler nutzen. Um Missverständnisse zu vermeiden, sollten aber wesentliche Erkenntnisse in der gesamten Klasse besprochen werden.

In der Phase des Erkenntnisgewinns ändert sich die Lernrichtung somit von der Aufnahme von Informationen zu deren Verarbeitung und Präsentation. Dass kann individuell geschehen, wird in vielen Fällen aber gemeinsam im Sinn einer Ko-Konstruktion erfolgen. Im kollektiven Ringen um einen angemessenen Ausdruck des Lernergebnisses wird das neu Erkannte auf den Begriff gebracht und damit für weiteres Lernen zur Verfügung gestellt. Insgesamt soll die Phase des Erkenntnisgewinnes also

- die erarbeiteten Informationen rückversichern und
- den Zusammenhang zwischen den Informationen herausarbeiten

Sie markiert einen vorläufigen Endpunkt in der Entwicklung des Unterrichtsthemas, das nun in seinen Einzelheiten und in seinem Zusammenhang erarbeitet vorliegt.

Sicherung

Im Anschluss sollte das Erkannte gesichert werden. Dies ist die Aufgabe der Sicherungsphase. Dazu werden die Arbeitsergebnisse gültig formuliert und ihnen eine für alle verbindliche Form gegeben. Hierbei kann diskutiert werden, wer wie stark für die endgültige Darstellung verantwortlich sein und wie standardisiert das Erkannte dokumentiert werden soll. Je stärker die Schülerinnen und Schüler in die Formulierung einbezogen werden, umso größer ist die Wahrscheinlichkeit, dass das Ergebnis in deren Vorstellungswelten ausgedrückt wird. Gerade bei lebensweltlichen Themen wie etwa Fragen zu den eigenen Stärken und Schwächen, bei denen der fachwissenschaftliche Anteil eher gering ist, scheint es u. E. sogar geboten, der Klasse ein großes Gewicht in der Formulierung des Ergebnisses einzuräumen.

Mit der Formulierung der Arbeitsergebnisse wird die Klasse darüber hinaus auf einen gemeinsamen Erkenntnisstand gebracht. In der Phase der Sicherung können sich die Schülerinnen und Schüler selbst vergewissern, ob sie den Unterrichtsgegenstand angemessen durchdrungen haben. Das entwickelte Unterrichtsthema ist während der Informationsbeschaffung und des Erkenntnisgewinns in verschiedenen Versionen in der Klasse präsent. Jede und jeder macht sich seine eigene Vorstellung vom Thema; bereits kleine Unterschiede können Fragen hervorrufen, ob der eigene Erkenntnisstand richtig ist. Außerdem muss damit gerechnet werden, dass sich einige Kinder und Jugendliche aus der Entwicklung des Unterrichtsgegenstandes ausgeklinkt haben. Die sichernde Darstellung der Arbeitsergebnisse bietet der Klasse die Gelegenheit, sich des Standes der Diskussion zu vergewissern. Wiederum können Missverständnisse ausgeräumt und Lücken aufgefüllt werden. Ferner ist es möglich, die eigene Vorstellung mit der allgemein verbindlichen Darstellung abzugleichen und somit Sicherheit für den weiteren Lernprozess zu entwickeln.

Schließlich wird der Erkenntnisstand in der Sicherungsphase dokumentiert. Dadurch können die Schülerinnen und Schülern zu einem späteren Zeitpunkt noch auf die Arbeitsergebnisse zurückgreifen. Die Sicherung wird in der Regel als Hefteintrag oder durch das Ausfüllen eines Arbeitsblattes erfolgen, es sind aber auch kreative Formen und im Bereich der Sekundarstufe auch mündliche oder mitlaufende Formen der Sicherung denkbar.

Offensichtlich sind die Phasen des Erkenntnisgewinns und der Sicherung eng aufeinander bezogen, die Übergänge bisweilen fließend. In der Regel nimmt die Sicherungsphase das auf, was sich als sich bewährende Erkenntnis am Ende des Erkenntnisgewinns herauskristallisiert hat. Zugespitzt kann festgehalten werden, dass in der Phase des Erkenntnisgewinns Neues entsteht, während in der Phase der Sicherung „nur“ bereits Bearbeitetes dokumentiert wird. In der Sicherungsphase kommen somit die folgenden Funktionen zum Tragen:

- die Formulierung der verbindlichen Darstellung der Arbeitsergebnisse
- das Bündeln des Erkenntnisfortschritts der Klasse und
- die Dokumentation des Standes der Diskussion.

Sie liefert somit die gemeinsame Plattform, von der aus das Unterrichtsthema weiter bearbeitet werden kann.

Vertiefung/Transfer

Je nach Gegenstand und angezieltes Kompetenzprofil ist es nun möglich, Gelerntes einzuüben, zu vertiefen oder auf neue Sachverhalte anzuwenden. Dies ist die Aufgabe der Vertiefungs- bzw. Transferphase.

In der Vertiefungsphase können neu gelernte Verfahren oder Wissensbestände übend eingeprägt werden. Sie bietet den Schülerinnen und Schülern die Möglichkeit, ihr neues Wissen und Können anzuwenden und dadurch Sicherheit im Umgang mit ihm zu erreichen. Speziell im Religionsunterricht sind standardisierte Verfahren wie etwa die Technik des synoptischen Vergleichs eher selten und es hängt von Lehrertyp ab, ob bestimmte Inhalte wie etwa Gebete oder die Zehn Gebote im Unterricht memoriert werden sollen. Prinzipiell besteht in der Vertiefungsphase jedoch die Möglichkeit dazu.

Wahrscheinlicher wird die Vertiefungsphase im Religionsunterricht dazu genutzt, neue Perspektiven zu eröffnen und ihre neu erworbenen Kenntnisse und Fähigkeiten auf andere Situationen zu übertragen. Sie bietet den Schülerinnen und Schülern die Gelegenheit, ihre aktuelle Vorstellung vom Unterrichtsthema zu vertiefen, indem sie alternative Zugänge zu ihm nachvollziehen. Wurde in einer Stunde, die den Bau der Arche durch Noah zum Inhalt hatte, etwa dessen Vertrauen in Gott herausgearbeitet, kann diese Erkenntnis durch den Perspektivenwechsel, was denn die Zeitgenossen über Noah dachten, problematisiert werden. Durch neue Perspektiven können die Schülerinnen und Schüler somit zu einem vertieften Verständnis des Gegenstandes kommen und die neuen Kompetenzerweiterungen im Sinne Feindts einüben.

Ferner ermöglicht die Vertiefungsphase den Transfer der gewonnenen Einsichten auf neue Themengebiete. Sie erweitert das Verständnis des Unterrichtsthemas, indem sie die Arbeitsergebnisse auf bisher noch nicht erörterte Zusammenhänge anwendet. In der Regel wird ein Sachverhalt an einem konkreten Beispiel erarbeitet und von ihm auf eine allgemeinere Gültigkeit geschlossen. Durch dieses Verfahren ist die Anschaulichkeit des Lernprozesses gewährleistet. Im vertiefenden Transfer wird der erarbeitete Sachverhalt nun in weiteren Beispielfällen erprobt, die sich in ihrer Struktur vom Ausgangsbeispiel unterscheiden. Der Schluss von der biblischen Botschaft auf den Alltag der Kinder und Jugendlichen stellt zum Beispiel einen derartigen Transfer dar. Er bietet der Klasse eine Erweiterung ihres Verständnishorizontes zum Unterrichtsthema, indem er die Bandbreite der Gültigkeit der Arbeitsergebnisse auslotet. So kann hier zum Beispiel auch das Merkmal der lebensweltlichen Anwendung nach Feindt zum Tragen kommen, wenn die neue Transfersituation sich in der Lebenswelt der Schülerinnen und Schüler verorten lässt.

Die Vertiefungsphase rundet den Lernprozess ab. Sie hilft den Schülerinnen und Schülern, ihre neu erworbenen Kenntnisse in ihr bisheriges Wissen einzuordnen und ihre Beschäftigung mit dem Unterrichtsthema abzuschließen. Dieser Abschluss hat eine kognitive Dimension. Wesentlich ist aber auch die emotionale bzw. atmosphärische Dimension. Vor allem wenn ein Zusammenhang mit dem Einstieg hergestellt werden kann, kann die Klasse den Eindruck gewinnen, dass die Sache „rund“ ist. Zufriedenheit mit dem Erreichten kann sich einstellen. Speziell in Religionsstunden, in der eine persönliche Thematik bearbeitet wurde oder eine besinnliche, meditative Atmosphäre geherrscht hat, scheint uns dieser Schlusspunkt wichtig. Er gibt den Schülerinnen und Schülern die Gelegenheit, mit der Stunde abzuschließen und wieder auf den „normalen“ Schulalltag umzuschalten. Insgesamt erfüllt die Vertiefungs- bzw. Transferphase folgende Funktionen:

- das Einüben der erarbeiteten Kenntnisse und Verfahren oder
- die Eröffnung neuer Perspektiven auf den entwickelten Sachverhalt oder
- den Übertrag des Unterrichtsthemas auf neue Situationen.

Gleichzeitig rundet sie den Lernprozess ab. Mit der Vertiefungsphase ist der Lernprozess an sein vorläufiges Ende gekommen.

Choreographische Gestaltungsspielräume

Das eben beschriebene Phasenmodell orientiert sich an einem Unterricht, der sich an der Verarbeitung von Informationen orientiert. Es definiert seine wesentlichen Unterrichtsphasen, eröffnet aber gleichzeitig auch Spielräume für seine Inszenierung. Im Folgenden wird auf zwei unterschiedliche Dimensionen solcher Spielräume eingegangen, nämlich organisatorische und kompetenzbezogene.

Organisatorische Gestaltungsspielräume

Die Darstellung der verschiedenen Unterrichtsphasen und ihrer Funktionen für den Lernprozess folgt einer kognitiven Dynamik. Die Stunde beginnt auf einem relativ niedrigen Aktivierungsniveau innerhalb der Klasse. Die Schülerinnen und Schüler sind in der Zeit zwischen den Stunden zerstreut. In der Motivierungsphase wird die Aufmerksamkeit der Klasse auf das Unterrichtsthema fokussiert und die Arbeitsatmosphäre bereitet.

Aufmerksamkeit und Konzentration in der Klasse steigen. Die Themenstellung bündelt die verschiedenen Zugänge zur Thematik und leitet in die Phase der Informationsbeschaffung über. Sind Motivation und Informationsbeschaffung aufeinander abgestimmt, nimmt die Konzentration während der Auseinandersetzung mit dem Unterrichtsgegenstand weiter zu und gipfelt im Erkenntnisgewinn. Im Durchdenken der neuen Erkenntnisse und bei deren Sicherung wird eine relative Ruhephase im Aktivierungsniveau der Klasse durchlaufen. Die Schülerinnen und Schüler vergewissern sich des Erreichten und dokumentieren es. Durch die neue Perspektive, die in der Phase der Vertiefung geboten wird, steigt die Unterrichtsintensität nochmals an, um dann zum Abschluss der Stunde auszuklingen.

Diese Dynamik bietet gewisse Gestaltungsräume. Eine erste Möglichkeit ist der wiederholte Durchlauf von Informationsbeschaffung, Erkenntnisgewinn und Sicherung. In dieser Rhythmisierung wechseln Phasen hoher Konzentration mit Phasen relativer Entspannung. Diese Version des Ausgangsmodells bietet sich an, wenn der Unterrichtsgegenstand in mehreren Schritten entwickelt werden kann. Ferner scheint eine derartige Rhythmisierung dann geboten, wenn sich die Klasse nicht über einen längeren Zeitraum konzentrieren kann.

Abb 1.: Variationen des Phasenmodells zum Unterrichtsverlauf

Ausgangsmodell	Variante I	Variante II
Motivation Themenstellung	Themenstellung Motivation	Motivation Themenstellung
Informationsbeschaffung Erkenntnisgewinn	Informationsbeschaffung Erkenntnisgewinn	Informationsbeschaffung Erkenntnisgewinn
Sicherung Vertiefung/Transfer	Sicherung Vertiefung/Transfer	Vertiefung/Transfer Sicherung

Auch Änderungen der Reihenfolge sind u. U. möglich (vgl. Abb. 1). Im Vergleich der Varianten mit dem Ausgangsmodell wird deutlich, dass sich der Gestaltungsspielraum in der Abfolge der Unterrichtsphasen auf Stundenbeginn und Stundenende konzentriert. Der Mittelteil mit Informationsbeschaffung und Erkenntnisgewinn kann hingegen nicht variiert werden, weil beide Phasen notwendig aufeinander folgen.

Am Stundenbeginn können Motivation und Themenstellung getauscht werden. In der neuen Phasenfolge wird die Klasse zu Beginn der Stunde über das zu entwickelnde Thema informiert, um dann durch die Motivationsphase und die Informationsbeschaffung hindurch zum Erkenntnisgewinn zu gelangen. Beide Phasen erfüllen weiterhin ihre Funktionen. Der Vorteil dieser Variante liegt auf der Hand: Durch den unmittelbaren Übergang von der Motivation in die Informationsbeschaffung kann die Dynamik der Motivationsphase ungebrochen für die Entwicklung des Sachverhalts genutzt werden. Ferner wissen die Schülerinnen und Schüler von Beginn an, worauf es in den folgenden 45 bzw. 90 Minuten ankommt. Umgekehrt bleibt aber zu bedenken, dass der Klasse bei dieser Variante quasi ein Kaltstart abverlangt wird. Für die Lehrkraft bedeutet diese Variante einiges an Disziplinarbeit zu Stundenbeginn, denn die Klasse muss beruhigt werden, um das Thema zu verstehen. Schließlich bleibt zu bedenken, dass es bei Variante I keine eigenständige Phase gibt, in der die Individualität der Motivation in Richtung der Informationsbeschaffung gebündelt wird. Nimmt man diese Einwände ernst, scheint Variante I vor allem dann angebracht, wenn die Motivationsphase und die Informationsbeschaffung eng miteinander verknüpft sind. Das kann z. B. dann der Fall sein, wenn in beiden Phasen mit derselben Quelle, etwa einem Bild, gearbeitet wird.

Die zweite Veränderung der Phasenabfolge findet sich zum Ende der Stunde, indem bei Variante II Sicherung und Vertiefung ihre Plätze tauschen. Der Vorteil von Variante II liegt darin, dass die neuen Erkenntnisse sofort hinterfragt und in neue Zusammenhänge gesetzt werden. Ein unmittelbares, tieferes Verstehen ist die Folge, eventuell kann sich dieses tiefere Verstehen sogar in einer anderen Sicherung niederschlagen. Der Preis ist ein veränderter Rhythmus der Stunde, denn die relative Ruhephase der Sicherung wird an das Stundenende geschoben. Ferner fehlt zwischen Erkenntnisgewinn und Vertiefung eine Phase, die die Arbeitsergebnisse zusammenfasst. Dies kann einen hohen Grad an Komplexität im Unterrichtsgeschehen bedeuten. Gewichtiger noch ist das Problem, dass Schülerinnen und Schüler, die dem bisherigen Lernprozess nicht folgen konnten, keine Gelegenheit mehr haben, zum aktuellen Stand der Diskussion aufzuschließen. Lücken können kaum gefüllt werden, Missverständnisse sich in die Vertiefung hinein fortsetzen. Insgesamt ist Variante II also technisch möglich, in ihrer Dynamik jedoch risikobehaftet und nur aufwändig zu kontrollieren.

In diesem Zusammenhang sei kurz erwähnt, dass die lernpsychologische Dynamik, aus der sich das vorgestellte Modell speist, auch ohne die Vertiefungsphase funktioniert. Mit der Sicherung ist das neue Wissen in die vorfindlichen Wissensstrukturen eingebunden und die neuen Kenntnisse stehen für weitere Lernprozesse zur Verfügung. Diese Struktur wird in der Vertiefung differenziert, etc., was Sinn macht, aber nicht unabdingbar ist. Eine Stunde ohne Vertiefung ist daher lernpsychologisch nicht fehlerhaft, auch wenn sie nicht dem vorgestellten Modell entspricht.

Abschließend soll noch ein weiterer Gestaltungsspielraum aufgezeigt werden, der innerhalb der skizzierten Phasen ein weiteres Unterrichtselement einfügt. Auch im Religionsunterricht müssen Noten gemacht werden und eines der klassischen Mittel zu diesem Zweck sind die sog. Abfragen bzw. Rechenschaftsablagen. Oft finden sie vor dem eigentlichen Unterricht statt. Auf der einen Seite kann sich die Klasse dann ganz dem Unterricht widmen, ohne Angst vor der Abfrage zu haben. Auf der anderen Seite wird eine Schülerin oder ein Schüler aus dem Stand heraus zu einem Thema befragt, ohne Hinführung und praktisch zusammenhangslos. Alternativ zur skizzierten Praxis könnte die Rechenschaftsablage zwischen Motivationsphase und Themenstellung als knappe Wiederholung des Outcomes der letzten Stunde platziert werden. Innerhalb der Phase der Informationsbeschaffung fände die Rechenschaftsablage ihren Platz, wenn die Inhalte der letzten Stunde für den Erkenntnisgewinn der aktuellen Stunde herangezogen werden. Schließlich kann die Abfrage auch in der Vertiefungsphase geschehen, falls die neuen Arbeitsergebnisse mit denen der letzten Stunde verglichen werden können. Eine derartige Praxis würde zusätzlich zu einer „Humanisierung“ der Abfrage führen, in der Leistungsbeurteilung auch als Aussagen für die Schülerinnen und Schüler begriffen werden können, die die Möglichkeiten der Weiterentwicklung aufzeigen (vgl. Schwab 2018, 60; 62). Denn eines liegt auf der Hand: Wo immer die Rechenschaftsablage im Unterrichtsverlauf platziert wird, wird sie nur dann die Dynamik des Lernprozesses nicht unterbrechen, wenn sie als natürliches Zwiegespräch durchgeführt wird.

Kompetenzbezogene Gestaltungsspielräume

Neben diesen Varianten in der Organisation des Lernprozesses lassen sich die einzelnen Phasen unterschiedlich inszenieren, und zwar in Abhängigkeit von der Art und Weise, welche Teilkompetenz gefördert werden soll. Im Zusammenhang mit der wertbildenden Dimension des Religionsunterrichts wird oft unterschieden, ob Schülerinnen und Schüler einen vorfindlichen Sachverhalt reproduzieren sollen, ob sich die Kinder und Jugendlichen ihrer eigenen Einstellung bewusst werden sollen oder ob die verschiedenen Perspektiven auf eine für sich genommen unentscheidbare Fragestellung besprochen und diskutiert werden (z. B. Ziebertz 1990, 21–74). Das erste Szenario entspricht den beiden Oserschen Basismodellen des Wissensaufbaus bzw. der Konzeptbildung (vgl. Oser et al., 1997). In beiden Modellen herrscht eine rekonstruktive Lerndynamik vor, insofern sich die Schülerinnen und Schüler einen wissenschaftlich abgesicherten Inhalt aneignen und diesen sachlich korrekt wiedergeben bzw. anwenden. Die zweite Konstellation wird durch das Basismodell des Lernens durch Eigenerfahrung abgedeckt, in dem die Kinder oder Jugendlichen sich ihres eigenen Erlebens oder ihrer eigenen Zugänge zu einem Sachverhalt bewusst werden (vgl. Oser et al., 1997). Die dritte Konstellation verlangt entweder nach dem Basistyp des entwicklungsfördernden Lernens oder dem des Wert- bzw. Identitätsaufbaus (vgl. Oser et al., 1997). In beiden Basismodellen stehen Fragestellungen im Mittelpunkt, auf die man verschiedene Antworten geben kann. In beiden Modellen wird diese Divergenz produktiv für den Lernprozess genutzt, indem sich die Schülerinnen und Schüler mit den verschiedenen Perspektiven auseinandersetzen, sie gegeneinander abwägen und einen eigenen Standpunkt innerhalb der gegebenen Optionen beziehen. Die drei skizzierten Konstellationen sind somit mit pädagogischen Grundentscheidungen verbunden, welche Art der Kompetenzentwicklung angestrebt wird. Alle drei lassen sich innerhalb des oben beschriebenen Phasenmodells realisieren lassen.

Eine Choreographie der Rekonstruktion legt den pädagogischen Schwerpunkt auf die Erarbeitung des Lerngegenstands. Die Inhalte werden so präsentiert, dass sie von den Schülerinnen und Schülern in möglichst identischer Form erfasst und verinnerlicht werden. Dieses Vorhaben ist umso besser gelungen, je größer die Übereinstimmung zwischen dem zu erarbeitenden Inhalt und dem Wissen bzw. den Kompetenzen ist, das bzw. die die Kinder und Jugendlichen am Ende der Stunde zeigen. Bei der Rekonstruktion wird davon ausgegangen, dass die Inhalte des Religionsunterrichts objektiv vorliegen. Die Problematisierung dieser Inhalte im Unterricht selbst hat nur eine didaktische Funktion: Sie wird angeregt, um den Kindern und Jugendlichen einen besseren Zugang zum Unterrichtsthema zu ermöglichen. Fragen zum Stoff sollen den Lernenden helfen, die Inhalte besser zu begreifen. Eine Veränderung der Inhalte im Lernprozess ist nicht angezielt. Damit sind die Rollen im Konzept Rekonstruktion klar verteilt: Die Lehrperson ist Experte hinsichtlich des Stoffes und dessen Arrangements. Sie bzw. er ist durch die Ausbildung in die Lage versetzt, den Inhalt fachgerecht und entsprechend der verschiedenen Lernausgangslagen zu präsentieren und im Fall der Fälle auf Fragen eine angemessene Antwort zu geben. Die Schülerinnen und Schüler sind die Adressaten dieses inhaltlichen Angebots und sie rezipieren den Stoff. Ihre eigenen Fragen deuten auf Lücken in der Kompetenzentwicklung hin, haben aber nicht die Funktion, die Inhalte selbst in Frage zu stellen. Im Kontext der Kompetenzorientierung scheint das Übertragen aus der Zeit gefallen, sollen die Schülerinnen und Schüler doch zur Lösung prinzipiell offener Probleme befähigt werden. Allerdings sind auf dem Weg zu derartigen Kompetenzen auch Teilkompetenzen angezeigt, die auf einem reproduktiven Anforderungsniveau angesiedelt werden können (z. B. Sachkompetenz). Wer etwa kompetent mit der Bibel umgehen will, muss auch etwas über den Aufbau derselben wissen. Wer einen historisch aufgeklärten Zugang zur Reformation entwickeln will, sollte über die religiöse Situation am Vorabend derselben Bescheid wissen. In beiden Fällen kann es pädagogisch angezeigt sein, die sachliche Information über die Inhalte in den Mittelpunkt des unterrichtlichen Lernangebotes zu stellen, was eine rekonstruktive Unterrichtschoreographie nahelegt. Dabei ist die Rekonstruktion nicht gleichbedeutend mit einem lehrerzentrierten Unterrichtsstil. Wenn etwa die Zwei-Quellen-Theorie begriffen werden soll, könnte der Sachverhalt auch durch ein geschicktes Textarrangement in Gruppen erarbeitet werden.

Das Konzept des Lernens aus Eigenerfahrung folgt einer anderen Choreographie. Sein pädagogischer Schwerpunkt liegt auf der Selbstvergewisserung der Schülerinnen und Schüler. Sie sollen in der Auseinandersetzung mit den unterrichteten Angeboten Klarheit über sich selbst gewinnen, um auf der Grundlage dieser Einsicht zu wachsen. Dieses Vorhaben ist umso besser gelungen, je mehr Kinder oder Jugendliche durch den Unterricht zur Selbstreflexion ermuntert werden. Im Mittelpunkt dieser Choreographie steht damit die Lebenslage der Schülerinnen und Schüler. Sie ist der Ausgangs- und Bezugspunkt des Lernens durch Eigenerfahrung. Die Unterrichtsinhalte haben in diesem Konzept vor allem die Funktion, die Schülerinnen und Schüler zum Nachdenken anzuregen. Auch die Auseinandersetzung mit anderen Sichtweisen und Positionen dient vorzüglich dem Ziel, Klarheit über sich selbst zu gewinnen. Diese Konstellation schlägt sich auch in den Rollen im Lernprozess nieder. Die Lehrkraft moderiert die Auseinandersetzung. Ihre Kompetenz liegt in der situationsgerechten Auswahl der Themen, ihrer Aufbereitung für den Unterricht so, dass sie eine Selbstreflexion stimulieren, und der sensiblen Begleitung dieser Reflexion. Die Schülerinnen und Schüler sind die Subjekte und Experten dieses Unterrichts. Als Subjekte bestimmen sie die konkrete Richtung und das Tempo des Lernprozesses. Da es um ihre individuelle Lebenslage geht, sind sie zudem die Experten des Unterrichts. Was die Schülerinnen und Schüler über sich selbst erzählen, hat Autorität, denn es ist Gegenstand ihrer eigenen Biographie. Bezogen auf den Unterricht ermöglicht diese Choreographie ein hohes Maß an Individualität und Differenziertheit. In der Idealform erscheint jede Schülerin und jeder Schüler als Einzelfall im Unterricht. Das Konzept des Lernens aus Eigenerfahrung scheint daher affin gegenüber der in der Kompetenzorientierung wichtigen individuellen Förderung und dem Ideal der Inklusion. Der Output dieses Konzepts ist notwendigerweise vielfältig, alle verbindliche Einsichten sind eher genereller Natur. Es liegt deshalb in der Verantwortung der Lehrkraft, angemessene Methoden der Sicherung vorzuschlagen. Eine solche könnte etwa das individuelle Portfolio sein, das jede Schülerin und jeder Schüler für sich selbst führt. Eine aus Eigenerfahrung lernende Choreographie bietet sich überall dort an, wo die Religiosität der Schülerinnen und Schüler selbst Thema ist und z. B. die Handlungskompetenz erweitert werden soll. Dies kann z. B. eine Einheit über die eigenen Gottesbilder sein, , die Bedeutung des Gebots der Nächstenliebe für den eigenen Alltag oder Gebetserfahrungen.

Die dritte choreographische Variante beruht im Wesentlichen auf dem kommunikativen In-Beziehung-Setzen verschiedener Perspektiven. Ihr pädagogischer Schwerpunkt liegt auf der argumentativen Verständigung über komplexe und umstrittene Sachverhalte. Die Schülerinnen und Schüler setzen sich im Unterricht mit widersprüchlichen Positionen auseinander, probieren verschiedene Perspektiven in einer offenen Fragestellung aus und machen ihren eigenen Standpunkt im konträren Geflecht vielfältiger Argumentationen verständlich. Das Ziel einer kommunikativen Choreographie ist somit interpersonale Verständigung. Die Kinder und Jugendlichen werden in die Lage versetzt, komplexe Probleme so zu lösen, dass den verschiedenen Zugängen zu einem Problem Rechnung getragen wird. Eine Choreographie der Kommunikation ist angezeigt, wenn die Lerngegenstände nicht objektiv vorliegen, sondern ein breites Spektrum an verschiedenen Deutungen und Bedeutungen eröffnen. Allerdings ist das Deutungsspektrum auch nicht beliebig, denn die Inhalte stehen in einer bestimmten Tradition und haben einen Sitz im Leben der Schülerinnen und Schüler. Spricht man im Religionsunterricht etwa über die heutige Bedeutung Jesu, gibt es sicher vielfältige Zugänge. Sie finden aber einen eng umrissenen Ansatzpunkt im Leben Jesu, soweit es uns zugänglich ist, und in den verschiedenen Deutungen dieses Lebens. Beides sind normative Bezugspunkte der unterrichtlichen Auseinandersetzung. Bei einer kommunikativen Choreographie wird nun davon ausgegangen, dass die argumentative Bearbeitung der Vielfalt an Deutungen eines Lerngegenstands (hier: die gegenwärtige Bedeutung Jesu) die zentralen Strukturen dieser Zuschreibungen zu Tage fördert. Das Ergebnis dieses Prozesses wäre die Kenntnis dieser Strukturen, die Einsicht in die eigene Position und das Verständnis der Positionen der anderen. Die Rollen von Lehrer und Schüler gleichen sich in dieser choreographischen Spielart in gewisser Weise. Beide sind sie Subjekte des Unterrichts, denn beide können die eigene Position ins Gespräch einbringen. Beide sind sie auch Experten hinsichtlich der eigenen Deutungsperspektive. Allerdings bleibt der Lehrkraft auch die Aufgabe der Moderation. Sie begleitet nicht nur den Lernprozess, sondern stellt den Schülerinnen und Schülern auch Verfahren der Argumentation und Ergebnissicherung in einer komplexen Debatte vor. Kommunikation ist durchaus ergebnisorientiert, auch wenn dieses Ergebnis nicht notwendig einmütig ist, sondern zu verschiedenen Lösungs- und Deutungsansätzen führt. Wann ist eine derartige Choreographie didaktisch angezeigt? Mindestens bei den Thematiken, in denen es um die Relevanz eines Inhalts geht und v. a. die Erweiterung der Urteilskompetenz der Schülerinnen und Schüler anvisiert wird. Im obigen Beispiel war es die Bedeutung Jesu für die Gegenwart, es kann aber auch um das Verständnis klassischer theologischer Formulierungen wie etwa „Jesus ist Gottes Sohn“ oder um die Gültigkeit von ethischen Grundsätzen gehen.

Jede dieser drei choreographischen Varianten steht für einen speziellen Lernweg. Ein rekonstruierendes Unterrichtsarrangement kennt das Ergebnis des Lernprozesses und steht vor der Herausforderung, den Weg zu diesem Ergebnis so zu gestalten, dass er optimal auf die Lernausgangslage der Schülerinnen und Schüler abgestimmt ist und ihnen den Aufbau der angezielten Teilkompetenzen ermöglicht. Im erfahrungsorientierten Unterrichtsarrangement gibt es kein derart orientierendes Ergebnis, denn sein Ziel ist die Einsicht in die eigene Religiosität und Identität. Ein an den Eigenerfahrungen orientierter Unterricht steht damit vor der Herausforderung, zur Selbstreflexion anzuregen. Sein Erfolg beruht auf der Identifikation der Schülerinnen und Schüler mit der behandelten Fragestellung und dem Angebot geeigneter Verfahren der Selbstreflexion. Damit kann er den Grundstein für Handlungskompetenzen legen. Der Kern einer kommunikativen Choreographie ist die intersubjektive Vergewisserung über mögliche Bedeutungsdimensionen des angesprochenen Lerngegenstandes. Für die Planung des Unterrichts bedeutet dies, dass ein Lösungsraum abgeschätzt werden muss. Es gilt zu kalkulieren, welche Bedeutungsdimensionen möglich sein können, und zwar im Hinblick auf die christliche Tradition wie auch im Hinblick auf die Schülerinnen und Schüler. Der kommunikative Unterricht steht nun vor der Herausforderung, den Lernenden einen Zugang zu diesem Lösungsraum zu eröffnen und sie dazu anzuregen, die Angemessenheit möglicher Bedeutungsdimensionen durch argumentative Verfahren auszutesten und so ihre Urteilskompetenz auszubauen

Beispiel

Im Folgenden werden die drei Themenschwerpunkte, die im Rahmen der Elementarisierung herausgearbeitet wurden, exemplarisch für jeweils eine der drei Schulstufen anhand konkreter Lernschritte choreographiert. In diesen Beispielen wird somit die enge Verzahnung von Lernschritt und Unterrichtsphase sichtbar und wie sie in ihrem Zusammenspiel das Lernarrangement definieren, innerhalb dessen die Schülerinnen und Schüler die avisierten Teilkompetenzen entwickeln. Der Durchgang in diesem Kapitel konzentriert sich dabei auf den Lerngegenstand und den Lerneffekt, um den roten Faden des Lernprozesses herauszuarbeiten.

Methoden (vgl. Kap. 9) und Medien (Kap. 10) werden später ergänzt. Außerdem werden bewusst unterschiedliche Choreographien gewählt. Wenn dadurch im Beispiel der Primarstufe das Moment der Rekonstruktion dominiert, bedeutet das nicht, dass in der Grundschule nur ein rekonstruktiv angelegter Religionsunterricht möglich ist.

Primarstufe

Im ersten Kapitel wurde herausgearbeitet, dass es in einer Auseinandersetzung mit Apg 9, 1–21 möglich ist, dass die Schülerinnen und Schüler am Beispiel des Lichts elementare religiöse Zeichen und Symbole entdecken und ihre Bedeutungen benennen. Die entsprechende Teilkompetenz für die Grundschule könnte lauten: „Die Schülerinnen und Schüler deuten das Lichtereignis in Apg 9,1–21 als Eingreifen Gottes mit lebensverändernden Konsequenzen."

Diese Teilkompetenz, die aus der Kompetenzerwartung des KLP (2021, 163) abgeleitet ist, kann in enger Anlehnung an den Erzählgang entwickelt werden. Choreographisch wird dazu auf das rekonstruktive Modell zurückgegriffen. Strukturgebendes Moment ist die Erzählung selbst, deren Gang es nachzuvollziehen und wiederzugeben gilt. In dem Maß, in dem die Erzählebene im Unterricht zum Tragen kommt, sind die Erzähllogik und die Bedeutungsangebote festgelegt. Durchbrochen wird das rekonstruktive Modell, wenn es um die Deutung der einzelnen Erzählbestandteile geht. Diese beruht auch auf den elementaren Erfahrungen der Schülerinnen und Schüler. Für die Lehrkraft bedeutet diese Vorentscheidung, dass sie zum einen die Stunde relativ stark moderieren bzw. führen wird, zum anderen aber sensibel ist, wenn Schülerinnen und Schüler alternative Deutungsangebote einbringen. Im Sinn der Vorentscheidung für eine rekonstruierende Choreographie wird der Kern der Stunde der deutende Nachvollzug der Erzählung sein. Angelpunkt der Dramaturgie ist die Erscheinung Gottes im Licht, die das Leben des Saulus in ein Vorher und ein Nachher unterteilt. Damit ist die elementare Struktur einer Bekehrung, die sich als fundamentale Lebenswende vollzieht, eingelöst. Von diesem Kern her lässt sich der rote Faden eines Lernprozesses, der die obige Teilkompetenz stimuliert, spinnen.

Angesichts des Entwicklungsstandes der Klasse – es ist nach Fowler sowohl mit mythisch-wörtlichen Verständnissen als auch mit synthetisch-konventionellen und den Zwischenformen zu rechnen (vgl. Kap. 7) – liegt es nahe, die Schülerinnen und Schüler in der Motivationsphase gezielt auf die Licht-Metapher einzustimmen. Hier erleben sie den Gegensatz von Dunkel und Licht, was im Sinne Feindts einen lebensweltlichen Anknüpfungspunkt für die Kompetenzentwicklung eröffnet. Der zugehörige Lernschritt kann folgendermaßen notiert werden: „*Die Schülerinnen und Schüler beschreiben die Erfahrungen im Hell-Dunkel-Kontrast.*"[11]

Die Phase der Themenstellung besteht aus dem Hinweis der Lehrkraft, eine Erzählung zu haben von einem Menschen, dem ebenfalls plötzlich ein Licht aufgegangen ist. Diese Information baut den Schülerinnen und Schülern eine Brücke, die soeben eingenommene Perspektive auf den Effekt des Lichts als hermeneutischen Zugang zur Erzählung heranzuziehen. Als Formulierung des entsprechenden Lernschritts kann festgehalten werden: „*Die Schülerinnen und Schüler nennen, dass auch Saulus in seinem Leben den Kontrast von Dunkelheit und Licht erlebt hat.*"

Die Unterrichtsphasen der Informationsbeschaffung und des Erkenntnisgewinns werden gemäß der Erzähldramatik rhythmisiert. Statt die gesamte Geschichte zu präsentieren, wird sie in die Zeit vor der Gottesbegegnung, die Gottesbegegnung selbst und die Zeit nach der Gottesbegegnung unterteilt. Diese Unterteilung ist nicht nur im Sinne der Entschlüsselung der Symbolik hilfreich, sondern kann auch zu einer länger anhaltenden kognitiven Aktivierung im Sinne Feindts beitragen. In jedem Teil geben die Schülerinnen und Schüler den Erzählinhalt wieder und deuten ihn im Hinblick auf das Metaphernfeld Dunkel-Hell bzw. Dunkel-Licht. Als Lernschritte formuliert ergibt sich damit: „*Die Schülerinnen und Schüler stellen dar, welche Qualität der Lebensabschnitt vor der Gottesbegegnung hat.*" (I_1 + E_1); „*Sie erläutern die Gottesbegegnung* (I_2+E_2); „*Sie erörtern, welche Qualität dieser neue Lebensabschnitt hat*" (I_3 +E_3).

Zwei Bemerkungen zu diesem Vorgehen: Zum einen entspricht diese Gewichtung der einzelnen Erzählteile nicht dem Duktus der biblischen Erzählung. Allerdings verfälscht sie den Erzählgang auch nicht und die Abweichung ist durch die avisierte Teilkompetenz gerechtfertigt. Zum anderen suggeriert das Verfahren, dass das Leben des Saulus vor der Erscheinung Gottes mit Dunkel assoziiert wird. Das ist durch die biblische Perspektive gestützt. Allerdings kann es in dieser Unterrichtsphase durchaus geschehen, dass christlich-autonome oder religiös-autonome

[11] Die Lernform, d. h. das Medium bzw. die Methode, wird im Kapitel 11 „Artikulation" ergänzt.

Kinder argumentieren, Saulus habe als gläubiger Jude doch richtig gehandelt. Dieser Teil seines Verhaltens müsse also auch mit Licht assoziiert werden. Damit tritt ein Fall ein, der die Sensibilität der Lehrkraft erfordert. Eine Option ist, die Legitimität der Verfolgung Andersgläubiger zu diskutieren, so dass schnell Schatten auf das Licht dieses Lebensabschnitts fallen. Eine alternative Option würde den rekonstruktiven Modus weniger stark ausüben. Man könnte die alternative Deutung als subjektiv gültige Variante gelten lassen und aus der Sicht des Lebens nach der Bekehrung diskutieren. Diese Variante würde nicht nur den Widerspruch gegenüber der üblichen Deutung der Kinder als kognitive Dissonanz im Lernprozess fruchtbar machen, sondern auch ein Gespür wecken für die subjektive Sicht des Saulus. Damit könnte das Verständnis, dass das Eingreifen Gottes, das Leben verändert, vertieft werden.

In der Sicherungsphase würden die Schülerinnen und Schüler das lebensverändernde Eingreifen Gottes in seinen Bezügen zur Lichtsymbolik knapp zusammenfassen und dokumentieren, so dass jede und jeder überprüfen kann, inwieweit sie bzw. er die Thematik bisher verstanden hat. (*„Sie vergewissern sich ihrer Deutung des Lichtereignisses als Eingreifens Gottes.“*) Für die Vertiefung stehen damit zwei Optionen offen. Je nach Lernprozess kann auf den fundamentalen Charakter der Lebenswende eingegangen werden oder auf die Rolle Gottes im Bekehrungsprozess. Im ersten Fall begreifen die Kinder, dass Saulus nicht einfach einiges anders macht, sondern sein gesamtes Leben verändert. Er gibt seine bisherigen Freunde auf, er verlässt seine Wohnung u. s. w. Die Schülerinnen und Schüler verstehen, dass Bekehrung etwas Großes und Entscheidendes ist. (*„Sie gestalten ihre Erkenntnis zum Eingreifen Gottes.“*) Im zweiten Fall kann überlegt werden, was ohne das Eingreifen Gottes geschehen wäre, Saulus somit kein Licht aufgegangen wäre. Diese Option lebt von der Differenz zum erzählten Geschehen und vertieft das Verstandene, indem es einen Gegenhorizont aufbaut. Der Effekt dieser Version wird stark davon abhängen, wie leicht die Lehrkraft es den Kindern macht, den Gegenhorizont als schlichte Antigeschichte zu erzählen. Es kann ja durchaus möglich sein, dass Saulus im Lauf der Verfolgungen stutzig geworden wäre und langsam von diesem Tun Abstand genommen hätte. Was wiederum die Frage nach dem Wirken Gottes in dieser Haltungsänderung aufwirft. Beide Varianten führen zu einer Überarbeitung (Feindt) der in der Stunde erworbenen Kenntnisse und Fähigkeiten führen. (*„Die Schülerinnen und Schüler vertiefen ihre Erkenntnis zum Eingreifen Gottes.“*)

Sekundarstufe I

Die Stunde der Sekundarstufe I wird in der Gesamtschule verortet und will zur Kompetenzerwartung beitragen, dass „die Schülerinnen und Schüler [...] die Bedeutung der Aposteltätigkeit (z. B. Apostel Petrus, Apostel Paulus) für die Urkirche erläutern [können]“ (KLP 2013, 22). Hier kann mit Apg 9,1–21 unmittelbar angeschlossen werden, denn es handelt sich um eine Bekehrungserzählung, die Saulus in die Nachfolge Gottes ruft und zum Apostel werden lässt. Das Lernziel für diese Stunde kann dann lauten: *„Die Schülerinnen und Schüler beurteilen die Rolle Gottes für die Nachfolge Paulus' (als Teil der Aposteltätigkeit).“* Dazu nutzt die geplante Stunde eine Leerstelle der biblischen Erzählung von der Bekehrung des Saulus, um die Schülerinnen und Schüler mit der Rolle Gottes in ihrem eigenen Leben zu konfrontieren. Sie überlegen sich, welche Maßstäbe ein gottgefälliges Leben kennzeichnen und welche Verbindlichkeit diese Maßstäbe für sie selbst besitzen.

Diese Zielsetzung entspricht in vielem dem Charakter des Choreographietyps „Lernen aus Eigenerfahrungen“. Er fordert die Schülerinnen und Schüler heraus, über sich selbst nachzudenken und eine eigene Position bezüglich der Rolle Gottes in ihrem Leben zu beziehen. Der hauptsächliche Gegenstand der inhaltlichen Auseinandersetzung ist das Gespräch des Hananias mit Saulus in Damaskus, welches die Lerngruppe rekonstruiert. Die Funktion der Motivationsphase besteht also darin, die Schülerinnen und Schüler an dieses Gespräch heranzuführen, und zwar in zweierlei Hinsicht: Zum einen müssen die Jugendlichen die Vorgeschichte des Gesprächs kennen. Ohne dieses Wissen lässt sich das Gespräch nicht sinnvoll rekonstruieren. Zum anderen sollen sich die Schülerinnen und Schüler mit Saulus identifizieren. Er ist die Person, die von Hananias aufgeklärt und überzeugt werden muss, so dass das Gespräch auf die Bedürfnisse des Saulus abzustimmen ist. Dies gelingt umso besser, je stärker sich die Klasse in die Situation des Saulus hineinversetzt. Hierfür könnte in der vorherigen Stunde das Damaskusereignis aus Sicht des Saulus bereits Thema gewesen sein, sodass die Schülerinnen und Schüler in der Motivationsphase dieses Wissen wiederholen und im Sinne Feindts aktivieren können. (*„Die Schülerinnen und Schüler erläutern die Bekehrungsszene aus Saulus Sicht.*)

In der Themenstellung wird die Klasse auf das Gespräch fokussiert. Sie ordnet das zu rekonstruierende Gespräch in die Situation des Saulus ein. Dazu erfahren die Jugendlichen, dass Saulus die Bedeutung seiner Begegnung mit Gott erklärt werden musste, denn ihm fehlten Maßstäbe, wie ein Christ sein Leben gestaltet. Diese könnte ihm Hananias genannt und erläutert haben. („*Sie zeigen auf, dass Saulus von Hananias über die Bedeutung dieses Ereignisses aufgeklärt werden musste.*")

Mit dieser Themenstellung ist die erste Phase der Informationsbeschaffung vorgezeichnet: Die Schülerinnen und Schüler erarbeiten mögliche Maßstäbe. Durch diesen Arbeitsauftrag wird die Vorstellung der Jugendlichen aktiviert, wie ein christliches Leben aussieht. Die Jugendlichen sind nicht Hananias, sie sind zur Erledigung der Aufgabe auf das verwiesen, was sie selbst für nachvollziehbar erachten. Obwohl die Schülerinnen und Schüler also nach möglichen Argumenten des Hananias suchen, setzen sie sich mit ihrer eigenen Lebenswelt auseinander. Dieser verdeckte Rekurs auf die eigenen Erfahrungen scheint angebracht angesichts der entwicklungspsychologischen Situation. Die Jugendlichen können ihre eigene Vorstellung von einem christlichen Leben in den Unterricht einbringen, ohne sich in dieser Hinsicht „outen" zu müssen. Dadurch wird die kognitive Aktivierung begünstigt (Feindt). Der entsprechende Lernschritt lautet: „*Die Schülerinnen und Schüler erarbeiten Argumente, mit denen Hananias Saulus von einem gottgefälligen Lebensstil hätte überzeugen können.*"

Der Austausch über die erarbeiteten Maßstäbe charakterisiert die erste Phase des Erkenntnisgewinns. Die Jugendlichen berichten von ihren Arbeitsergebnissen und lernen somit die Vielzahl möglicher Maßstäbe kennen. Um einen Überblick zu behalten, werden die genannten Kriterien zu typischen Maßstäben verdichtet. Zwar werden in der Konstruktion von Typen individuelle Nuancen zwischen den genannten Ergebnissen verdeckt, gleichzeitig entsteht aber eine Ordnung. Diese Ordnung bedeutet nicht nur einen Mehrwert für den Erkenntnisgewinn, sondern liefert auch ein Spektrum, in dem sich die Lernenden selbst verorten können. Die Konstruktion von Typen bleibt damit im Rahmen des Konzepts. Ferner knüpft sie an vorliegendes Wissen und vorliegende Kompetenzen an und regt dazu an, es neu zueinander in Beziehung zu setzen (Feindt: Wissensvernetzung). („*Die Schülerinnen und Schüler identifizieren typische Maßstäbe von einem christlichen Leben.*") Um besagte Selbstverortung zu ermöglichen, sind die erarbeiteten Maßstäbe zu sichern. Dies kann in der Sekundarstufe I parallel zum Erkenntnisgewinn erfolgen.

Besagte Selbstverortung findet in einer zweiten Phase der Informationsbeschaffung statt. Anschließend an die Bilanz möglicher Maßstäbe überlegen sich die Schülerinnen und Schüler, welche Verbindlichkeit die genannten Maßstäbe für sie selbst haben. Ferner arbeiten sie die Gründe pro oder contra heraus. („*Sie reflektieren die Bedeutung der Maßstäbe für das eigene Leben.*“) Mit dieser Phase wird das oben genannte Ziel der Selbstreflexion eingelöst und im weitesten Sinne eine lebensweltliche Anwendung (Feindt) eingeholt. Sie mündet in einen Austausch über mögliche Verbindlichkeiten (= Erkenntnisgewinn 2). Hier lernen die Jugendlichen die Haltung ihrer Klassenkameraden kennen. Im Sinn des Modells „Lernen aus Eigenerfahrung“ sind alle Antworten legitim, solange sie sinnvoll begründet werden. Es gibt kein richtig oder falsch, sondern nur ein nachvollziehbar oder nicht nachvollziehbar – und zwar innerhalb der in der Klasse üblichen Sprachcodes. In der Auseinandersetzung mit den Begründungen wird deutlich, wo Stereotype reproduziert werden und wo ein Lebensbezug gegeben ist. Beides sollte nicht gegeneinander ausgespielt werden, denn es handelt sich um zwei verschiedene Möglichkeiten, sich zu orientieren. Wiederum wird durch Typisierung geordnet und mitlaufend gesichert: „*Die Schülerinnen und Schüler erörtern typische Reaktionen auf die Motive für ein gottgefälliges Leben.*“

Für die Vertiefung wird nochmals auf Saulus zurückverwiesen, um so das erworbene Wissen mit den biblischen Inhalten zu vernetzen. (Feindt: Wissensvernetzung). Stand bisher die eigene Haltung im Mittelpunkt, überlegt die Klasse zum Ende der Stunde, ob Saulus ähnlich reagiert hätte. Die Antwort ist natürlich stark durch die eigene Verortung bestimmt. Grundsätzlich kann jedoch angenommen werden, dass die Überzeugungskraft der Maßstäbe in dem Umfang steigt, in dem man persönlich auf Gottes Liebe vertraut. Dieses Vertrauen kann für Saulus angenommen werden. In der Auseinandersetzung mit ihm erkennen die Jugendlichen somit, dass das Vertrauen in die Liebe Gottes Grundbedingung für die Orientierungskraft christlicher Maßstäbe ist und in ihr der Ausgangspunkt für die damalige Aposteltätigkeit gründet. Damit treten die Jugendlichen zum Ende der Stunde nochmals in Beziehung zu dem Phänomen der Gotteserfahrung. In kognitiver Hinsicht erklärt die in der Vertiefung gewonnene Kenntnis die relative Glaubwürdigkeit christlicher Normen. In personaler Hinsicht kann diese Kenntnis angesichts der entwicklungspsychologischen Situation einen Impuls setzen, der über den Gong hinausreicht. Der einschlägige Lernschritt lautet: „*Sie arbeiten heraus, dass das Vertrauen auf Gottes Liebe eine Voraussetzung dafür ist, sein Leben an Gott auszurichten.“*

Sekundarstufe II

Die Religionsstunde in der Oberstufe adressiert die Frage, wie sich Gott in dieser Welt erfahren lässt. Sie knüpft damit an die Kompetenzerwartung an, dass die Schülerinnen und Schüler „die Wahrnehmung und Bedeutung des Fragens nach Gott und des Redens von Gott in ihrer Lebenswirklichkeit [beschreiben]“ und die Vielfalt von Gottesbildern erörtern können (KLP 2014, 27f.). Die Erzählung von der Bekehrung des Saulus bietet dazu drei verschiedene Möglichkeiten: die direkte Anrede durch Gott in der Audition, die Erfahrung Gottes in einem natürlichen Phänomen (Lichtereignis), und im Mitmenschen (Hananias). Aufgrund der entwicklungspsychologischen Situation in der Klasse und der Konstellation der religiösen Vorerfahrungen (vgl. Kap. 8) ist zu erwarten, dass es sich hierbei um ein kontrovers beurteiltes Thema handelt. Die in der Stunde avisierte Teilkompetenz könnte dann im Sinn eines individuierend-reflexiven Zugangs zum Glauben wie folgt formuliert werden: *„Die Schülerinnen und Schüler entwickeln lebensweltlich plausible Möglichkeiten einer Gotteserfahrung.“*

Es liegt auf der Hand, dass sich eine solche Teilkompetenz nicht im rekonstruktiven Modus erreichen lässt, denn in dieser Choreographie ist der lebensweltliche Bezug dem Inhalt, der vermittelt werden soll, nachgeordnet. Es bleiben damit die Möglichkeiten des „Lernens aus Eigenerfahrung“ oder der „Kommunikation“. Da es in der Stunde nicht nur um einen subjektiven Zugang zur Möglichkeit einer Gotteserfahrung heute gehen soll, ist eine kommunikative Choreographie angezeigt. Im vorliegenden Fall wenden die Jugendlichen Kriterien an, nach denen ein moderner Mensch geneigt ist, eine Erfahrung als Gotteserfahrung zu deuten. Gemäß dem kommunikativen Ansatz können als Ergebnis verschiedene Lösungsvorschläge im Raum stehen. Jeder dieser Vorschläge muss jedoch auf seine Schlüssigkeit und seine Grenzen hin befragt werden.

Mit diesen Vorentscheidungen liegt der Schwerpunkt des Lernprozesses auf der Entwicklung und dem Austausch von Argumenten. Die zu planende Stunde ist primär kognitiv ausgerichtet. Um die Schülerinnen und Schüler auf dieses Programm einzustimmen, sollte die Motivationsphase zwei Kriterien erfüllen: Erstens aktiviert sie die kognitiven Fähigkeiten der Jugendlichen, denn diese werden in der Phase der Informationsbeschaffung benötigt. Zweitens verschafft sie den Jugendlichen Klarheit darüber, wie sie selbst zu den drei Typen einer Gotteserfahrung stehen, welche die Erzählung von der Bekehrung des Saulus anbietet.: „*Die Schülerinnen und Schüler stellen ihren eigenen Zugang zu drei Möglichkeiten einer Gotteserfahrung dar.*“ Damit gewinnen sie einen Überblick über den zu bearbeitenden Stundeninhalt und können in der Auseinandersetzung von der eigenen Position aus argumentieren.

Die Themenstellung hat in diesem Szenario die Aufgabe, das Unterrichtsprojekt in die Erzählung von der Bekehrung des Saulus einzubetten und als Zumutung an die gegenwärtig gültigen Möglichkeitsbedingungen einer Gotteserfahrung vorzustellen. Inhaltlich brauchen die Schülerinnen und Schüler eine knappe Zusammenfassung der biblischen Perikope, wobei der Schwerpunkt der Zusammenfassung auf den drei Typen der Gotteserfahrung liegt: „*Die Jugendlichen geben die drei Weisen wieder, in denen sich Gott Saulus in Apg 9, 1–21 mitteilt*“. Sie erkennen Saulus dabei als einen Menschen, der alle drei Möglichkeiten selbst erlebt und als solche akzeptiert hat. Von diesem Ausgangspunkt aus kann dann schlüssig dazu übergeleitet werden, welche Bedingungen heute gegeben sein müssen, damit man bereit ist, analoge Erfahrungen als Gotteserfahrungen zu deuten.

In der Informationsbeschaffung wird dieser thematische Faden aufgenommen, indem „*die Schülerinnen und Schüler Kriterien herausarbeiten, unter denen die drei möglichen Gotteserfahrungen heute glaubwürdig sein können.*“ Als moderne Menschen sind sie Experten, wenn es um Kriterien für die Deutung einer Erfahrung als Gotteserfahrung geht. Durch das breite Spektrum individueller Religiosität kann ferner davon ausgegangen werden, dass in der Klasse genügend kritisches Potential gegenüber einzelnen Lösungsvorschlägen vorhanden ist. In der Phase des Erkenntnisgewinns werden die verschiedenen Kriterien bilanziert: „*Die Jugendlichen bewerten die einzelnen Glaubwürdigkeitskriterien im Hinblick auf die Tragweite und Grenze in einer modernen Gesellschaft.*“ Indem verschiedene Szenarien in Gedanken durchgespielt werden, unter deren Bedingungen eine Erfahrung als Gotteserfahrung gedeutet werden kann, wird ein Doppeltes erreicht: Zum einen einigt sich die Klasse auf einen Katalog von Kriterien bzw. Szenarien heutiger Gotteserfahrung und klärt deren Schlüssigkeit und Grenzen. Zum anderen bilden sich die Schülerinnen und Schüler eine eigene Meinung dazu, welche der Kriterien für sie persönlich gültig bzw. glaubwürdig sind. Sowohl in der Informationsbeschaffungsphase als auch in der Phase des Erkenntnisgewinns stehen die lebensweltliche Anwendung und die kognitive Aktivierung (Feindt) im Vordergrund. In der Sicherungsphase, die in der Oberstufe problemlos parallel zum Erkenntnisgewinn erfolgen kann, überprüfen die Jugendlichen, ob sie die wesentlichen Facetten der Diskussion erfasst und begriffen haben.

In der Vertiefungsphase schließlich wird die Klasse zu einem Perspektivenwechsel herausgefordert: „*Sie arbeitet im Rückblick auf Saulus heraus, dass jegliche Gotteserfahrung auf den Wirklichkeitsbedingungen ihrer Zeit beruht.*" Der wesentliche Unterschied dieser Sichtweise liegt darin, dass für Saulus die Existenz Gottes unbestritten galt. Damit werden die Kriterien in einen anderen Zusammenhang gestellt und die Jugendlichen erkennen, dass jegliche Gotteserfahrung auf den Wirklichkeitsbedingungen ihrer Zeit beruht. Hiermit wird eine Überarbeitung (Feindt) der erworbenen Erkenntnisse angestoßen.

9 Sozial- und Handlungsformen

Mit den Überlegungen zu den Unterrichtschoreographien und Phasen sind die inhaltlichen Lernschritte in logische Abfolge gebracht. Die Konturen der Unterrichtsstunde sind bereits erkennbar. Nun geht es darum, die einzelnen Phasen konkreter zu auszugestalten. Ein erster Schritt in diese Richtung ist die Planung der Art und Weise, wie in den einzelnen Lernschritten bzw. Phasen gearbeitet wird. Hier spielen die beiden Begriffe der Sozialform und der Handlungsform eine zentrale Rolle. Die Sozialform bezieht sich auf die grundsätzliche Interaktion in der geplanten Stunde. Die Handlungsform übersetzt diese grundsätzliche Art und Weise des Arbeitens in die einzelnen Lernschritte der unterschiedlichen Phasen hinein. Im Folgenden wird deshalb zuerst der Begriff der Sozialform beschrieben und seine Bedeutung für die Unterrichtsplanung geklärt. Dann wird eine Übersicht über charakteristische Handlungsformen gegeben. Es folgt eine Diskussion der Bedeutung der Handlungsformen für die Unterrichtsplanung und deren Veranschaulichung am Beispiel der Erzählung von der Bekehrung des Saulus. Wer einen differenzierten Überblick über mögliche Methoden des Religionsunterrichts bekommen möchte, sei an die folgenden Bände verwiesen:

- Adam G., Lachmann R. (2010), Methodisches Kompendium für den Religionsunterricht. Band 1: Basisband/Band 2: Aufbaukurs, Göttingen.
- Grethlein Ch. (2007), Methodischer Grundkurs für den Religionsunterricht, Leipzig.
- Kropač U., Riegel U. (2021). Handbuch Religionsdidaktik. Stuttgart, 385–433.
- Kuppig K. (2011), Das große Werkbuch Religion, Freiburg.
- Niehl F., Thömmes A. (2012), 212 Methoden für den Religionsunterricht, München.
- Rendle L., u. a. (2007) (Hg.), Ganzheitliche Methoden im Religionsunterricht. Neuausgabe, München.

Begriff

Der Begriff der Sozialform bezeichnet die Beziehungsstruktur des Unterrichts, d. h. auf welche Art und Weise die Lehrperson und die Schülerinnen und Schüler im Unterricht miteinander kommunizieren und interagieren. Damit wirken sich Sozialformen auf das äußere wie auch das innere Unterrichtsgeschehen aus. Im Hinblick auf das äußere Unterrichtsgeschehen legen sie etwa fest, wie die am Unterricht Beteiligten sitzen. Nach innen definiert die Sozialform die Richtung der Aufmerksamkeit. Mit der Entscheidung über die Sozialform der geplanten Stunde werden also die Rollen von Lehrenden und Lernenden definiert. Im Folgenden sollen zwei Sozialformen näher beschrieben werden: der Frontalunterricht und der Gruppenunterricht.

„Der Frontalunterricht ist ein zumeist thematisch orientierter und sprachlich vermittelter Unterricht, in dem der Lernverband [...] gemeinsam unterrichtet wird und in dem der Lehrer [...] die Arbeits-, Interaktions- und Kommunikationsprozesse steuert und kontrolliert." (Meyer 1987, 183) In diesem Szenario sind die Rollen klar verteilt. Die Lehrkraft übernimmt die gesamte Verantwortung für den Unterricht. Sie bringt die Themen und Inhalte ein, bestimmt über die Unterrichtsanteile der Schülerinnen und Schüler und legt das Ergebnis der inhaltlichen Auseinandersetzung fest. Die Klasse dagegen ist auf die Lehrerin bzw. den Lehrer hingeordnet. In der Regel sitzend verfolgen die Schülerinnen und Schüler die Darbietung, versuchen den sich entwickelnden roten Faden nachzuvollziehen und die geforderten Unterrichtsbeiträge beizusteuern. Im Frontalunterricht sind die Lehrerin bzw. der Lehrer somit aktiv, die Schülerinnen und Schüler rezeptiv am Unterrichtsgeschehen beteiligt. Zwischen beiden Parteien herrscht ein deutliches Kompetenzgefälle.

„Gruppenunterricht ist eine Sozialform [...], bei der durch die zeitlich begrenzte Teilung des Klassenverbandes in mehrere Abteilungen arbeitsfähige Kleingruppen entstehen, die gemeinsam an der von der Lehrerin gestellten oder selbst erarbeiteten Themenstellung arbeiten und deren Arbeitsergebnisse in späteren Unterrichtsphasen für den Klassenverband nutzbar gemacht werden können." (Meyer 1987, 242) Der soziale Schwerpunkt des Gruppenunterrichts liegt auf der eigenverantwortlichen Arbeit innerhalb der Kleingruppen. Er verlangt von den Schülerinnen und Schülern auf der einen Seite Selbständigkeit und Kreativität bei der Bearbeitung der gestellten Aufgabe. Auf der anderen Seite wird solidarisches Verhalten gefordert, weil die Schülerinnen und Schüler aufeinander eingehen und die Aufgabenstellung miteinander bearbeiten müssen. Die Lehrperson bleibt im Gruppenunterricht im Hintergrund. Sie ist nach wie vor für die Organisation des Unterrichts zuständig, und es bietet sich an, dass sie den Gruppen dann zur Seite springt, wenn sie mit der gestellten Aufgabe überfordert sind. Grundsätzlich setzt die Gruppenarbeit aber auf die eigenverantwortliche Arbeit der Lernenden in einem sozialen Zusammenhang. Die Schülerinnen und Schüler sind somit in der Gruppenarbeit aktiv, die Lehrerin bzw. der Lehrer eher beobachtend. Das Kompetenzgefälle zwischen beiden Parteien ist nicht stark ausgeprägt.

Mit dem Frontal- und dem Gruppenunterricht stehen zwei Sozialformen zur Verfügung, die ihre eigenen Stärken und Schwächen mit sich bringen (vgl. Frisch 2000, 165–168). Der Frontalunterricht ist hervorragend geeignet, in einer relativ kurzen Zeit bei relativ geringem Disziplinaufwand eine große Menge an Inhalten zu thematisieren. Er erweist sich als ökonomisch und effektiv in der Darstellung von Sach- und Sinnzusammenhängen. Die zentrale Rolle der Lehrerin bzw. des Lehrers verführt jedoch dazu, die Sichtweisen der Schülerinnen und Schüler nicht ernst zu nehmen bzw. instrumentell für das angestrebte Ergebnis in Dienst zu stellen. Problematisch sind gerade unter der Perspektive der individuellen Kompetenzentwicklung die Frage nach der Selbständigkeit der Lernenden und die Frage nach der Möglichkeit, Kritik am Unterrichtsinhalt und -geschehen zu äußern. Die Anleitung zu Selbständigkeit und Kreativität ist gerade die Stärke des Gruppenunterrichts. In ihm können sich die Schülerinnen und Schüler mit ihren eigenen Vorstellungen und Ideen in den Arbeitsprozess einbringen. Der Gruppenunterricht fördert soziales Verhalten und Kritikfähigkeit. Hier sehen viele aber auch das Problem, dass die Schülerinnen und Schüler diese sozialen Kompetenzen (noch) nicht besitzen. Auch sind die Organisation des Gruppenprozesses und die eigenverantwortliche Lösung der gestellten Aufgabe zeitintensiv. Schließlich muss auch die Lehrperson Verantwortung abgeben können. Gruppenunterricht geht nicht ohne das Zutrauen in die Eigenverantwortlichkeit der Lernenden.

Charakteristische Handlungsformen

Um die Durchführung der Lernschritte im Detail zu planen, bedarf es kleinerer Einheiten; sie werden Handlungsformen genannt und beschreiben die Aktivität während einer Lernsequenz, die innerhalb des Unterrichtsprozesses eine eigenständige Einheit bildet und bestimmten Regeln folgt. Handlungsformen konkretisieren also die Beziehungsstruktur, die durch die gewählte Sozialform für die geplante Stunde gewählt wurde. Teils werden Spielarten der Handlungsformen zu Methoden verdichtet. Hier werden die folgenden Formen (auch mit Hinweisen auf exemplarische Methoden) beschrieben: Vortrag, Gespräch, Gruppenarbeit und Einzelarbeit.

Vortrag

Im Vortrag entwickelt die bzw. der Vortragende den Inhalt oder ein Thema in einer freien und zusammenhängenden Rede vor der Klasse. Er dient damit vor allem der Erweiterung der Sachkompetenz. Die Schülerinnen und Schüler hören zu und stellen eventuell Verständigungsfragen. Eine weitergehende Kommunikation erfolgt ausschließlich nonverbal. Die Selbsttätigkeit der Schülerinnen und Schüler ist beim Vortrag minimal. Wie sehr ein Vortrag motiviert, hängt stark vom Vortragenden selbst ab: Ein interessanter Inhalt, der klar strukturiert und verständlich vorgetragen oder aber spannend aufgebaut und lebendig präsentiert wird, kann die Lernenden fesseln. Auf jeden Fall gelingt es, im Vortrag ein Maximum an Inhalten in einem Minimum an Zeit zu vermitteln. Diese sehr gute ökonomische Bilanz sollte jedoch nicht darüber hinwegtäuschen, dass die Behaltensleistung auf Seiten der Schülerinnen und Schüler bei weitem geringer ausfällt. Nicht alles, was gesagt wurde, wird auch wieder erinnert, geschweige denn, dass es verarbeitet ist. Im Vortrag ist es möglich, komplexe Inhalte bei einer minimalen Fehlerwahrscheinlichkeit darzustellen. Dies sollte in besonderer Weise gelten, wenn die Lehrerin bzw. der Lehrer den Vortrag hält. Auch ist die Disziplinarbeit bei einem Vortrag in der Regel gering. Die Klasse ist auf die Vortragende bzw. den Vortragenden fokussiert und Störungen lassen sich durch die Modulation der Stimme beheben – unter der Bedingung, dass der Vortrag selbst nicht zu lange oder unstrukturiert ist. Der Differenzierungsgrad des Vortrags hinsichtlich der Bedürfnisse der Schülerinnen und Schüler ist dagegen relativ gering. Ferner wird die Sozialkompetenz der Schülerinnen und Schüler kaum gefördert; sie lernen, die notwendige Selbstdisziplin aufzubringen, um den Vortrag nicht zu stören. Der Platzbedarf der Handlungsform Vortrag schließlich ist minimal. Es bedarf zu seiner Durchführung keines besonderen Arrangements der Klasse, so dass er in jedem Klassenzimmer verwirklicht werden kann.

Innerhalb der so charakterisierten Handlungsform lassen sich die Typen des Lehrervortrags und des Schülervortrags unterscheiden. Von der Lehrerin bzw. dem Lehrer sollte erwartet werden, dass sie bzw. er aufgrund der Ausbildung die notwendige fachliche und auch rhetorische Kompetenz für einen ansprechenden Vortrag mitbringt. Im Unterricht ist ein Lehrervortrag somit sinnvoll, um besonders komplexe Inhalte zu vermitteln oder aber sehr einfache Informationen, für die alternative Handlungsformen unangemessen viel Zeit beanspruchen würden. Auch ist es möglich, verbindliche Arbeitsergebnisse im Lehrervortrag zusammenzufassen. Methodische Variationen des Lehrervortrags sind z. B. die Sandwich-Methode.[12] Wird der Vortrag von Schülerinnen oder Schülern gehalten, ist die notwendige fachliche und rhetorische Kompetenz möglicherweise nicht gegeben. Entsprechend können sich Varianzen in der obigen Charakteristik ergeben bezüglich der Motivationskraft, der Ökonomie und der Fehlerwahrscheinlichkeit. Die klassische Form des Schülervortrags ist das Referat. Daneben können aber auch die Ergebnisse einer Gruppenarbeit im Schülervortrag dargestellt werden. Eine mögliche Methode wäre hier z. B. Marktplatz Methode.[13]

Ein Vortrag mit eigenem Charakter ist die Erzählung (vgl. Baldermann 1989). Sie unterscheidet sich vom Bericht durch die persönliche Betroffenheit der Erzählerin bzw. des Erzählers. Erzählungen stellen keine Gegebenheiten mit objektivem Anspruch dar. Sie beziehen sich vielmehr

---

[12] Bei der Sandwich-Methode wechseln sich Phasen des Vortrags mit kurzen Gesprächsphasen der Zuhörenden ab.

[13] Bei der Markplatz-Methode erstellen die einzelnen Gruppen z. B. ein Plakat. In der Präsentationsphase werden die Gruppen neu gemischt, sodass in jeder neuen Gruppe ein Mitglied aller anderen Gruppen ist. Die Gruppe bewegt sich von Plakat zu Plakat und das Mitglied, das zuvor in der Gruppe war, die das Plakat erarbeitet haben, stellt die Inhalte vor.

auf Erfahrungen, welche sie anschaulich und emotional gefärbt darbieten. Dadurch verleihen sie einem Ereignis Sinn, stellen aber gleichzeitig eine subjektive Deutung von Wirklichkeit dar. Ingo Baldermann sieht die besondere didaktische Leistung der Erzählung darin, dass sie nicht nur Erfahrungen vergegenwärtigt, sondern gleichzeitig eine Distanz stiftet, die Freiheit zum eigenen Wahrnehmen gewährt und zum eigenen Urteil herausfordert (vgl. 2001, 440). Im Religionsunterricht spielt die Erzählung als Unterrichtsgegenstand eine zentrale Rolle, denn sie ist der Ursprung der meisten biblischen Geschichten. Als Handlungsform ist sie zum einen angezeigt, wenn persönliche Erlebnisse berichtet werden sollen. Erzählen ist zum anderen dann sinnvoll, wenn die Klasse in die Lebenswirklichkeit des Unterrichtsgegenstandes eintauchen soll. Im Gegensatz zu einem analytischen Bericht lädt die Erzählung zur Identifikation mit dem Erzählten ein.

Gespräch

Im Gespräch tauschen sich die Lehrperson und die Schülerinnen und Schüler über den Unterrichtsgegenstand aus. In diesem Dialog nehmen prinzipiell alle am Unterricht Beteiligten sowohl eine aktive als auch ein passive Rolle ein. Wie stark diese Rollen jeweils ausgeprägt sind, kommt auf die konkrete Form des Unterrichtsgesprächs an (vgl. Meyer 1987, 280–282). Im gelenkten Unterrichtsgespräch etwa steuert die Lehrerin bzw. der Lehrer den Dialog durch Fragen und Impulse. Die Beiträge der Schülerinnen und Schüler haben in diesem Szenario den Charakter von Antworten. Im freien Unterrichtsgespräch nimmt die Lehrperson dagegen stärker die Rolle der Moderation wahr. Ziel ist es, die Schülerinnen und Schüler untereinander ins Gespräch zu bringen. Unabhängig von der konkreten Form ist das Gespräch durch eine tendenziell partnerschaftliche Rollenverteilung geprägt. Bei allem Vorsprung an fachlicher und rhetorischer Kompetenz lebt das Gespräch von der Bereitschaft der Lehrkraft, die Beiträge von Schülerinnen und Schülern zuzulassen und ernst zu nehmen. Gleichzeitig bedarf es aber auch der Bereitschaft der Lernenden, sich und die eigenen Erkenntnisse und Meinungen in das Gespräch einzubringen.

Im Gespräch ist eine größere Selbsttätigkeit der Schülerinnen und Schüler gegeben als im Vortrag. Wie groß diese Selbsttätigkeit ist, hängt von der konkreten Form des Gesprächs ab. Für die motivierende Kraft des Gesprächs gilt u. a., dass sie an die Möglichkeit gekoppelt ist, sich selbst in den Dialog einzubringen. Wer sich ernst genommen fühlt und mit seinen eigenen Erkenntnissen und Vorschlägen zum Gelingen des Gesprächs beitragen kann, wird stärker motiviert sein als jemand, der das Gefühl hat, dass nur ausgewählte Antworten akzeptiert werden. Die Behaltensleistung im Gespräch ist höher als im Vortrag, insofern sich die Schülerinnen und Schüler aktiv an der Erarbeitung beteiligen und Irritationen klären. Die dialogische Erarbeitung eines Unterrichtsgegenstandes bedarf einiger Zeit. Dennoch ist das Verhältnis zwischen Zeitaufwand und Stoffmenge in ökonomischer Hinsicht gut, vor allem im gelenkten Unterrichtsgespräch. Die Komplexität der Inhalte kann in dieser Handlungsform relativ hoch sein, denn die Lehrkraft hat immer die Möglichkeit, sachdienliche Informationen ins Gespräch einzustreuen oder durch gezielte Fragen die Aufmerksamkeit der Klasse auf neuralgische Punkte zu lenken. Je stärker das Unterrichtsgespräch gelenkt ist, desto geringer ist seine Fehlerwahrscheinlichkeit. Die Disziplinarbeit im Gespräch ist eher gering, denn sie beschränkt sich im Wesentlichen darauf, die Gesprächsordnung aufrechtzuerhalten. Der Differenzierungsgrad eines Unterrichtsgesprächs ist höher als beim Vortrag, da die Schülerinnen und Schüler ihre eigenen Fragen und Meinungen ins Gespräch einbringen können. Im Hinblick auf soziale Kompetenzen fördert das Gespräch Selbstdisziplin ebenso wie die Fähigkeit, auf andere einzugehen, und die Eigenverantwortung, sich selbst in den Dialog einzubringen. Der Platzbedarf eines Gesprächs ist hoch, denn seine natürliche Sitzordnung ist der Kreis. Ohne diese Möglichkeit bilden sich Gesprächsbarrieren.

Im Hinblick auf den Unterrichtsprozess ist das Gespräch universell einsetzbar. Je nach Ausrichtung kann das Gespräch für die Förderung der Sach-, Methoden und/oder Urteilskompetenz hilfreich sein. Es eignet sich sowohl für die gemeinsame Problementwicklung als auch für die gemeinsame Problemlösung. Ferner kann die Zusammenfassung der Arbeitsergebnisse im Unterrichtsgespräch geschehen wie auch deren gedankliche Vertiefung oder Problematisierung. Das Unterrichtsgespräch kann damit in allen Phasen des Unterrichts eingesetzt werden, von der

Motivation bis hin zur Vertiefung bzw. zum Transfer. Eine Methode ist z. B. die Fish-Bowl-Diskussion.[14]

Gruppenarbeit/Partnerarbeit

Die Gruppenarbeit ist die Handlungsform, die die Prinzipien der Sozialform Gruppenunterricht konsequent umsetzt (vgl. Bennett 1995). In der Gruppenarbeit bilden die Schülerinnen und Schüler kleinere Einheiten, die selbstständig und solidarisch eine gestellte Aufgabe lösen. Im Regelfall wird die Gruppe eine überschaubare Aufgabe anhand des von der Lehrkraft zur Verfügung gestellten Rahmens erledigen. Dabei sind der Selbsttätigkeit und der Kreativität der Klasse klare Grenzen gesetzt. Ist die Gruppenarbeit in ein größeres Projekt eingebettet, in dem sich die Schülerinnen und Schüler ihre Aufgaben selbst definieren, sind Selbsttätigkeit und Kreativität in einem Höchstmaß gegeben. Einen Spezialfall der Gruppenarbeit stellt die Partnerarbeit dar. Liegt die ideale Größe einer Gruppe bei vier bis sechs Schülerinnen und Schülern, bilden in der Partnerarbeit zwei Personen die Gruppe. Letztere unterscheidet sich von der Gruppenarbeit im Wesentlichen dadurch, dass sie niedrigere Anforderungen an die soziale Kompetenz der beiden Partner stellt.

Beide Formen lassen sich arbeitsgleich und arbeitsteilig organisieren. In der arbeitsgleichen Gruppen- oder Partnerarbeit beschäftigen sich alle mit dem gleichen Thema und der gleichen Fragestellung. Am Ende der Arbeitsphase können alle Lernenden auf dem gleichen Kenntnisstand sein. Da sie die Thematik jedoch in Gruppen erarbeitet haben, ermöglicht die Gruppenarbeit individuelle Zugänge und Lösungswege. Die Gruppenarbeit trägt somit eine gewisse Varianz in die Thematik ein, von der die gesamte Lerngruppe profitieren kann. In der arbeitsteiligen Gruppen- oder Partnerarbeit erörtern die Gruppen Teilaspekte eines Themas oder ein Thema unter verschiedenen Fragestellungen. Die gesamte Thematik erschließt sich, wenn die Einzelergebnisse zusammengetragen und aufeinander bezogen werden. In der arbeitsteiligen Gruppenarbeit lassen

---

[14] Die Fish-Bowl-Diskussion ist ein stark formalisiertes Gespräch, in der unterschiedliche Meinungen zwischen einigen wenigen Schülern diskutiert werden. Die Schülerinnen, die zuhören, haben einerseits einen Beobachtungsauftrag, können sich andererseits jederzeit über einen leeren Stuhl in die Diskussion mit einbringen.

sich somit vielfältige Aspekte des Stoffes betrachten. Allerdings ist sie darauf angewiesen, dass die Gruppen sorgfältig arbeiten. Tut eine Gruppe dies nicht, fehlt ein Puzzle-Teil im Gesamtbild.

Definitionsgemäß ist die Selbsttätigkeit in der Gruppenarbeit stark ausgeprägt. Ihre motivierende Kraft hängt sehr von der Komplexität der Aufgabenstellung und den sozialen Kompetenzen innerhalb der Klasse ab. Die Behaltensleistung der Gruppenarbeit ist relativ hoch, weil die Schülerinnen und Schüler ihren eigenen Weg zum Ziel suchen und gehen. Das Verhältnis zwischen Stofffülle und Zeitaufwand ist dagegen eher mäßig. Die Organisation des Miteinanders und der Abgleich verschiedener Lösungswege ist zeitaufwändig. Die Komplexität der Inhalte, die in der Gruppe bearbeitet werden können, ist durch die kognitiven und sozialen Kompetenzen der Klasse bedingt. Auch zeichnet sich die Gruppenarbeit durch eine höhere Fehlerwahrscheinlichkeit aus, was in der Eigenverantwortlichkeit dieser Handlungsform begründet liegt. Ebenfalls hoch ist der Aufwand an Disziplinarbeit. Die Gruppenarbeit muss eingeleitet und normalerweise auch eine entsprechende Sitzordnung hergestellt werden. Während der Gruppenarbeit kommt es naturgemäß zu einem gewissen Lärmpegel. Gegen diesen Lärm gilt es sich am Ende der Arbeitsphase durchzusetzen und wieder eine ruhigere Atmosphäre in der Klasse herzustellen. All diese Aufgaben fallen zwar auch bei der Partnerarbeit an, sind hier aber signifikant geringer. Der Differenzierungsgrad innerhalb der Gruppenarbeit ist relativ hoch. Jede Schülerin und jeder Schüler kann sich selbst einbringen und wird in seinen individuellen Arbeitsbedürfnissen lediglich durch die Bedürfnisse der Gesamtgruppe eingeschränkt. Der Platzbedarf der Gruppenarbeit ist sehr hoch. Im Idealfall werden Gruppentische so zueinander gestellt, dass sich die einzelnen Gruppen nicht gegenseitig in ihrer Arbeit behindern. Im Normalfall kann sich eine Vierer-Gruppe aber auch um eine Schulbank scharen. Bei der Partnerarbeit ist der Platz dagegen kein Problem, denn normalerweise sitzen die Schülerinnen und Schüler bereits paarweise an ihren Tischen.

Eine Gruppenarbeit ist dann angezeigt, wenn es vielfältige Inhalte zu erschließen gilt oder aber ein gewisses Maß an Kreativität und Individualität für das verhandelte Thema notwendig ist. Gruppenarbeit bietet damit die Möglichkeit der Erweiterung der Methoden-, Sozial-, Sach- und Urteilskompetenz. Abhängig vom gewünschten disziplinarischen und organisatorischen Aufwand und der benötigten Kreativität kann dann zwischen Gruppen- und Partnerarbeit gewählt werden. Mögliche Methoden sind z. B. das Gruppen- bzw. Partnerpuzzle.[15]

Einzelarbeit

In der Einzelarbeit bearbeitet jede Schülerin und jeder Schüler für sich die gestellte Aufgabe. Sie ist somit durch ein Höchstmaß an Individualität des Lernens gekennzeichnet (vgl. Frisch 2000, 168–169). Der Lehrkraft kommt ausschließlich eine moderierende oder begleitende Rolle zu. Wie schon bei der Gruppenarbeit lässt sich auch diese Arbeitsform arbeitsgleich oder arbeitsteilig inszenieren.

In der Einzelarbeit ist die Selbsttätigkeit am stärksten ausgeprägt, denn es gibt niemanden, an den die Schülerinnen und Schüler Aufgaben delegieren können. Die motivierende Kraft hängt deshalb auch zu einem großen Teil davon ab, ob die gestellte Aufgabe dem Leistungsniveau der Schülerin bzw. des Schülers entspricht. Die Behaltensleistung der Einzelarbeit ist hoch, denn jede Schülerin und jeder Schüler kann einen eigenen Zugang zum Thema wählen. Das Verhältnis zwischen bearbeitetem Stoff und aufgewendeter Zeit ist gut. Zwar muss sich die Schülerin bzw. der Schüler selbst organisieren, das Arrangement mit anderen fällt jedoch weg. Die mögliche Komplexität der zu bearbeitenden Inhalte ist stark an das kognitive Niveau der Klasse gebunden. Da eine gegenseitige Korrektur nicht möglich ist, ist die Fehlerwahrscheinlichkeit dieser Handlungsform relativ hoch. Dagegen bedarf es kaum der Disziplinierung. Ist die Aufgabenstellung angemessen, konzentrieren sich die Schülerinnen und Schüler ausschließlich auf die Bearbeitung der Aufgabe. Es herrscht Ruhe im Klassenzimmer. Der Differenzierungsgrad der Einzelarbeit ist naturgemäß maximal. Zusätzlich ermöglicht es diese Handlungsform der Lehrkraft, gezielt mit einzelnen Kindern oder Jugendlichen zu arbeiten. Soziale Kompetenzen werden in der Einzelarbeit nicht gefördert. Sie verlangt Selbstdisziplin, vor allem dann, wenn man vor den anderen fertig ist. Der

[15] Das Gruppenpuzzle arbeitet in zwei Gruppenphasen. In der ersten Gruppenphase erarbeitet eine Gruppe ein gemeinsames Thema, das sie in einer zweiten Gruppenphase den Mitgliedern jeweils anderer Gruppen präsentiert. Ähnlich verhält es sich mit dem Partnerpuzzle, nur das hier statt Gruppen, Teams zusammenarbeiten.

Platzbedarf der Einzelarbeit schließlich ist minimal, denn die Schülerinnen und Schüler arbeiten normalerweise an ihrem Platz.

Der klassische Ort der Einzelarbeit ist die Übung, in der Bekanntes verinnerlicht oder leicht verändert angewendet wird. Damit ist die Einzelarbeit v. a. zur Förderung der Sachkompetenz, vielleicht auch Urteilskompetenz und Methodenkompetenz geeignet. Im Religionsunterricht spielt das Üben da eine Rolle, wo es beispielsweise um Übertragung der neu erworbenen Kompetenz auf eine andere Situation geht, was oftmals in der Vertiefungsphase stattfindet. Einzelarbeit kann aber auch innerhalb der Informationsbeschaffungsphase zur Erschließung von weniger komplexen Inhalten und Informationen herangezogen, wie es z. B. in der stillen Lektüre eines Textes aus dem Schulbuch geschieht. Mögliche Methoden sind die Stilleübungen oder das kreative Schreiben.

Anwendung

In der Planung gilt es nun, die Sequenz der Lernschritte innerhalb der gewählten Sozialform so durch die verschiedenen Handlungsformen zu arrangieren, dass die angezielte Teilkompetenz entwickelt werden kann. Mit der gewählten Sozialform liegt der Geist fest, aus dem heraus die einzelnen Handlungsformen durchgeführt werden. Mit den Handlungsformen ist es nun möglich, den einzelnen Lernschritten konkrete Arbeitsmuster zuzuordnen.

Ein zentrales Merkmal dieser Planung sollte sein, dass sich die Handlungsformen im Unterricht abwechseln. Natürlich lässt sich eine ganze Stunde als Gespräch arrangieren. Das mag in der einen oder anderen Situation auch angemessen sein. Dennoch ermüden die Schülerinnen und Schüler durch eine Monotonie der Handlungsformen in der Regel. Abwechslung ist angezeigt, solange die gewählten Handlungsformen den Lernschritt angemessen inszenieren. Entscheidende Fragen bei der Wahl der Handlungsformen können sein:

- Wie komplex sind die Inhalte des jeweiligen Lernschritts? Wie verhält sich diese Komplexität zum Leistungsstand der Klasse? Welches Maß an Kreativität ist notwendig, um den Lernschritt zu bewältigen?

- Wie geübt sind die Schülerinnen in eigenverantwortlichem Lernen? Welches Maß an Selbstdisziplin können sie aufbringen, welche Erfahrungen mit gemeinschaftlichem Arbeiten haben sie?
- Welche Bedeutung hat die zu erwartende Fehlerwahrscheinlichkeit für den Lernschritt?
- Wie stark kann ich Selbsttätigkeit und soziale Kompetenzen im jeweiligen Lernschritt fördern? Welchen Spielraum eröffnet mir mein angestrebtes Lernziel? Welchen Spielraum fordert es ein?
- Wie stark will ich Selbsttätigkeit und soziale Kompetenzen im jeweiligen Lernschritt fördern?
- Wie ist die räumliche Situation im Klassenzimmer?
- Wie viel Zeit steht mir für den Arbeitsschritt zur Verfügung?
- Wie viel Disziplinarbeit will und kann ich in den jeweiligen Arbeitsschritt investieren?
- Welche Handlungsformen habe ich bereits für das Arrangement der Stunde herangezogen? In welchem Verhältnis stehen sie zur gewählten Handlungsform für den vorliegenden Lernschritt? Welche Konsequenz hat die gewählte Handlungsform für die folgenden Lernschritte?

Die letzte Frage bezieht sich auf die Sequenz der Handlungsformen. Neben der Abwechslung gilt es hier zu beachten, dass sich die Handlungsformen sinnvoll aufeinander beziehen. So bedürfen die Formen der Gruppen-, Partner- und Einzelarbeit in der Regel einer Auswertung im Rahmen der gesamten Klasse. Konsequenterweise schließt sich also ein Gespräch oder ein Schülervortrag an die erwähnten Handlungsformen an. Bei der Wahl der Handlungsformen gilt es, derartige Sequenzen einzuplanen. So ist der Glaube, bei einer arbeitsteiligen Gruppenarbeit Zeit zu sparen, ein Trugschluss, schließlich müssen die einzelnen Arbeitsergebnisse noch in der gesamten Klasse kommuniziert werden. Im Bewusstsein derartiger Kombinationen und unter Berücksichtigung der spezifischen Möglichkeiten der verschiedenen Handlungsformen lassen sich die Lernschritte jedoch anspruchsvoll und angemessen inszenieren.

Beispiel

In diesem Abschnitt werden den detaillierten Lernprozessen aus Kap. 8 eine Sozialform sowie Handlungsformen zugeordnet. Da es sich hier um konkrete Unterrichtsentwürfe handelt, werden die gewählten Handlungsformen zu konkreten Methoden weiter verdichtet.[16] Um die Darstellung nicht unnötig in die Länge zu ziehen, wird stillschweigend davon ausgegangen, dass sich die räumlichen Möglichkeiten im Klassenzimmer und die sozialen Beziehungen in der Klasse so darstellen, dass die gewählten Methoden realisierbar sind.

Primarstufe

In der Grundschule wird das die Symbolik des Lichts als Eingreifen Gottes in das Leben des Saulus erschlossen. Die gewählte Choreographie ist das „Übertragen". Ihm entspricht die Sozialform des Frontalunterrichts.

Im Mittelpunkt der Stunde steht die biblische Erzählung, was die Handlungsform des Erzählens nahelegt. Im Erzählen können die einzelnen Passagen dramaturgisch verdichtet werden. Ferner nimmt die bzw. der Erzählende einen starken Kontakt zu den Schülerinnen und Schülern auf, was deren Identifikation mit Saulus erleichtert. Sie werden in das Geschehen hineingenommen. Dies fokussiert nicht nur die Aufmerksamkeit der Klasse, sondern fördert auch die Deutung des Erzählten im Sinn des Licht-Dunkel-Gegensatzes. Die Vergewisserung über das Gehörte und die Deutung desselben geschehen im Lehrer-Schüler-Gespräch. Da die natürliche Sitzordnung des Erzählens der Kreis ist, wird die Klasse in dieser Phase einen Sitzkreis bilden.

Für die Motivation bietet sich die Methode der Stilleübung an. In ihr wird die Klasse ruhig und kann sich auf die Wahrnehmung ihrer Umgebung konzentrieren. Dunkel und Licht können in ihrer Eigenheit erlebt werden. Die Erfahrungen mit Dunkelheit und Licht, werden in einem anschließenden Rundgespräch, zu dem die Lehrkraft die Stichworte gibt, kurz versprachlicht. Auch die Motivationsphase findet bereits im Sitzkreis statt. Der Wechsel aus der normalen Sitzordnung in den Kreis signalisiert den Kindern, dass sich jetzt etwas Besonderes ereignet. Ferner lässt sich der Übergang von der Motivation in die Informationsbeschaffung bruchlos gestalten, da die Themenstellung nur eine kurze Zeitspanne umfasst. Der Problematik, dass die Kinder im Sitzkreis unruhig

[16] Die Methoden werden mit den Medien gemeinsam in Kapitel 11 den bereits formulierten Lernschritten hinzugefügt.

werden, wird durch die Rhythmisierung der Stunde entgegengearbeitet. Sie beginnt mit der Stilleübung und deren Auswertung, auf die der dreimalige Wechsel aus Erzählung und Deutung folgt. Diese Rhythmisierung wird später noch durch die eingesetzten Medien unterstrichen.

Die Sicherung wird wieder am regulären Sitzplatz erfolgen. Dies ist schon aus Gründen der Disziplin notwendig, denn die Klasse braucht nach der langen Zeit im Sitzkreis etwas Bewegung. Als Handlungsform wird dabei das Lehrer-Schüler-Gespräch herangezogen. Es räumt der Lehrkraft die nötige Kontrolle ein, dass die richtigen Ergebnisse zusammengefasst werden. Die Dokumentation dieser Zusammenfassung geschieht dann in Einzelarbeit.

Für die Vertiefung kann wieder in den Sitzkreis zurückgegangen werden. Dies bietet sich an, weil damit der Zusammenhang mit der Phase des Erkenntnisgewinns hergestellt wird. Beide im vorangegangenen Kapitel angeregten Optionen für die Vertiefung schließen an den Erkenntnisgewinn an. Beide lassen sich abermals in einem Lehrer-Schüler-Gespräch durchführen.

Sekundarstufe I

In der Stunde in der Gesamtschule entdecken und bedenken die Schülerinnen und Schüler ihre eigene Position gegenüber Maßstäben einer christlichen Lebensführung, um ihre Bedeutung für die Aposteltätigkeit damals zu reflektieren. Die Stunde folgt dabei einer erhellenden Unterrichtschoreographie. Ihr entspricht die Sozialform des Gruppenunterrichts, denn in ihr können die Schülerinnen und Schüler selbstbestimmt und kreativ arbeiten.

Im angestrebten Lernprozess kommt der Motivationsphase eine entscheidende Bedeutung zu. Sie rekapituliert für die Klasse die Vorgeschichte des Treffens zwischen Hananias und Saulus und führt zu einer Identifikation mit der Person des Saulus. Dies wird – und hier überschneiden sich Handlungsform und Medium – durch die erneute Betrachtung eines Bildes angezielt. Ein Bild fokussiert die Aufmerksamkeit der Klasse auf den dargestellten Inhalt, bietet aber gleichzeitig verschiedene Zugänge zur Erschließung, die in einem kurzen Lehrer-Schülergespräch gesammelt werden können

Die Themenstellung wird als Lehrervortrag gestaltet, denn sie ist zu komplex, als dass sie ökonomisch erarbeitet werden könnte (vgl. Kap. 8). Für die erste Phase der Informationsbeschaffung bedarf es anschließend einer Handlungsform, die selbstbestimmtes und kreatives Arbeiten erlaubt. Hier wird die Partnerarbeit gewählt. In ihr können sich die Beteiligten gegenseitig stimulieren, ohne dass komplexe Prozesse der Gruppendynamik beherrscht werden müssten. Gleichzeitig ermöglicht sie durch die starke Unterteilung der Klasse eine große Vielfalt an möglichen Maßstäben. Die folgende Auswertung der Partnerarbeit wird im Lehrer-Schüler-Gespräch geschehen. Dabei können sich die Jugendlichen einbringen, gleichzeitig kann die Lehrkraft moderieren. Dies ist vor allem bei der Konstruktion typischer Maßstäbe notwendig.
Die zweite Phase der Informationsbeschaffung beinhaltet die Selbstreflexion der Jugendlichen im Hinblick auf die typischen Maßstäbe. Hier ist die Einzelarbeit die nahe liegende Handlungsform. Sie wird wiederum durch ein Lehrer-Schüler-Gespräch fortgesetzt aus den soeben genannten Gründen. Das Lehrer-Schüler-Gespräch kennzeichnet auch die Phase der Vertiefung. Im Handlungsverlauf des Unterrichts kann somit die Vertiefung bruchlos an den zweiten Erkenntnisgewinn angeschlossen werden. Der Übergang ist sprachlich durch den Impuls gekennzeichnet, die eben angestellten Überlegungen aus der Perspektive des Saulus zu beurteilen. Die Dynamik der Auswertung der Einzelarbeit bleibt erhalten, bekommt lediglich eine andere Richtung.

Sekundarstufe II

Die Oberstufe erarbeitet Kriterien möglicher Gotteserfahrungen in einem modernen Kontext. Da es diesbezüglich keine objektiven Kriterien gibt, ist die Stunde kommunikativ angelegt. Diesem kommunikativen Ansatz müssen Sozialform und Handlungsformen entsprechen. Nimmt man diesen Faden auf, ist der Gruppenunterricht die naheliegende Sozialform.

In der Motivationsphase werden die Schülerinnen und Schüler mit ihrem eigenen Zugang zu Gotteserfahrungen konfrontiert. Die Handlungsform, in der diese Selbstreflexion ungebrochen möglich ist, ist die Einzelarbeit. Sie wird somit als prägende Handlungsform des Unterrichtseinstiegs gewählt.

In der anschließenden Phase der Themenstellung geht es um die Vermittlung des eigenen Zugangs mit der Erzählung von der Bekehrung des Saulus, wobei der Schwerpunkt der inhaltlichen Information auf der Existenz dreier typischer Gotteserfahrungen liegt. Dies leistet am ökonomischsten der Lehrervortrag, denn die Lehrkraft kann die Erzählung im Sinn des Lernschritts fokussieren und als Aufgabenstellung für die Gegenwart formulieren. Eine aktive Beteiligung der Schülerinnen und Schüler ist bei diesem Lernschritt nicht notwendig, denn es wird lediglich das Szenario entwickelt, in dem die folgende Auseinandersetzung stattfindet.

Der Kern dieser Auseinandersetzung ist die Beschäftigung mit drei Typen der Gotteserfahrung. Da es sich um drei unterschiedliche Typen handelt, bietet sich die arbeitsteilige Gruppenarbeit als Handlungsform an. Die Arbeitsteilung hilft den Schülerinnen und Schülern, sich auf einen Typ von Gotteserfahrung zu konzentrieren. In einem modernen Kontext ist es bereits Herausforderung genug, für diesen plausible Möglichkeitskriterien zu formulieren. Die Arbeit in der Gruppe hat gegenüber der Partnerarbeit den Vorteil, dass ein gewisses Kreativitätspotential versammelt ist.

Mit der Wahl der arbeitsteiligen Gruppenarbeit liegen auch die Handlungsformen für die Phase des Erkenntnisgewinns fest. Im Schülervortrag informieren die einzelnen Gruppen den Rest der Klasse über das Ergebnis ihrer Arbeit. Im anschließenden Lehrer-Schüler-Gespräch werden diese Ergebnisse im größeren Forum der Klasse nochmals auf ihre Qualität geprüft. Um dem Anspruch des Gruppenunterrichts gerecht zu werden, beschränkt sich die Lehrkraft im Lehrer-Schüler-Gespräch weitgehend auf die Moderation. Auch die Vertiefung wird wieder im Lehrer-Schüler-Gespräch durchgeführt, was den Austausch der Klasse über die veränderte Perspektive ermöglicht.

10 Medien

Als drittes Element der Artikulation werden die Medien betrachtet. Die Medien prägen im Zusammenspiel mit dem Lernschritt und der gewählten Handlungsform die Stimmigkeit der Unterrichtsphase. Sie sind dabei insofern von zentraler Bedeutung, als ihre Gestalt auch über die Art und Weise der Verarbeitung der gebotenen Informationen entscheidet. Dies gilt es im Folgenden näher zu erläutern. Zuerst wird der Begriff „Medium" in seiner didaktischen Verwendung geklärt und auf seine Bedeutung für die Unterrichtsplanung hingewiesen. Dann folgen Kriterien für die sinnvolle Auswahl eines Mediums. Anschließend werden die charakteristischen Medientypen Sprache, Text, Bild, Musik, digitale Medien und Medien, die zu Kreativität und Phantasie herausfordern, beschrieben. Am Beispiel der Erzählung von der Bekehrung des Saulus wird die Wahl der Medien veranschaulicht.

Begriff

Unter Medien versteht man alle Mittel und Verfahren, die der Übermittlung und dem Austausch von Informationen dienen (vgl. Gottwald 2001, 1308). Ein Medium vermittelt zwischen Sender und Empfänger, liegt bildlich gesprochen also zwischen beiden Kommunikationspartnern. Diese Zwischenstellung ist bedeutsam, denn die Übermittlung der Information geschieht nicht unabhängig vom Medium selbst. Erstens bedingt die Darstellungsweise den Informationsaustausch. Zweitens transportieren Medien neben Informationen auch Konnotationen: Medien wecken bei den Empfängern Gefühle und Überzeugungen, die in die Wahrnehmung der Information eingehen. Drittens können Medien ihre Botschaft nur übermitteln, wenn der Empfänger zumindest ansatzweise mit dem verwendeten Zeichen- und Symbolsystem vertraut ist.

Medien erfüllen unterschiedliche Funktionen (vgl. Leimgruber 2001, 220–222). Zuerst dienen sie der Weitergabe von Information. Ferner haben sie eine Sozialisationsfunktion, sie vermitteln Wertvorstellungen und beeinflussen das Wahrnehmungs- und Auffassungsvermögen. Weiterhin dienen Medien der Unterhaltung, wie es der alltägliche Sprachgebrauch nahelegt. Im Gefolge der Digitalisierung erfüllen Medien immer stärker auch eine kommunikative bzw. interaktive Funktion. Medien haben schließlich auch eine Bildungsfunktion. Sie konfrontieren den Empfänger mit neuen Sinnhorizonten, machen ihn auf gesellschaftliche Probleme aufmerksam und fordern zu einer eigenen Stellungnahme heraus.

In didaktischer Hinsicht werden Medien gemeinhin als Unterrichtshilfen verwendet. Sie tragen neben und mit der Handlungsform dazu bei, die einzelnen Lernschritte zu inszenieren. Im Religionsunterricht ermöglichen es Medien nach Günther Staudigl, Sinn- und Wertfragen angemessen auszudrücken, Erfahrungen, die verbal nur schwer formulierbar sind, auszudrücken, die Tiefendimension menschlicher Existenz zu erschließen, schwierige religiöse Inhalte im Horizont eines heutigen Existenzverständnisses auszudrücken sowie die Erlebnis- und Meditationsfähigkeit zu fördern (vgl. 1997, 316). Medien werden unterschiedlich eingeteilt. Eine einfache Unterscheidung trennt zwischen sprachlichen (z. B. Text oder Hörfunk) und nichtsprachlichen Medien (z. B. Bild oder Musikstück). Gängiger ist die wahrnehmungspsychologisch motivierte Unterscheidung zwischen auditiven (z. B. Musik oder Hörspiel), visuellen (z. B. Text oder Bild) und audiovisuellen Medien (z. B. Film oder Musikvideo).

Anwendung

Gegenüber der Generation der Großeltern heutiger Schülerinnen und Schüler hat sich der gesellschaftliche Stellenwert von Medien verändert (vgl. Moser 2000). Sie nehmen einen größeren Teil der Lebenszeit ein und prägen den Lebensrhythmus der Menschen. Vor allem Social Media dringt immer weiter in die Kinderzimmer und Schulen vor. In der Folge tritt eine virtuelle Realität neben die primäre Wirklichkeit. Beide Wirklichkeiten spielen in der Entwicklung der Kinder und Jugendlichen eine Rolle: Sie stellen die Spielfelder dar, auf denen sich die eigene Identität ausbildet, auf denen man Antworten auf die Fragen zu Macht und Ohnmacht sucht, auf denen Beziehungen ausprobiert werden.

Angesichts dieser Bedeutung von Medien in der Lebenswelt der Kinder und Jugendlichen liegt es nahe, die Auswahl der Medien nicht nur nach didaktischen, sondern auch nach pädagogischen Kriterien zu richten. Die pädagogischen Kriterien werden unter dem Stichwort der Medienkompetenz diskutiert. Angestrebt wird die Befähigung zu selbstreflexiver Nutzung der Medien. Nach Heinz Moser bedeutet dies, dass die Kinder und Jugendlichen 1) die verschiedenen Medien in technischer Hinsicht richtig handhaben und die mit ihnen verbundenen Gestaltungsmöglichkeiten beherrschen, 2) mit den jeweiligen Codes der Medien sowie mit ihren ästhetischen und gesellschaftlichen Ausdrucksformen vertraut sind, 3) auf die medienspezifischen Kommunikationsangebote und -zumutungen sinnvoll eingehen können und 4) sich der Funktion der Medien in der Gesellschaft kritisch vergewissern (vgl. 2000, 216–217). Dabei sollte jedoch nicht vergessen werden, dass heutige Kinder und Jugendliche vor allem bei digitalen Medien in der Regel einen Erfahrungsvorsprung gegenüber Erwachsenen haben. Sie sind meistens nicht nur technisch versierter, sondern wachsen auch selbstverständlich mit diesen Medien auf.

Aus didaktischer Perspektive geht es bei einem kompetenten Umgang mit Medien vor allem um den stimmigen Einsatz derselben im Zusammenspiel mit Lernschritt und Handlungsform. Folgende Fragen können bei der Auswahl von Medien handlungsleitend sein (vgl. Noormann 2004, 284–285):

- *Steht das gewählte Medium im Dienst des jeweiligen Lernschritts und der jeweiligen Handlungsform?* Der Einsatz von Medien ist kein Selbstzweck, sondern bildet zusammen mit Lernschritt und Handlungsform einen eigenständigen Arbeitsschritt im Unterrichtsprozess. Seinen sinnlichen Ausdruck findet dieses Wechselverhältnis in den Beobachtungs- und Arbeitsaufträgen, die in der Regel den Medieneinsatz begleiten. In ihnen wird das Medium für die inhaltliche Auseinandersetzung fruchtbar gemacht und in die Handlungsform eingebunden.
- *Welche Rolle spielt das gewählte Medium im gesamten Lernprozess?* Medien weisen über sich hinaus, selbst wenn sie ausschließlich für einen Arbeitsschritt gewählt werden. Bei der Auswahl eines Mediums sollte deshalb bedacht werden, in welchem Verhältnis es zu den bereits bearbeiteten und den noch folgenden Lernschritten steht. Erstens verwirrt der Einsatz zu vieler Medien. Zweitens bindet ein Medium, auf das in verschiedenen Arbeitsschritten Bezug genommen werden kann, die Stunde zusammen.

- *Wird das gewählte Medium in seiner Sinn- und Aussagetiefe weitestgehend ausgeschöpft?* Wird das gewählte Medium in seiner Eigenart und Gattung ernst genommen? Obwohl Medien im Dienst des Unterrichtsprozesses stehen, haben sie auch einen Eigenwert. Medien repräsentieren Wirklichkeit auf eine spezifische Weise und die ausführliche Beschäftigung mit dem Medium trägt dazu bei, die Vielschichtigkeit dieser Wirklichkeit zu erfassen. Gleiches gilt für die Gattung. So lebt eine Karikatur von der Offensichtlichkeit des abgebildeten Witzes. Eine Klasse, die zögert, den Witz zu erklären, handelt also erst einmal höchst rational.
- *Ist der Inhalt des gewählten Mediums suggestiv oder ideologisch?* Im Religionsunterricht stehen Medien meistens in Bezug zu bestimmten Wahrheitsansprüchen. Sie veranschaulichen Geltungsansprüche, die aus einer anderen Perspektive auch anders formuliert werden könnten. Eine verantwortete Auswahl des gewählten Mediums ist sich der im Medium repräsentierten Wahrheitsansprüche bewusst. Wohlgemerkt, es geht hier nicht darum, derartige Medien im Unterricht nicht zu berücksichtigen. Vielmehr kann im Wissen um die suggestive Ladung die im Medium enthaltene Ideologie selbst zum Thema gemacht werden und die Lernenden so zu einem selbstkritischen Umgang mit Medien erzogen werden.
- *Wie passt das gewählte Medium zur Alltagsästhetik der Schülerinnen und Schüler?* Aufgrund ihrer konnotativen Dimension werden Medien auch unter ästhetischen Gesichtspunkten wahrgenommen. Um ihre Wirkung richtig abzuschätzen, ist es unabdingbar, das gewählte Medium durch die Augen der Schülerinnen und Schüler zu beurteilen. Wiederum geht es nicht darum, nur attraktive Medien auszuwählen. Eine bewusste Provokation durch ein „altertümliches" Medium kann sinnvoll sein.
- *Entspricht das gewählte Medium den technischen und räumlichen Gegebenheiten im Klassenzimmer?* Das Klassenzimmer stellt den Rahmen für das gewählte Medium zur Verfügung, durch seine Ausstattung legt es fest, welche Medien gewählt werden können.
- *Bin ich den technischen Anforderungen des Mediums gewachsen?*
- *Ist mir das gewählte Medium bekannt?*

Elementare Medientypen

Mit den genannten pädagogischen und didaktischen Kriterien sollte eine verantwortete und stimmige Auswahl von Medien möglich sein. Im Folgenden werden nun elementare Medientypen beschrieben: die Sprache, der Text, das Bild, die Musik, digitale Medien und Medien, die die Kreativität und Phantasie der Schülerinnen und Schüler herausfordern.

Sprache

Das gesprochene Wort ist wohl das Medium, das die größte Rolle im Religionsunterricht spielt (vgl. Reese-Schnitker 2021). Verzichtet man auf weitere technische Hilfsmittel, setzt Sprache als Medium räumliche und zeitliche Nähe voraus. Das gesprochene Wort wirkt im Moment des Sprechens. Weiterhin ist Sprache an einen konkreten Lebenszusammenhang gebunden. Der Dialekt, in dem gesprochen wird, gibt Auskunft über den Sprecher und liefert unter Umständen Zusatzinformationen zum gesprochenen Inhalt. Ferner transportiert Sprache neben dem gesprochenen Inhalt auch nonverbale Signale. Die Sprachmelodie und der Sprechduktus helfen dem Empfänger, die Bedeutung des Gesprochenen zu erschließen.

Gemäß einer grundsätzlichen Unterscheidung lässt sich Sprache in argumentative und in narrative Formen unterscheiden (vgl. Bruner 1986, 11–43). Argumentatives Sprechen ist begriffliches Sprechen. Es zielt auf Eindeutigkeit und versucht mögliche Assoziationen gering zu halten. Nach Jerome Bruner wird argumentatives Sprechen eingesetzt, wenn ein wahrer Sachverhalt nachgewiesen werden soll. Dazu wird auf eine formale Logik zurückgegriffen, die in konsistenten und wohldefinierten Begriffen und widerspruchsfreier Anordnung den Sachverhalt entfaltet. Eine Argumentation ist darauf angelegt, dass sie sich durch ein unvoreingenommenes Gegenüber so nachvollziehen lässt, dass dieses Gegenüber zum gleichen Ergebnis kommt. Erzählungen veranschaulichen für Bruner dagegen die Vielschichtigkeit des Lebens, denn sie werden gewählt, wenn dessen Lebendigkeit vor Augen geführt werden soll. Sie komponieren die Handlungsführung und die Handlungsmotive zu einem komplexen Gewebe, das sich nur aus der beschriebenen Situation heraus erschließt. Erzählen beruht deshalb auf einer situativen Logik, denn der Sinn einer Erzählung lässt sich nur aus dem konkreten Zusammenhang der einzelnen Erzählteile erschließen. Erzählungen zielen auf die Identifikation des Gegenübers mit einer oder mehrerer der ihr eingewobenen Perspektiven auf die Lebenslage ab.

Beide Sprachgattungen stehen der Lehrerin bzw. dem Lehrer zur Verfügung. Ihre Bedeutung für den Religionsunterricht liegt darin, dass sie eine jeweils eigene Wirklichkeit erzeugen (vgl. Niehl 2002a). In den indo-europäischen Sprachen tragen Adjektive, Substantive und Verben den Sinn. Argumentatives Sprechen stützt sich dabei hauptsächlich auf Substantive, was einen statisch-objektivierenden Zugang zur Wirklichkeit begünstigt. Narratives Sprechen beruht dagegen vor allem auf Adjektiven und Verben, so dass ein geschichtlich-dynamischer Zugang zur Wirklichkeit gefördert wird.

Text

Texte verstetigen Sprache. Sie dokumentieren das gesprochene Wort und erhalten es über zeitliche Distanzen hinweg zugänglich. Sie lösen die Kommunikation somit von der Zeit und vom Ort. Dadurch leben Autor und Leser in eigenen Wirklichkeiten, die durch die jeweilige kulturelle und geschichtliche Situation gekennzeichnet sind. Um einen Text zu verstehen, müssen die Differenzen in den soziokulturellen Kontexten von Autor und Leser überbrückt werden. Handelt es sich um einen historischen Text, steht er zusätzlich in einer Überlieferungs- und Wirkungsgeschichte. Sie qualifizieren den Text am Maßstab dessen, was zur jeweiligen Zeit als gut, gerecht und opportun gilt. Schließlich begegnet der Leser einem Text in der Regel mit bestimmten Erwartungen, die ebenfalls in das Textverständnis eingehen können.

Für die Interpretation von Texten schlägt Franz Niehl die folgenden Zugänge vor (vgl. 2002b, 487): 1) das intuitive Erfassen einer Textbedeutung beim Lesen oder Hören, 2) die Analyse des Textes im Hinblick auf formale Strukturen, zentrale Begriffe und Motive, verwendete Stilmittel u. s. w., 3) die Erörterung der Beziehung zwischen Leser und Text, die der Text dem Leser zuweist, bezüglich der Assoziationen, die er beim Leser weckt, der Widersprüche, die er provoziert, u. s. w., 4) die Rekonstruktion der Entstehungssituation, 5) die Bestimmung der Position des Textes in der Welt der Sprache im Hinblick auf das Verhältnis zu Texten mit ähnlichen Motiven, ähnlichen sprachlichen Mitteln, ähnlichem Sprachgestus u. s. w., 6) die exemplarische Vergegenwärtigung der Wirkungsgeschichte des Textes, 7) die Klärung des eigenen Vorverständnisses hinsichtlich sowohl des Textes selbst als auch seines Themas, 8) die Verknüpfung des Textes mit heutigen Erfahrungen und zeitgenössischen Denkmodellen.

Texte liegen als Medium für den Religionsunterricht in verschiedensten Formen vor. Die Auswahl biblischer Texte wird sich u. a. nach dem entwicklungsbedingten Verstehenshorizont der Kinder oder Jugendlichen richten. Als grundlegende Richtlinie schlagen Christoph Dohmen-Funke und Markus Hartenstein vor, in der Grundschule vor allem narrative und hymnische Texte wie Heilungen oder Psalmen anzubieten, während Jugendliche größere Erzählzusammenhänge wie die Passionsgeschichte oder die Propheten verarbeiten können (vgl. 2002, 529). Eine weitere wichtige Textquelle für den Unterricht sind Religionsbücher (vgl. Porzelt 2021). Sie sind in der Regel auf den gültigen Lehrplan abgestimmt und stellen eine Auswahl altersgemäßer Texte in den Zusammenhang mit anderen Medien. Moderne Religionsbücher streben dabei eine Verschränkung zwischen christlicher Tradition und gegenwärtiger Lebenswelt an. Auch sind sie in der Regel stärker prozess- als ergebnisorientiert. Gemäß Godwin Lämmermann sollte man allerdings auch kritisch hinterfragen, inwieweit Religionsbücher suggestive oder ideologielastige Elemente beinhalten (vgl. 1998, 215–216). Texte mit aktuellem Bezug finden sich in Zeitungen, Zeitschriften und dem Internet. Sie bringen Aktualität und Lebenswirklichkeit in den Religionsunterricht. Allerdings müssen diese Medien meist erst aufbereitet werden, bevor sie den Schülerinnen und Schüler angeboten werden können.

Die bisher porträtierten Textmedien stehen für einen rezeptiven Umgang mit Texten. Daneben gibt es vielfältige Formen eines produktiven Umgangs mit diesem Medium (vgl. Kuppig 1998; Niehl/Thömmes 1998, 111–144). Die Methoden des kreativen Schreibens, des Schreibgesprächs, der Texttransformation oder des Weiterschreibens eines Textes haben gemeinsam, dass sie in einen Text münden, der durch die Schülerinnen und Schüler gestaltet wurde. Im Medium Text sind sie herausgefordert, das ihnen zu Gebote stehende Zeichen- und Symbolsystem daraufhin zu befragen, inwieweit es die religiöse Dimension der Wirklichkeit ausdrücken und beschreiben kann. Die Produktion von Texten fördert die religiöse Ausdrucksfähigkeit der Schülerinnen und Schüler.

Bild

Das Bild stellt das Leitmedium der gegenwärtigen Moderne dar (vgl. Baake/Röll 1995). Mit dem gesellschaftlichen Erfolg von Film, Fernsehen und Internet verändern sich auch die Wahrnehmungsmuster und nahmen immer stärker visuell-ikonische und synthetische Züge an. Bilder stellen die in ihnen enthaltenen Informationen gebündelt zur Verfügung. Das Bild wirkt in seiner Komposition unmittelbar auf die Betrachterin und den Betrachter. Es verdichtet die Vielschichtigkeit der Wirklichkeit auf einen Moment und in eine kohärente Gestalt hinein und präsentiert sie anschaulich. Auf diese Weise finden Bilder einen eigenständigen Zugang zur Welt und können Dimensionen der Wirklichkeit in Szene setzen, die den Darstellungsmöglichkeiten der Sprache verschlossen bleiben. So eigenen sich Bilder hervorragend, Schülerinnen und Schüler in eine ihnen fremde Lebenswelt einzuführen und auch zur Erschließung neuer Perspektiven und zur Vertiefung (vgl. Lämmermann 1998, 218) Im Gegensatz zur unmittelbaren Wirkung des Bildes erschließt sich seine Sinntiefe normalerweise erst in der allmählichen Entschlüsselung seiner vielfältigen Bezüge. Abhängig von der Komplexität der Komposition lassen sich die Details der Darstellung herausarbeiten, vielfältige Beziehungen zwischen den einzelnen Bildelementen entdecken und eigene Deutungen an den Inhalt herantragen.

Um die Sinntiefe von Bildern hinreichend zu erschließen, werden die folgenden Schritte der Bildbetrachtung vorgeschlagen (vgl. Schmid 1997, 125–178): In der Erstbegegnung mit dem Bild werden Eindrücke gesammelt. Dann folgt eine Phase der stillen Betrachtung, an die sich die Phase der immanenten Beschreibung des Bildes anschließt. In ihr werden die einzelnen Bestandteile des Bildes genannt, deren Anordnung herausgearbeitet, die Farbgebung erhoben u. s. w. Es folgt die Phase der kontextuellen Beschreibung, in der biografische Informationen zum Künstler, der zeitgeschichtliche Kontext des Bildes, die ikonografische Bedeutung von Farben, Linien, Symbolen u. s. w. zusammengetragen werden. Daran schließt sich die Phase der Deutung des Bildes an, welche wiederum in eine zweite Bildbegegnung mündet, in der die Schülerinnen und Schüler ihren subjektiven Zugang zum Bild klären können. Eine Phase der kreativen Weiterarbeit mit dem Bild kann diesen Zyklus beschließen. Dieses Modell hat typischen Charakter, d. h. es muss bei der Planung an die spezifische Bild-Gattung und deren Ort im Unterrichtsprozess angepasst werden.

Bilder liegen in statischer oder dynamischer Form vor. Das klassische Beispiel für statische Bilder ist das Kunstbild (vgl. Burrichter 2021). Werke der Kunst erschließen exemplarisch die Wege zeitgenössischer Existenzdeutung und Sinnerschließung. Sie erlauben deshalb einen genuinen Einblick in das (religiöse) Denken und Fühlen der Menschen ihrer Entstehungszeit. Gleichzeitig stehen sie für einen kreativen Umgang mit der Tradition, in der sie stehen. Ihre Erschließung setzt eine gewisse Schulung der Klasse in der Bildbetrachtung voraus wie auch elementare kunstgeschichtliche Kenntnisse auf Seiten der Lehrerin bzw. des Lehrers. Neben Kunstwerken ist das Foto ein wesentliches Medium im Unterricht (vgl. Leimgruber 2001 225). Fotos stehen für eine gezielte Momentaufnahme eines Ereignisses und gelten allgemein als objektive Zeugen der Wirklichkeit. Sie können über fremde Lebenswelten informieren oder aber symbolträchtige Momente der Geschichte für nachfolgende Generationen bewahren. Dabei stellen Fotos im besten Fall nur einen Ausschnitt dieser Wirklichkeit dar, der aus einer bestimmten Perspektive aufgenommen wurde. Angesichts der technischen Möglichkeiten der Bildbearbeitung liegt es u. U. aber näher, Fotos als Mittel der Konstruktion von Wirklichkeit zu begreifen. Neben dieser dokumentarischen Funktion sind Fotos auch ein Ausdrucksmittel zeitgenössischer Kunst. Solche Fotos wären dann mit den Mitteln der Betrachtung eines Kunstbildes zu erschließen. Eine dritte Form stellt die Karikatur dar (vgl. Leimgruber 2001, 224). Sie konzentriert die Darstellung ihres Inhalts auf das Wesentliche, weil sie die Aufmerksamkeit des Betrachters auf ihre Pointe richten will. Diese Pointe überzeichnet eine Situation, in dem sie deren exemplarischen Gehalt verdichtet, vertraute Konstellationen verfremdet oder einen gesellschaftlichen Zustand in einen Kontrast zur Norm stellt. All diesen Strategien ist gemeinsam, dass sie eine Reaktion provozieren wollen. Sie fordern den Betrachter zu einer eigenen Stellungnahme heraus. Als letzte statische Bild-Gattung sollen schließlich das Diagramm und die Tabelle genannt werden. Beide zielen darauf ab, einen Sachverhalt hinsichtlich

seiner logischen Struktur zu visualisieren. Die grafische Darstellung in Diagrammen und Tabellen ist auf das Wesentliche reduziert. Sie eignen sich dazu, Sachverhalte konzentriert und anschaulich zu präsentieren.
Für eine dynamische Präsentation von Bildern stehen die Medien Film und Videoclip (vgl. Mendl 2002). Filme als Medium im Unterricht dienen in der Regel der Information oder der Animation. Während informierende Filme auf Wissensvermittlung angelegt sind und ihre Inhalte deutlich erkennbar und systematisch aufbereitet präsentieren, bedienen sich Filme, deren Zweck die Animation ist, aller kreativer Möglichkeiten in Regieführung und Schnitttechnik. Sie wollen einladen, provozieren, unterhalten u. s. w. Videoclips führen die klassischen Filmtechniken weiter und zeichnen sich durch rasante Kamerafahrten, ungewöhnliche Kameraperspektiven und schnelle Schnittfolgen aus. Sie inszenieren ein Gefühl oder eine Lebenshaltung. Aus medienpädagogischer Perspektive ist es ratsam, Filme und Videoclips auf ihre latente Ideologie hin zu hinterfragen, denn die Kombination aus Bild und Ton erhöht bei geschickter Regie die suggestive Kraft beider Medien.

Das Medium Bild lässt sich schließlich auch zur produktiven Auseinandersetzung mit den Inhalten des Unterrichts heranziehen. Neben Klassikern wie dem Ausmalen von Arbeitsblättern oder der Erstellung von Collagen können Simpleshows durch die Schülerinnen und Schüler erstellt, betrachtete Bilder übermalt oder kleine, thematisch einschlägige Clips selbst produziert werden. Wie schon beim Medium Text regt auch der schöpferische Umgang mit dem Medium Bild die Ausdrucksfähigkeit an.

Musik

Neben dem Internet ist Musik das Leitmedium von Jugendlichen (vgl. König 2021a). Der gemeinsame Musikgeschmack stiftet Freundschaften und hilft, sich von Erwachsenen und anderen Jugendlichen abzugrenzen. Gleichzeitig kann Musik eine ästhetische Brücke zwischen Alltagserfahrung und Religion schlagen. Musik durchbricht als akustisches Medium die Dominanz visuell-ikonischer Wahrnehmung und spricht in erster Linie die emotionale Seite der Hörerin bzw. des Hörers an. Auf diese Weise transzendiert sie die rationale Wirklichkeit und bringt Bereiche im Men-

schen zum Schwingen, die jenseits dieser Wirklichkeit liegen. Die Sinnlichkeit der Klänge kann sich beim Hören von Musik und beim Musizieren also mit der eigenen Spiritualität verbinden.
Im Umgang mit dem Medium Musik unterscheidet Ilse Kögler vier Ebenen (vgl. 2002, 494–496): Die subjektive Ebene bezieht sich auf den individuellen Zugang zum ausgewählten Medium. Die intersubjektive Ebene bezieht sich auf die Gemeinsamkeiten und Unterschiede zwischen den individuellen Zugängen zum ausgewählten Medium. Die symbolisch-inhaltliche Ebene bezieht sich auf den Inhalt des gewählten Musikstücks. Es geht um die Darstellung der im ausgewählten Medium ausgedrückten Thematik, und zwar sowohl in sachlicher als auch in kompositorischer Hinsicht. Die vierte Ebene, der sog. „Globe", bezieht sich auf das Umfeld der ausgewählten Musik. Jedes Stück steht in einem bestimmten sozialen, kulturellen und vielleicht auch politischen Zusammenhang, aus dem es seine Brisanz oder Attraktivität ableitet.

Wenn es um das Hören von Musik geht, kann zwischen klassischer Musik, populärer Musik und dem geistlichen Lied unterschieden werden. Die klassische Musik kennt eine Vielzahl von Stücken, in denen biblische Themen musikalisch umgesetzt sind, sie bietet also ein reichhaltiges Repertoire einschlägiger Musikstücke, die sich inhaltlich problemlos in den Religionsunterricht einbinden lassen. Allerdings stehen die meisten Kinder und Jugendlichen diesem Genre beziehungslos bis ablehnend gegenüber. Die Chance dieser Differenz liegt darin, dass klassische Musik den Schülerinnen und Schülern ein ungewöhnliches Hörerlebnis bieten kann. Sie hinterfragt eingespurte ästhetische Muster und verlangt genaues Hinhören. Die Herausforderung bei klassischer Musik liegt darin, die Klasse zum aufmerksamen Zuhören zu motivieren. Populäre Musik ist dagegen ein fester Bestandteil der Lebenswelt von Kindern und Jugendlichen. Sie umfasst verschiedene Musikstile, die aber allesamt marktgängig sind, d. h. sich gut verkaufen lassen. Insofern populäre Musik die Träume und Probleme der Jugendlichen zu Gehör bringt, kann sie deren Lebenswelt und Alltagsästhetik im Religionsunterricht anklingen lassen. Allerdings wird sie sich nur in Ausnahmefällen bruchlos in diesen eingliedern. Religion ist in der populären Musik ein randständiges Thema und eventuelle Bezüge spannen in der Regel einen Gegenhorizont innerhalb der verhandelten Thematik auf. Wer derartige Differenzen glättet, wird weder der Eigenständigkeit populärer Musik – und damit meist der Lebenswelt der Schülerinnen und Schüler – noch der des christlichen Glaubens gerecht. Geistliche Lieder schließlich bringen explizit religiöse Themen mit den zeitgenössischen Mitteln eingängiger Musik zum Ausdruck. Vor allem das Neue Geistliche Lied versucht dabei an die Stilmittel der populären Musik anzuknüpfen. Inhaltlich sind diese Medien somit geeignet, die Spiritualität ihrer Zeit im Religionsunterricht zu Gehör zu bringen. Insofern geistliche Lieder aber die Aura institutionalisierter Religion, d. h. von Kirche und Gottesdienst atmen, werden ihnen die meisten Schülerinnen und Schüler eher distanziert gegenüberstehen. Auch entsprechen sie häufig nicht den ästhetischen Standards geläufiger Hörgewohnheiten.

Aktives Musizieren hat als Singen eine lange Tradition im Religionsunterricht. Für das Einüben von Liedern liegen mittlerweile differenzierte Vorschläge vor (z. B. Schmid 1997, 199–219). Ein weiterer Klassiker ist das Meditieren nach Musik. Es fordert die Schülerinnen und Schüler dazu auf, sich ganz der Musik auszusetzen und sich von den Gefühlen, die durch sie ausgelöst werden, treiben zu lassen. Eine weitere aktive Form des Umgangs mit dem Medium Musik ist das Interpretieren von Erzählungen durch Töne und Rhythmen, die die Kinder und Jugendlichen an elementaren Instrumenten selbst hervorbringen. Die Kombination von Geräuschen, Tönen und Klängen mit den Aktivitäten, die sie erzeugen (Klopfen, Schütteln, Streichen, Zupfen u. s. w.), übt dabei vor allem auf Kinder eine große Anziehungskraft aus. Freilich setzt das produktive Arbeiten mit dem Medium Musik gewisse Kenntnisse und Fertigkeiten auf Seiten der Lehrerin bzw. des Lehrers voraus. Ab der Pubertät wird auch ein großer Schwung Überzeugungskraft dazukommen müssen, denn in einem sich verändernden Körper ist es doppelt schwer, sich expressiv zu äußern.

Digitale Medien

Digitale Medien erfüllen drei Eigenschaften (vgl. Meschenmoser 2002, 75: 1) *Multimedialität*: Das Medium beherrscht die zeitlich synchronisierte Darstellung von Informationsträgern der bisher beschriebenen elementaren Medientypen. 2) *Interaktivität*: Das Medium erlaubt es dem Benutzer, aktiv in die Präsentation der Informationen einzugreifen, wodurch sich eine Reihe von Steuerungsmöglichkeiten des Lernprozesses ergibt. 3) *Existenz eines Hypertexts*: Das Medium vernetzt die niedergelegten Informationen und erlaubt das eigenständige Navigieren zwischen ihnen sowie die gezielte Suche nach noch benötigten Informationen. Diese drei Merkmale haben einen unmittelbaren Einfluss auf die Art und Weise des Lernens (vgl. Aufenanger 2003). Erstens wird das Wissen nicht linear entlang einer durch das Medium vorgegebenen Sequenz aufgenommen, sondern der Benutzer muss sich seinen individuellen Lernweg innerhalb der vernetzten Struktur selbst suchen. Ferner ermöglichen und verlangen digitale Medien andere Formen des Ausdrucks, die selbst wiederum den obigen drei Kriterien gerecht werden. Damit wachsen die Schülerinnen und Schüler in eine neue Kulturtechnik hinein. Schließlich erlauben sie eine zeitnahe Vernetzung der Lernenden mit anderen Lernenden oder Informationsträgern, die sich nicht am selben Ort befinden.

Aus instruktionspsychologischer Sicht müsste das ausgewählte digitale Medium den folgenden Kriterien entsprechen (vgl. Niegemann 2003, 147–150; Mayer 2001): 1) *Kohärenzprinzip*: Sind sämtliche im Medium verwendeten Darstellungen und Darstellungsweisen informativ im Hinblick auf den angestrebten Lernschritt? 2) *Kontiguitätsprinzip*: Sind Informationen, die sich auf denselben Aspekt der Thematik beziehen, in räumlicher und zeitlicher Nähe zueinander platziert? 3) *Modalitätsprinzip*: Sind Grafiken verbal erklärt? Gesprochene Worte sind effektiver als ein geschriebener Text, weil beim Betrachten der Grafik das Auge als Informationskanal bereits genutzt wird, das Ohr jedoch nicht. 4) *Redundanzprinzip*: Wird gleichzeitig gesprochener und geschriebener Text präsentiert? 5) *Personalisierungsprinzip*: Verwendet das Medium einen umgangssprachlichen Stil und treten virtuelle Helfer auf?

Die tatsächlichen Möglichkeiten des Einsatzes digitaler Medien werden stark von der technischen Ausrüstung der Schule abhängen (vgl. Nord/ Zipernovsky 2017; Pirker 2021). Das Internet stellt den Schülerinnen und Schülern eine Plattform zur Verfügung, mit der sie sich alle möglichen gespeicherten Informationen erschließen können. Es ist weder didaktisch aufbereitet noch bürgt es für die Qualität seiner Informationen. Seine Stärke liegt im Zugriff auf aktuelle Daten, seine Herausforderung darin, sich nicht im Datenstrom zu verlieren. Auch sind die gewonnenen Informationen ideologiekritisch zu prüfen. Eine kommunikative Nutzung des Internets ermöglichen Social Media oder Video-Konferenzen. Sie etablieren eine virtuelle Community, die sich zu bestimmten Themen austauscht. Für den Religionsunterricht lassen sich gezielt Chats zu religiösen Themen oder eigene virtuelle Welten einrichten und die Lebenswelten anderer Nutzer besuchen. Obwohl Social Media unter heutigen Schülerinnen und Schülern äußerst populär ist, gibt es bislang noch keine abgewogene Perspektive für seinen Einsatz im Religionsunterricht.

Kreative Medien

Als letzter elementarer Typ sollen Medien vorgestellt werden, die die Schülerinnen und Schüler zu Kreativität und Phantasie herausfordern. Es handelt sich bei diesen Medien in der Regel um Unterrichtsmittel, die ganzheitliches Lernen anregen. In Anlehnung an die Herausgeber des Praxisbuches „Ganzheitliche Methoden im Religionsunterricht" können die folgenden sieben Grundregeln zu einer sinnvollen Auswahl und Anwendung entsprechender Medien beitragen (vgl. Rendle/u. a., 1996, 10): 1) Ganzheitliches Lernen steht im Dienst des Lernprozesses und muss deshalb dem Inhalt angemessen sein. 2) Ganzheitliches Lernen lässt sich nicht gegen den Willen der Schülerinnen und Schüler durchsetzen. Es braucht Geduld, dass sich die Klasse auf den Ansatz einlässt. 3) Ganzheitliches Lernen steht für ein eigenständiges Unterrichtskonzept, das schrittweise eingeübt werden muss. 4) Ganzheitliches Lernen braucht Zeit. 5) Ganzheitliches Lernen regt die Kreativität der Schülerinnen und Schüler an. Es eignet sich deshalb nur für Lernschritte, die einen individuellen Zugang zu einem Thema erlauben. 6) Um die Wirkungen ganzheitlichen Lernens realistisch einschätzen zu können, sollen nur solche Medien und Methoden eingesetzt werden, mit denen bereits eigene Erfahrungen vorliegen. 7) Ganzheitliches Lernen ermöglicht den Schülerinnen und Schülern Erfahrungen mit sich selbst, es ist jedoch kein therapeutisches Handeln.

Klassiker unter den Medien, die Kreativität und Phantasie fördern, stellen die sog. „Kett-Tücher" und die „Egli-Figuren" dar. Sie stehen für ein in sich geschlossenes philosophisch-didaktisches Konzept. Das didaktische Potential dieser Materialien liegt darin, dass mit ihnen die unterrichtete Thematik anschaulich präsentiert werden kann, ohne dass die Schülerinnen und Schüler durch das Material selbst festgelegt werden. Derartige Medien regen die Lernenden somit zu einer vertieften Auseinandersetzung mit den visualisierten Inhalten an, indem sie Dimensionen ansprechen, die nicht kognitiv sind. Ein individuelles und zugleich intimes Medium ist der eigene Körper. Er ist die materiale Basis menschlicher Existenz, ein wichtiger Träger der eigenen Identität und das zentrale Medium non-verbaler Kommunikation. Die Arbeit mit dem Medium Körper im Religionsunterricht bedarf deshalb eines besonderen Gespürs für das momentan Mögliche. Er eröffnet aber auch neue Dimensionen der Wahrnehmung. So lassen sich Geschichten vertiefen, indem Gefühle der beteiligten Personen in Körperhaltungen nachempfunden werden (vgl. Szagun 2002). Klassisch sind auch Rollenspiele oder das Bibliodrama, in denen sich die Schülerinnen und Schüler mit den handelnden Personen identifizieren und in deren Rolle schlüpfen (vgl. Aldebert 2002).

Gebet und Meditation

Abschließend soll noch kurz auf das Gebet und die Meditation eingegangen werden. Sie stellen keine Medien im klassischen Sinn dar, fallen aber auch nicht unter die Handlungsformen, die im vorangegangenen Kapitel beschrieben wurden. Gebet und Meditation sind spezifisch religiöse Vollzüge. Als besondere Formen religiöser Sprache und Erfahrung haben sie ihren Ort im Religionsunterricht, aufgrund ihres spezifischen Charakters entziehen sie sich aber auch dem Unterrichtsgeschehen (vgl. König 2021b).

Das Gebet gilt in den Weltreligionen als ein Ausdruck der Beziehung zwischen dem Gläubigen und einer transzendenten Wirklichkeit; im Christentum wenden sich die Gläubigen im Gebet an ihren Gott, Schöpfer, Vater, ..., von dem/der sie sich unbedingt angenommen wissen. Ein Gebet setzt bei den Betenden also einen Glauben voraus, der bei den Schülerinnen und Schülern im Religionsunterricht nicht selbstverständlich angenommen werden kann. Aus dieser Diskrepanz ergibt sich eine doppelte Respektsbeziehung: Erstens der Respekt vor der Religiosität innerhalb der Lerngruppe: Vereinnahme oder verstöre ich durch den Einsatz meines geplanten Gebets die religiösen Gefühle und Bedürfnisse meiner Schülerinnen und Schüler? Zweitens der Respekt gegenüber der Würde des Gebets: Wahre ich durch den Einsatz meines geplanten Gebets den Stellenwert, der ihm innerhalb der religiösen Tradition, der es entstammt, entgegengebracht wird?

Beide Fragerichtungen konturieren den didaktischen Handlungsspielraum. Grundsätzlich gilt: Je größer die Distanz der Lerngruppe zum gelebten Christentum ist, umso problematischer gestaltet sich der Einsatz von traditionellen Gebeten. Sie widersprechen nicht nur der Religiosität der Schülerinnen und Schüler, sie würden auch kaum mit der Andacht vollzogen, die den Wert dieser Gebete in der christlichen Tradition markiert. Ohne dass in dieser Situation auf traditionelle Gebete gänzlich verzichtet werden muss, liegt es doch näher, offenere Formen des Gebets zu wählen, u. U. sogar eine stille Betrachtung. Um Missverständnisse zu vermeiden: Dieser Grundsatz betrifft nicht den Unterricht über ein Gebet. Auch in einer religiös unmusikalischen Klasse kann man eine Stunde zum „Vaterunser" halten; die kognitive Auseinandersetzung mit seiner Struktur und seinem Inhalt sollte allen Schülerinnen und Schülern möglich sein. Fraglich bleibt aber, ob man in dieser Klasse das „Vaterunser" auch beten sollte. Ansätze eines performativen Religionsunterrichts schlagen vor, probeweise zu beten, d. h. die Schülerinnen und Schüler zum Gebet einzuladen und sie anschließend überlegen zu lassen, was diese Erfahrung bei ihnen bewirkt hat (z. B. Mendl 2009, 162–179). Zukünftige Erfahrungen mit diesem Handeln auf Probe werden zeigen, ob es den beiden oben formulierten Anforderungen an den Respekt gerecht wird.

Im Gegensatz zum Gebet ist die Meditation ein religiöser Vollzug, der vor allem in fernöstlichen Religionen seine Heimat hat. In der Meditation geht es um die innere Ruhe, um den Abstand zu den eigenen Gefühlen und Bedürfnissen, um die Öffnung gegenüber einer transzendenten Wirklichkeit; aber auch um das Finden der inneren Mitte. Für die meisten Schülerinnen und Schüler stellt die Meditation eine faszinierende Praxis dar, weil sie (noch?) mit dem Hauch des Ungewohnten und Interreligiösen behaftet ist. Gleichzeitig fordert die Meditation eine innere Ruhe, die nur wenige Schülerinnen und Schüler mitbringen. Im Unterschied zum Gebet stellt sich bei der Meditation also weniger die Frage des Respekts als die Frage der Kompetenzen, die notwendig sind, um zu meditieren. In der Regel wird es notwendig sein, die Schülerinnen und Schüler langsam durch Stilleübungen an die Meditation heranzuführen. Dazu liegen ausreichende didaktische und methodische Hilfen vor (z. B. Kreusch-Jacob 2002).

Beispiel

In diesem Abschnitt werden den geplanten Unterrichtsprojekten entsprechende Medien zugewiesen. Mit der Zuweisung der Methoden und Medien können jetzt auch die Lernschritte um die Lernform erweitert werden. Die ausformulierten Lernschritte finden sich dann in Kapitel 11 wieder. Wiederum wird angenommen, dass die Voraussetzungen für die ausgewählten Medien gegeben sind.

Primarstufe

In der Stunde für die Grundschule liegt ein Schwerpunkt auf der Förderung der symbolischen Ausdruckskraft der Schülerinnen und Schüler. Entsprechend müssen Medien gewählt werden, die zu symbolischen Deutungen anregen. Ferner sollen die gewählten Medien die Monotonie der Methoden, die sich angesichts der langen Phase im Sitzkreis und des dortigen Wechsels zwischen Erzählen und Lehrer-Schüler-Gespräch einstellen kann, aufbrechen.

Das Medium für die Motivationsphase liegt angesichts der bisherigen Planung auf der Hand: Es wird mit einer Kerze gearbeitet, die im Verlauf der Stilleübung entzündet wird. Wählt man eine breite Kerze, wird die Flamme in dem Maße größer, in dem Wachs in ihrer Umgebung schmilzt. Nach dem explosionsartigen Aufflammen des Streichholzes werden die Kinder zuerst eine kleine Flamme beobachten, deren Licht immer stärker zunimmt.

In den rhythmisierten Phasen der Informationsbeschaffung und des Erkenntnisgewinns gilt es, die Deutung des Lebens von Saulus medial zu unterstützen. Dabei kann wieder die Kerze aus der Motivationsphase zum Einsatz kommen, um das Eingreifen Gottes zu symbolisieren. Der Bezug zum Lichtereignis liegt nahe und mit ihrem Einsatz wird das Eingreifen Gottes in einen Zusammenhang mit dem Licht-Dunkel-Gegensatz, der in der Motivationsphase aktiviert wurde, gestellt. Die Kerze ist somit das Leit-Medium bei der Auswertung des Erzählteils, der von der Gottesbegegnung des Saulus handelt. Für die beiden Erzählteile vor und nach diesem Ereignis werden den Kindern Kett-Tücher angeboten. Der Auftrag wird sein, mit diesen Tüchern den Lebensweg des Saulus zu gestalten, wobei sie in der Wahl der Farbe die Qualität dieses Weges veranschaulichen sollen. Um die Wahl ins Bewusstsein der Kinder zu heben, sollte die ausgesuchte Farbe jeweils begründet werden.

In der Sicherung kommt ein Arbeitsblatt zum Einsatz, das die drei erzählten Stationen des Lebens von Saulus in drei Sätzen zusammenfasst. Im Lesen dieser Sätze rekapitulieren die Kinder nochmals den Kern der Erzählung. Die Sätze sind so angeordnet, dass sie von den Schülerinnen und Schülern zu einem Lebensweg verbunden werden können. Dabei sollen sie die Farben der Kett-Tücher auf ihr Arbeitsblatt übertragen, inklusive einer gemalten Kerze an der Stelle des zweiten Satzes. In einem Merksatz fassen sie zusammen, dass Gottes Eingreifen das Leben des Saulus grundsätzlich verändert. Auch dieser Satz, der von den Schülerinnen und Schülern formuliert werden kann, wird auf dem Blatt notiert.

In der Vertiefungsphase kann wieder mit den Kett-Tüchern und der Kerze gearbeitet werden. Soll die Lebenswende im Mittelpunkt der Vertiefung stehen, kann überlegt werden, wie man den Lebensweg verändern kann, so dass er die Lebenswende symbolisiert. Liegt er bisher als Gerade im Raum, kann er nach der Kerze eine Wende vollziehen oder gar als U (im Sinn von Umkehr) gestaltet werden. Ist dies bereits in der Arbeitsphase geschehen, kann in der Vertiefung überlegt werden, was ohne das Eingreifen Gottes geschehen wäre. Dazu wird die Kerze ausgeblasen und der weitere Lebensweg mit andersfarbigen Tüchern überdeckt.

Sekundarstufe I

Die Stunde zu den Kriterien für ein gottgefälliges Leben soll durch zwei Medien getragen werden. Aus den Überlegungen zu den Handlungsformen ist bereits bekannt, dass das erste Medium ein bereits analysiertes Bild sein wird. Zwei Auswahlkriterien wurden an dieses Bild angelegt: Zum einen muss es die Bekehrung des Saulus darstellen, denn sie ist die entscheidende Episode im Vorfeld der Begegnung mit Hananias. Zum anderen muss Saulus prominent im Mittelpunkt des Bildes dargestellt werden, um zur Identifikation mit seiner Person anzuregen. Caravaggios Darstellung in der Cerasi-Kapelle in St. Maria del Popolo (Rom) erfüllt beide Kriterien. Im Gegensatz etwa zu Michelangelos Darstellung in der Capella

Paolina (Vatikan), die nur so von Figuren wimmelt, konzentriert sich Caravaggio auf Saulus, ein Pferd und einen Begleiter des Saulus, von dem nur der Kopf zu erkennen ist. Um dem Kunstwerk gerecht zu werden, bietet sich eine genau Analyse und Deutung des Bildes in einer vorherigen Stunde an. Die Identifikation mit Saulus ist somit naheliegend und durch die vorangegangenen Stunde vorbereitet. Dass das Pferd in der biblischen Erzählung nicht erwähnt wird, stört im Hinblick auf das Ziel der Motivationsphase nicht. Dass die Gottesbegegnung nur durch die Lichtführung angedeutet wird, ist angesichts der entwicklungspsychologischen Situation in der Klasse von Vorteil. Außerdem wird durch das Bild an die vorangegangene Stunde angeknüpft und durch die Wiederholung findet sowohl eine kognitive Aktivierung als auch ein Üben und Überarbeiten im Sinne Feindts statt.

Caravaggios Darstellung wird nochmals in der Vertiefungsphase herangezogen werden. Die Einblendung des Bildes markiert medial den Wechsel vom zweiten Erkenntnisgewinn zur Vertiefung. Ferner aktiviert sie die Identifikation mit Saulus wieder, so dass der inhaltliche Perspektivenwechsel durch den Rekurs auf die bereits erschlossene Darstellung unterstützt wird. Gleichzeitig bündelt bei diesem Verfahren Caravaggio die Stunde, denn seine Darstellung markiert deren Beginn und deren Ende.

Neben dem Bild kommt noch die Tafel oder die Tafelfunktion des Whiteboards in beiden Phasen der Sicherung zum Einsatz. Beide eignen sich hervorragend zur mitlaufenden Sicherung, denn sie sind leicht zugänglich und durch das schnelle Wischen können notierte Formulierungen leicht verändert werden. Im zweiten Teil der Sicherung soll zusätzlich mit roter und grüner Farbe gearbeitet werden. Mit roter Farbe werden Haltungen markiert, die sich gegen die christlichen Maßstäbe aussprechen, mit grüner Farbe entsprechend unterstützende Haltungen. Damit wird die Positionierung optisch unterstrichen.

Sekundarstufe II

Die Frage nach der Möglichkeit einer Gotteserfahrung in einer modernen Welt wird in der geplanten Stunde primär kognitiv bearbeitet. Entsprechend sparsam kann sie auf Medien zurückgreifen. Folgt man dem Lernprozess, sind nur die Motivationsphase und die Phase der Sicherung auf mediale Unterstützung angewiesen. Im Fall der Sicherung empfiehlt sich die Tafel bzw. das Whiteboard (s. o.).

Die Motivationsphase soll die Schülerinnen und Schüler mit ihrem eigenen Zugang zu den drei Typen der Gotteserfahrung, die in der Stunde eine Rolle spielen, konfrontieren. Zusätzlich soll sie die kognitiven Kanäle der Jugendlichen aktivieren (vgl. Kap. 8). Deshalb wird die Motivationsphase als Umfrage gestaltet, auf die jede Schülerin und jeder Schüler eigene Antworten finden soll. Dazu werden drei Aussagen formuliert, die für die drei typischen Gotteserfahrungen stehen:

- *Manche Menschen sagen, dass sie die Stimme Gottes gehört haben, die ihnen gesagt hat, was sie tun sollen.*
- *Manche Menschen sagen, dass sie von einem Naturereignis so überwältigt wurden, dass sie überzeugt sind, dass sie Gott in diesem Ereignis gespürt haben.*
- *Manche Menschen sagen, dass sie einen Menschen getroffen haben, der ihnen so von Gott erzählt hat, dass sie überzeugt sind, dass Gott durch diesen Menschen gesprochen hat.*

Zu diesen drei Aussagen werden die Jugendlichen gefragt, ob sie a) Menschen, die derartiges von sich berichten, glauben würden, b) für sich selbst eine derartige Erfahrung wünschen und c) eine derartige Erfahrung bereits selbst gemacht haben. Durch diese Fragestufung wird der existentielle Anspruch stetig gesteigert. Auf alle neun Fragen (jeweils drei Fragen zu drei Aussagen) können die Schülerinnen und Schüler mit nein, weiß nicht oder ja antworten. Damit ist die Klasse zum einen auf die drei Typen aufmerksam geworden, zum anderen hat sie sich ihrer individuellen Zugänge vergewissert. Ziel dieser Umfrage ist dabei nicht, ein für die Klasse repräsentatives Ergebnis zu errechnen. Vielmehr können die Jugendlichen ihre Ergebnisse für sich behalten und in die Gruppenarbeit einbringen.

11 Das Artikulationsschema

Mit den bisherigen Überlegungen liegen die wesentlichen Eckpfeiler der geplanten Stunde fest. Der Lernprozess ist inhaltlich schlüssig und altersgerecht arrangiert. Abschließend bedarf es noch einer Form, die vielfältigen Planungsentscheidungen so zu notieren, dass sie den Ablauf der Stunde wiedergeben. Dies geschieht im Artikulationsschema. Im Folgenden werden deshalb zuerst der Begriff und der Aufbau dieses Schemas erläutert. Dann werden seine Funktionen diskutiert und Hinweise für seine Handhabung gegeben. Zuletzt werden Artikulationsschemata zu den drei Beispielstunden erstellt.

Begriff und Aufbau

Im Artikulationsschema wird der Verlauf der geplanten Stunde notiert. Es informiert über die verschiedenen Aspekte der Stunde, wie sie nacheinander im Lernprozess zum Einsatz kommen. Formal ist das Artikulationsschema tabellarisch aufgebaut. In seinen Zeilen sind die einzelnen Unterrichtsphasen dokumentiert, in seinen Spalten finden sich die Aspekte wieder, aus denen sich die Unterrichtsphasen zusammensetzen. Als elementare Bestandteile eines Artikulationsschemas werden normalerweise neben der Nennung des Unterrichtsthemas Aussagen über das Ziel, den Inhalt, die Methode, die Medien und den Zeitbedarf der geplanten Unterrichtsphase angeführt (z. B. Bahr 2012, 519) Da sich diese Logik noch der herkömmlichen curricularen Didaktik verdankt, schlagen wir hier einen leicht abgeänderten, auf die Kompetenzorientierung angepassten Aufbau vor (vgl. Abb. 2)

Als Überschrift unseres Vorschlags steht nach wie vor das Unterrichtsthema, das das Schema einer bestimmten Stunde innerhalb der Unterrichtsreihe zuweist. Dann folgt die Angabe der Teilkompetenz(en), die in der Stunde avisiert werden. Es schließt eine Liste der Lernschritte an, in deren Durchlauf die Schülerinnen und Schüler die Teilkompetenz entwickeln. Dieser kompakte Aufbau erlaubt es, Ziel und Lernarrangement der Stunde schnell nachzuverfolgen.

Abb. 2: Vorschlag eines Artikulationsschemas

Unterrichtsthema

Teilkompetenz:

Lernschritt:
1) ...
2) ...
3) ...
...

LS	Inhalt	Methode	Medien	Prinzip von Komp	Zeit
1)	...	...	...	...	...
2)	...	...	...	...	...
3)	...	...	...	...	...
...	...	...	...	...	...

Dieses Lernarrangement wird im zweiten Teil des Artikulationsschemas nochmals tabellarisch aufgeschlossen. In der ersten Spalte werden die Lernschritte notiert, auf die hier nur durch Angabe der laufenden Nummer verwiesen werden muss, weil sie im ersten Teil des Schemas bereits differenziert ausformuliert wurden. Es folgen jeweils eine Spalte für den Inhalt, die Methode(n) und die Medien, die im Lernschritt herangezogen werden. Alle drei Angaben heben pointiert hervor, was für das Lernangebote des Lernschritts ausschlaggebend ist.

Gerade im Praxissemester und im Referendariat erscheint es uns sinnvoll zu sein, im Artikulationsschema auch auszuweisen, welches Prinzip der Kompetenzorientierung im Lernschritt besonders verwirklicht wird. In die entsprechende Spalte lassen sich z. B. die in Kapitel 1 beschriebenen Merkmale des kompetenzorientierten Unterrichts nach Feindt (2010), Obst (2008), etc. eintragen.[17] In anderen Artikulationsschemata wird diese Spalte oftmals als „Didaktischer Kommentar" betitelt und fakultativ gesetzt, d. h. es ist nicht zwingend notwendig, diese Spalte auszufüllen (vgl. Hoffmann 2020, 81). Gerade im Praxissemester und im Referendariat hilft diese Spalte jedoch, sich rückzuversichern, dass die geplante Stunde wirklich kompetenzorientiert arrangiert wurde.

[17] Wie es z. B. Dr. Ute Lockmann im Fachseminar katholische Religion (ZfsL Bonn) praktiziert.

Die letzte Spalte weist den geplanten Zeitbedarf für den Lernschritt aus.

Funktionen

Das Artikulationsschema hat mindestens fünf Funktionen für den Religionsunterricht. Es kann dazu dienen, die Unterrichtsplanung zu prüfen, an die zu organisierenden Medien zu erinnern, im Unterricht über die nächsten Schritte zu informieren, den gehaltenen Unterricht zu evaluieren und die Stunde für einen späteren Einsatz festzuhalten.

Evaluierung der Unterrichtsplanung. Im Artikulationsschema sind sämtliche Planungsentscheidungen tabellarisch aufgelistet. Es ist daher geeignet, den geplanten Lernprozess auf seine synchrone und diachrone Stimmigkeit hin zu überprüfen. Für die Kontrolle der synchronen Stimmigkeit geht man das Schema Zeile für Zeile durch. Passen Inhalt, Methode und Medien zum geplanten Lernschritt zusammen? Verwirklichen sie in ihrem Zusammenspiel das intendierte Kriterium von Kompetenzorientierung? Ist die Zeit realistisch kalkuliert? Unstimmigkeiten und Brüche, die im komplexen Planungsgeschehen übersehen worden sind, lassen sich durch eine solche Lektüre des Schemas schnell erkennen. Für die diachrone Überprüfung verfolgt man die Handlungslogik durch die einzelnen Spalten hindurch. Bauen die Lernschritte sinnvoll aufeinander auf? Schließen die Handlungsformen stimmig an die vorangegangenen an? Sind die Medien in ihrer Gestalt und ihrer Funktion so eingesetzt, dass sie den Lernprozess unterstützen, statt ihn zu überfrachten? Ergibt sich ein inhaltlicher Spannungsbogen durch die Stunde hindurch, der eventuell medial aufgenommen bzw. gestützt wird? Sind die geplanten Arbeitszeiten den Unterrichtsphasen angemessen? Mit diesen Fragen lassen sich z. B. logische Sprünge oder unvereinbare Methodenfolgen erkennen.

Checkliste für die unmittelbare Unterrichtsvorbereitung. Durch die tabellarische Listung der benötigten Medien kann das Artikulationsschema auch als Checkliste für die benötigten Unterrichtsmittel benutzt werden. Man sieht auf einen Blick, welche Medien für die Stunde benötigt werden, und kann mit dieser Liste überprüfen, ob man alles bereitgestellt hat.

Orientierung im Unterrichtsprozess. Die tabellarische Notation der einzelnen Lernschritte macht das Artikulationsschema übersichtlich. Mit einem Blick erkennt man die Bestandteile, aus denen sich die jeweilige Unterrichtsphase zusammensetzt. Auch ist daraus ersichtlich, welcher Schritt als nächstes angestrebt wird und welches Medium bald zum Einsatz kommt. Damit eignet sich das Artikulationsschema als leicht lesbare Orientierungshilfe im Unterricht selbst.

Evaluierung der gehaltenen Religionsstunde. Ist die Stunde gehalten, lässt sich deren realer Verlauf mit dem geplanten Verlauf abgleichen. Dadurch wird schnell klar, an welchen Stellen die Planung realistisch war und wo nachgebessert werden kann. Diese Kontrolle lässt sich wiederum synchron und diachron durchführen. Bei der synchronen Evaluierung geht es um die innere Stimmigkeit der einzelnen Lernschritte. Planung und Unterrichtsgeschehen sind nicht identisch, so dass Abweichungen vom geplanten Verlauf im realen Unterricht normal sind. Sie zeigen, dass die Lehrkraft fähig ist, auf die Lernsituation einzugehen. Allerdings sollte die Planung so realistisch sein, dass die Abweichungen nicht das gesamte Planungsraster durcheinander bringen. Gerade für die synchrone Stimmigkeit kann im Sinn einer realistischen Planung gefordert werden, dass das geplante Zusammenspiel von Inhalten, Methoden und Medien auch von den Schülerinnen und Schülern als harmonisch erlebt wird. Die diachrone Stimmigkeit zielt auf den roten Faden, der den Lernprozess leitet und in seinem Spannungsbogen Anfang und Ende zusammenhält. Auch hier sollten Abweichungen begründbar sein und hinsichtlich der relevanten Planungsentscheidungen analysiert werden. Mit den Erkenntnissen dieser Evaluation lässt sich die eigene Planungskompetenz schnell auf den eigenen Unterrichtsstil und die Lernbedürfnisse der Klasse abstimmen.

Dokumentation der Stunde. Im Artikulationsschema sind alle Angaben aufgelistet, die man braucht, um eine Stunde zu halten. Mit diesen Informationen lässt sich die Stunde auch in folgenden Jahren – natürlich abgestimmt auf die jeweilige Lernausgangslage – wieder halten. Das Artikulationsschema dokumentiert somit die Stunde.

Handhabung

Eine wesentliche Hilfe bei der Erstellung des Artikulationsschemas besteht darin, wiederkehrende Sozialformen und Medien abgekürzt zu notieren. Diese Praxis bewahrt das Schema davor, durch Worte überfrachtet zu werden. Gängige Abkürzungen elementarer Handlungsformen sind: LV = Lehrervortrag; SV = Schülervortrag; LSG = Lehrer-Schüler-Gespräch (im Sinn des gelenkten Unterrichtsgesprächs); RG = Rundgespräch (im Sinn des ungelenkten Unterrichtsgesprächs); GA_{at} bzw. GA_{ag} = Gruppenarbeit (arbeitsteilig bzw. arbeitsgleich); PA = Partnerarbeit; EA = Einzelarbeit u. s. w. Gängige Abkürzungen elementarer Unterrichtsmedien sind: TA = Tafelanschrieb; AB = Arbeitsblatt; Vis = Visualisierung, u. s. w.

Im obigen Beispiel fehlt offensichtlich eine Spalte, die die Unterrichtsphase angibt. Diese Spalte gäbe Auskunft über die Position und Funktion des jeweiligen Lernschritts in der Dramaturgie des gesamten Lernprozesses. Weicht die geplante Stunde vom gängigen Unterrichtsverlauf ab, ist eine derartige Spalte unabdingbar. Folgt die geplante Stunde dagegen einem klassischen Aufbau, der zusätzlich in das routinierte Handlungsrepertoire der Lehrkraft eingegangen ist, kann überlegt werden, ob auf diese Spalte zu Gunsten der Übersichtlichkeit verzichtet wird.

Denkbar ist ferner, eine Spalte zu möglichen Differenzierungen ins Schema aufzunehmen. In ihr werden Alternativen zum eigentlichen Gang des Unterrichts aufgeführt. Im Fall einer Gruppenarbeit lässt sich in dieser Spalte etwa notieren, was die Gruppen zusätzlich machen können, die ihre Aufgabe bereits erledigt haben. Oder für eine Motivationsphase, an deren Ende die Schülerinnen und Schüler das dargestellte Thema nennen sollen, könnte überlegt werden, wie damit umgegangen wird, wenn dieses Thema bereits am Beginn der Motivation genannt wird. Die Spalte der Differenzierung könnte sich somit sowohl auf unterschiedliche Arbeitsangebote an die Schülerinnen und Schüler im Hinblick auf deren Leistungsniveau als auch auf Alternativen innerhalb einer Unterrichtsphase beziehen. Eine derartige Überlegung bietet sich insbesondere dort an, wo der Unterricht die Offenheit und Individualität kompetenzorientierter Lernaufgaben noch nicht voll erfüllt.

Eine Spalte mit eigenem Charakter ist die Zeitspalte. Sie ist notwendig, weil der Religionsunterricht in ein Zeitraster eingepasst ist. Darüber hinaus ist es auch in didaktischer Hinsicht sinnvoll, sich zu überlegen, wie lange ein einzelner Lernschritt dauern kann und soll. Ein Unterricht, der langsam dahinfließt, ist auf die Dauer ebenso nervtötend wie ein Unterricht, der von Lernschritt zu Lernschritt hetzt. Ein stimmiger Grundrhythmus im Lernprozess setzt auch eine realistische Zeitplanung voraus. Es ist eine Frage des individuellen Bedürfnisses, ob man die benötigte Zeit absolut oder relativ notiert. In einer absoluten Notation wird die konkrete Uhrzeit angegeben, zu der der jeweilige Lernschritt beginnen soll. Sie hilft insbesondere Anfängerinnen und Anfängern, die den Stundenrhythmus einer Schule noch nicht verinnerlicht haben. Bei der relativen Notation wird die Dauer des Lernschritts notiert. Sie hat den Vorteil, dass die Stunde mit demselben Artikulationsschema auch später noch gehalten werden kann.

Beispiel

In diesem Abschnitt werden die geplanten drei Beispielstunden in ein Artikulationsschema überführt. Alle Stunden werden auf 45 Minuten geplant. Alternative Lernschritte sind kursiv geschrieben.

Primarstufe

Die Stunde in der Grundschule folgt im Wesentlichen der klassischen Abfolge der Unterrichtsphasen, lediglich die Informationsbeschaffung und der Erkenntnisgewinn werden in drei Wellen inszeniert. Entsprechend ergeben sich sieben Unterrichtsphasen, für die jeweils ein eigener Lernschritt formuliert wurde. Weil diese Phasierung vom Standardmodell abweicht, wurde im folgenden Schema eine eigene Spalte für die Unterrichtsphase eingefügt. Für die Vertiefung wurden zwei Optionen durchdacht, so dass Lernschritt 7 doppelt notiert wird (vgl. Abb. 3).

Abb. 3: Artikulationsschema der Beispielstunde für die Primarstufe
Gottes Eingreifen verändert das Leben Teilkompetenz: Die Schülerinnen und Schüler deuten das Lichtereignis in Apg 9,1–21 als Eingreifen Gottes mit lebensverändernden Konsequenzen

Lernschritte: Die Schülerinnen und Schüler ...

1	beschreiben die Erfahrungen im Hell-Dunkel-Kontrast, in dem sie an einer Stilleübung mit Licht teilnehmen und ihre Erlebnisse äußern.
2	nennen, dass auch Saulus in seinem Leben den Kontrast von Dunkelheit und Licht erlebt hat.
3	stellen dar, welche Qualität der Lebensabschnitt vor der Gottesbegegnung hat, indem sie die Erzählung hören, Saulus als Verfolger der Christen beschreiben und die damit verbundene Lebensweise mit farblichen Kett-Tüchern als Lebensweg ausdrücken.
4	erläutern die Gottesbegegnung, in dem sie wiedergeben, dass Gott Saulus in einem Licht-Phänomen begegnet und ihn zur Bekehrung auffordert. Sie drücken sie drücken diese Einsicht durch eine Kerze als Symbolträger für dieses Ereignis aus, die sie in den mit den Tüchern gekennzeichneten Lebensweg des Saulus einsetzen.
5	erörtern, welche Qualität dieser neue Lebensabschnitt hat, indem sie unter Rückbezug auf die Licht-Erfahrungen formulieren, dass sich Saulus zum Christentum bekehrt und dass er damit sein Leben von Grund auf ändert. Die damit verbundene Lebensweise drücken sie durch die Farbe von Kett-Tüchern auf dem Lebensweg aus.
6	vergewissern sich ihrer Deutung des Lichtereignisses als Eingreifens Gottes, in dem sie die aufgezeigten Bezüge zwischen Lichtereignis und Engreifen Gottes zusammenfassen und auf dem Arbeitsblatt sichern.
7a	gestalten ihre Erkenntnis zum Eingreifen Gottes, indem sie seine fundamentale Wirkung sinnlich in den Kett-Tüchern ausdrücken.
7b	*vertiefen ihre Erkenntnis zum Eingreifen Gottes, indem sie Vermutungen äußern, wie Saulus' Leben verlaufen wäre, wenn Gott nicht eingegriffen hätte, und diesen Effekt durch Kett-Tücher ausdrücken.*

Phase	LS	Inhalt	Methode	Medium	Prinzip von Komp.orient	Zeit
M	1	Licht-Dunkel-Gegensatz	Stilleüb. + RG	Kerze	Lebenswelt. Anwendung	9
T	2	Saulus geht ein Licht auf	LV			1
I_1+E_1	3	Saulus verfolgt die Christen	LV+LSG	Kett-Tücher	Kogn. Aktivierung	8
I_2+E_2	4	Saulus begegnet Gott	LV+LSG	Kerze	„	7
I_3+E_3	5	Saulus ändert sein Leben	LV+LSG	Kett-Tücher	„	7
S	6	Gottes Eingreifen verändert Leben	LSG	AB	Wissensvernetzung	8
V	7a	Bekehrung verändert fundamental	LSG	Kett-Tücher	Überarbeitung	5
V	*7b*	*Gott greift nicht ein*	*LSG*	*Kerze*	*Überarbeitung*	5

Sekundarstufe I

Abb. 4: Artikulationsschema für die Beispielstunde Sekundarstufe I

Maßstäbe für ein gottgefälliges Leben finden

Teilkompetenz: Die Schülerinnen und Schüler beurteilen die Rolle Gottes für die Nachfolge Paulus (als Teil der Aposteltätigkeit).

Lernschritte: Die Schülerinnen und Schüler ...

1 nehmen aus der Sicht des Saulus Stellung zur Szene, die in Caravaggios „Bekehrung des Saulus" dargestellt ist, indem sie reformulieren, wie es ihnen als Saulus geht.

2 zeigen auf, dass Saulus von Hananias über die Bedeutung dieses Ereignisses aufgeklärt werden musste.

3 erarbeiten Argumente, mit denen Hananias Saulus von einem gottgefälligen Lebensstil hätte überzeugen können, indem sie in Partnerarbeit mögliche Kriterien eines christlichen Lebens benennen und mit Beispielen erklären

4 identifizieren typische Maßstäbe von einem christlichen Leben, indem sie sich gegenseitig die Ergebnisse ihrer Partnerarbeit vortragen, vergleichen und diese zusammenfassen.

5 reflektieren die Bedeutung der Maßstäbe für das eigene Leben, indem sie Pro- und Contra-Argumente herausarbeiten, diese gegeneinander abgleichen und ein Ranking erstellen

6 erörtern typische Reaktionen auf die Motive für ein gottgefälliges Leben, indem sie entlang des Rankings begründet ihre Meinung äußern, die Meinung anderer hören und ggf. sich aufeinander beziehen

7 arbeiten heraus, dass das Vertrauen auf Gottes Liebe eine Voraussetzung dafür ist, sein Leben an Gott auszurichten, indem sie die bisherigen Ergebnisse auf Saulus beziehen und auf die Frage antworten, wie Saulus reagiert hätte.

Phase	LS	Inhalt	Methode	Medium	Prinzip der Komp.or.	Zeit
M	1	Bekehrung	Bildbetrachtung	Vis	Kogn. Aktivierung	9
T	2	Wonach sein Leben richten	LV			1
I_1	3	Argumente des Hananias	PA		Kogn. Aktivierung	8
E_1+S_1	4	typische Motive	SV + LSG	TA		7
I_2	5	eigene Reaktion	EA		Lebens. Anwend.	5
E_2+S_2	6	typische Reaktionen	LSG	TA		10
V	7	Vertrauen auf Gottes Liebe	LSG	Vis	Wissensvernetzung	5

Sekundarstufe II

In der Oberstufe wurde die Sicherung parallel zum Erkenntnisgewinn geschaltet. Damit reduziert sich die Stunde auf fünf Unterrichtsphasen. Eine eigene Spalte für diese Phasen ist nicht notwendig. Der reduzierte Einsatz von Medien wird in der entsprechenden Spalte sichtbar. Dass es sich trotzdem um eine abwechslungsreiche Stunde handeln kann, lässt sich an der Spalte „Methode“ erkennen. Einzig das LSG im dritten Stundendrittel wiederholt sich. Es ergibt sich das folgende Artikulationsschema (vgl. Abb. 5):

Abb. 5: Artikulationsschema der Beispielstunde für die Sekundarstufe II

Gott erfahren in dieser Welt

Teilkompetenz: Die Schülerinnen und Schüler entwickeln lebensweltlich plausible Möglichkeiten einer Gotteserfahrung heute.

Lernschritte: Die Schülerinnen und Schüler ...

1 stellen ihren eigenen Zugang zu drei Möglichkeiten einer Gotteserfahrung dar, indem sie auf eine fiktive Umfrage antworten.

2 geben die drei Weisen wieder, in denen sich Gott Saulus in Apg 9, 1–21 mitteilt.

3 arbeiten in arbeitsteiliger Gruppenarbeit Kriterien heraus, unter denen die drei möglichen Gotteserfahrungen heute glaubwürdig sein können.

4 bewerten die einzelnen Glaubwürdigkeitskriterien im Hinblick auf die Tragweite und Grenze in einer modernen Gesellschaft, in dem sie entlang der Kriterien fiktive Situationen dialogisch präsentieren, Unterschiede und Gemeinsamkeiten benennen und aus heutiger Perspektive kritische Anfragen stellen

5 arbeiten im Rückblick auf Saulus heraus, dass jegliche Gotteserfahrung auf den Wirklichkeitsbedingungen ihrer Zeit beruht, indem sie die Situation von damals rekapitulieren und mit der heutigen vergleichen.

LS	Inhalt	Methode	Medium	Prinzip der Komp.or.	Zeit
1	Eigene Haltung zur Gotteserfahrung	Umfrage (EA)	Beamer	Kogn. Aktivierung	4
2	Möglichkeiten einer Gotteserfahrung	LV		Kogn. Aktivierung	4
3	Kriterien der Glaubwürdigkeit	GA_{at}			10
4	Glaubwürdigkeit heute	SV + LSG	TA	Lebenswelt. Anwendung	20
5	Saulus’ Meinung	LSG		Überarbeitung	7

Literatur

Adam G., Lachmann R. (2010), Methodisches Kompendium für den Religionsunterricht 1. Basisband, Göttingen

Adam G., Lachmann R. (2010), Methodisches Kompendium für den Religionsunterricht 2. Aufbaukurs, Göttingen

Aldebert H. (2002), Bibliodrama, in: Adam G., Lachmann R. (Hg.), Methodisches Kompendium für den Religionsunterricht 2. Aufbaukurs, Göttingen, 157–174.

Athenstaedt U./Alfermann D. (2011), Geschlechterrollen und ihre Folgen: Eine sozialpsychologische Betrachtung, Stuttgart.

Aufenanger St. (2003), Lernen mit neuen Medien – mehr Wissen und bessere Bildung?, in: Keil-Slawik R., Kerres M. (Hg.), Wirkungen und Wirksamkeit Neuer Medien in der Bildung, Münster, 161–171.

Baake D., Röll F. (1995) (Hg.), Weltbilder, Wahrnehmung, Wirklichkeit. Bildung als ästhetischer Lernprozess, Opladen.

Bahr M. (2012), Planungsschemata: Zwischen Gebundenheit und Offenheit, in: Hilger G., Leimgruber S., Ziebertz H.-G., Religionsdidaktik. Ein Leitfaden für Studium, Ausbildung und Beruf, München, 513–524.

Baldermann I. (1989), Erzählen als Notwendigkeit, in: Bizer Ch., u. a., Jahrbuch der Religionspädagogik. Band 6, Neukirchen, 93–110.

Baldermann I. (2001), Erzählen, in: Mette N., Rickers F. (Hg.), Lexikon der Religionspädagogik. Band 1: A-K, Neukirchen, 435–441.

Benner D., Schieder R., Schluß H. & Willems J. (2011) (Hg.), Religiöse Kompetenz als Teil öffentlicher Bildung, Paderborn: Schöningh.

Bennett N. (1995), Managing Learning through Group Work, in: Desforges Ch. (Hg.), An Introduction to Teaching. Psychological Perspectives, Oxford, 150–164.

Berg H. (1993), Grundriss der Bibeldidaktik, Konzepte – Modelle – Methoden, München/Stuttgart.

Blatt M., Kohlberg L. (1975), The Effects of Classroom Moral Discussion upon Children's Level of Moral Judgement, in: Journal of Moral Education, 4, 129–161.

Blohm M./Walter J. (2018), Einstellungen zur Rolle der Frau und der des Mannes. In: Statistisches Bundesamt & Wissenschaftszentrum Berlin für Sozialforschung (Hg.). Datenreport 2018: Ein Sozialbericht für die Bundesrepublik Deutschland, Berlin, 404–412.

Bornkamm G. (1987), Paulus, 6. Aufl., Stuttgart.

Brieden N. (2021), Artikulation, in: Kropač U., Riegel U. (Hg.), Handbuch Religionsdidaktik, Stuttgart, 361–374.

Bruner J. (1986), Actual Minds, Possible Worlds, Cambridge.

Bucher A. (2002), Kindertheologie: Provokation? Romantizismus? Neues Paradigma?, in: Bucher A., Büttner G., Freudenberger-Lötz P., Schreiner M. (Hg), „Mittendrin ist Gott". Kinder denken nach über Gott, Leben und Tod, (Jahrbuch für Kindertheologie, Band 1), Stuttgart, 9–27.

Büttner G., Mendl H., Reis O., Roose H. (2014) (Hg.), Religionsunterricht planen, Babenhausen.

Büttner G., Dieterich V.-J., Roose H. (2015), Einführung in den Religionsunterricht. Eine kompetenzorientierte Didaktik, Stuttgart.

Burrichter R. (2021), Bilder, in: Kropač U., Riegel U. (Hg.), Handbuch Religionsdidaktik, Stuttgart, 392–398.
Comenius-Institut (2006), Grundlegende Kompetenzen religiöser Bildung. Zur Entwicklung des evangelischen Religionsunterricht durch Bildungsstandards für den Abschluss der Sekundarstufe I, Münster.
DBK – Die Deutschen Bischöfe (2004), Kirchliche Richtlinien zu Bildungsstandards für den katholischen Religionsunterricht in den Jahrgangsstufen 5–10/ Sekundarstufe I (Mittlerer Schulabschluss), Bonn.
DBK – Die Deutschen Bischöfe (2005), Der Religionsunterricht vor neuen Herausforderungen, Bonn.
DBK – Die Deutschen Bischöfe (2006), Kirchliche Richtlinien zu Bildungsstandards für den katholischen Religionsunterricht in der Grundschule/Primarstufe, Bonn.
Döbert R. (1986), Wider die Vernachlässigung des ‚Inhalts' in den Moraltheorien von Kohlberg und Habermas. Implikationen für die Relativismus/Universalismus-Kontroverse, in: Edelstein W., Nunner-Winkler G. (Hg.), Zur Bestimmung der Moral. Philosophische und sozialwissenschaftliche Beiträge zur Moralforschung, Frankfurt, 86–125.
Dohmen-Funke Ch., Hartenstein M. (2002), Schulbibeln, in: Bitter G., u. a. (Hg.), Neues Handbuch religionspädagogischer Grundbegriffe, München, 528–531.
Duschet E. (2005), Geschlechterverhältnisse in Religionsbüchern für den evangelischen Religionsunterricht. Eine erziehungswissenschaftliche Analyse zur Grundschule, in: Schulfach Religion 24, 17–68.
Endruweit G. (2000), Milieu und Lebensstilgruppe – ein Nachfolger des Schichtkonzepts?, München.
Englert R. (2002), Dimensionen religiöser Pluralität, in: Schweitzer F., Englert R., Schwab U, Ziebertz H.-G., Entwurf einer pluralitätsfähigen Religionspädagogik, Gütersloh/Freiburg, 17–50.
Englert R. (2012), Was bedeutet Kompetenzorientierung für den RU? Neun kritische Punkte, in: Sajak C.- P. (Hg.), Religionsunterricht kompetenzorientiert. Beiträge aus fachdidaktischer Forschung, Paderborn 2012, 61–73
Faulstich-Wieland H./Weber M./Willems K. (2009), Doing Gender im heutigen Schulalltag: empirische Studien zur sozialen Konstruktion von Geschlecht in schulischen Interaktionen, Weinheim.
Feindt A., (2010), Kompetenzorientierter Unterricht – wie geht das? Didaktische Herausforderungen im Zentrum der Lehrerarbeit, in: Lehrerarbeit. Lehrer sein, Friedrich Jahresheft XXVIII (2010), 85–89.
Fetz R., Reich H., Valentin P. (2001), Weltbildentwicklung und Schöpfungsverständnis. Eine strukturgenetische Untersuchung bei Kindern und Jugendlichen, Stuttgart.
Fowler J. (1981), Stufen des Glaubens, Gütersloh.
Frend W. (1980), Bekehrung I. Alte Kirche und Mittelalter, in: Theologische Realenzyklopädie. Band 5, Berlin, 440–457.
Fricke M., (2015), Die Bedeutung der Kompetenzorientierung für Verständnis und Praxis des Religionsunterrichts, in: Zeitschrift für Theologie und Kirche 112 (2015) 3, 378–401.
Frisch H.-J. (2000), Leitfaden Fachdidaktik Religion, 3. Aufl., Düsseldorf.
Gabriel K. (2002), Gesellschaftliche und „religiöse" Milieus/Lernumwelten, in: Bitter G., Englert R., Miller G., Nipkow K. (Hg.), Neues Handbuch religionspädagogischer Grundbegriffe, München, 406–411.
Synodenbeschluss „Der Religionsunterricht in der Schule" (1974), in: Bertsch L., Boonen Ph., Hammerschmidt R., Homeyer J., u. a. (1976) (Hg.), Gemeinsame Synode der Bistümer in

der Bundesrepublik Deutschland. Beschlüsse der Vollversammlung. Offizielle Gesamtausgabe I, Freiburg, 123–152.

Gnandt Georg. (2010), Differenzierung durch Schülerunterricht. Binnendifferenzierung – ein notwendiges Desiderat, in: entwurf 41 (2010), 4, 42–44.

Gnilka J. (1996), Paulus von Tarsus. Apostel und Zeuge 31 (Herders theologischer Kommentar zum Neuen Testament. Supplementband VI), Freiburg.

Gottwald E. (2001), Mediendidaktik, in: Mette N., Richers F. (Hg.), Lexikon der Religionspädagogik. Band 2: L-Z, Neukirchen, 1307–1310.

Greshake G. (1986), Gott in allen Dingen finden. Schöpfung und Gotteserfahrung, Freiburg.

Greshake G. (1993), Anthropologie. B. Als Thema der Theologie. II. Systematisch-theologisch, in: Lexikon für Theologie und Kirche. Band I, 3. Aufl., Freiburg, 726–731.

Haag E. (1993), Anthropologie. B. Als Thema der Theologie. I. In der Exegese, in: Lexikon für Theologie und Kirche. Band I, 3. Aufl., Freiburg, 725–726.

Helmke, A. (2009), Unterrichtsqualität und Lehrerprofessionalität, 3. Aufl., Seelze.

Hoffmann, M., (2020), Unterrichtsstunde intentional aufbauen, in: Hoffmann, M., Otten, G. Sajak, C.-P. (Hg.), Schritt für Schritt zum guten Religionsunterricht. Praxisbuch für Studium, Referendariat und Berufseinstig, Hannover: Klett Kallmeyer, 72–96

Hoffmann M., Otten G.(2020), Unterrichtsvorhaben sach- und schülergerecht planen, in: Hoffmann M., Otten G. Sajak C.-P. (Hg.), Schritt für Schritt zum guten Religionsunterricht. Praxisbuch für Studium, Referendariat und Berufseinstig, Hannover, 47–71.

Hutsebaut D. (1996), Post-critical belief. A new approach to the religious attitude problem, in: Journal of Empirical Theology 9/2, 48–66.

Hemel U. (1988), Ziele religiöser Erziehung. Beiträge zu einer integrativen Theorie, Frankfurt a.M.

Klafki W. (1996), Neue Studien zur Bildungstheorie und Didaktik. Zeitgemäße Allgemeindidaktik und kritisch-konstruktive Didaktik, 5. Aufl., Weinheim.

Klein S. (2000), Gottesbilder von Mädchen. Bilder und Gespräche als Zugang zur kindlichen religiösen Vorstellungswelt, Stuttgart.

Klieme E., Leutner D. (2006), Kompetenzmodell zur Erfassung individueller Lernergebnisse und zur Bilanzierung von Bildungsprozessen. Beschreibung eines neu eingerichteten Schwerpunktprogramms der DFG, in: Zeitschrift für Pädagogik 52/6, 876–903.

Klieme E., u. a. (2003), Zur Entwicklung nationaler Bildungsstandards. Eine Expertise, Berlin.

Kögler I. (2002), Umgang mit Lied und Musik, in: Bitter G., u. a. (Hg.), Neues Handbuch religionspädagogischer Grundbegriffe, München, 493–496.

König K. (2021a), Musik für religiöse Bildung, in: Kropač U., Riegel U. (Hg.), Handbuch Religionsdidaktik, Stuttgart, 399–405.

König K. (2021b), Religiöse Rituale, in: Kropač U./Riegel U. (Hg.), Handbuch Religionsdidaktik, Stuttgart, 427–434.

Kohlberg L. (1975), The cognitive-developmental approach to moral eduction, in: Phi Delta Kappan 56, 670–677.

Kohlberg L., Levine C., Hewer A. (1984), the current formulation of the theory, in: Kohlberg L. (Hg), Essays on moral development, Vol. 2: The psychology of moral development, San Francisco, 212–319.

Kreusch-Jacob D. (2002), Zauberwelt der Klänge. Klangmeditationen mit Naturton-Instrumenten, München.

Kropač U., Riegel U. (2021) (Hg.), Handbuch Religionsdidaktik, Stuttgart: Kohlhammer

Kuld L. (2001), Das Entscheidende ist unsichtbar. Wie Kinder und Jugendliche Religion verstehen, München.

Kuppig K. (1998), Ideenkiste Religion. Für Schule und Gemeinde, Freiburg.
Kuppig K. (2011), Das große Werkbuch Religion, Freiburg Lämmermann G. (1998), Grundriss der Religionsdidaktik, 2. erg. Aufl., Stuttgart.
Lang M., Boos C., Riesop-Nilges U., Teschke B., Döpp H.-M. (2006), „Heilige" – konfessionell-kooperative, in: entwurf 2, 20–26.
Leimgruber S. (2001), Woran wird gelernt? Medien im Religionsunterricht, in: Hilger G., Leimgruber S., Ziebertz H.-G., Religionsdidaktik. Ein Leitfaden für Studium, Ausbildung und Beruf, München, 219–233.
Lenhard H. (2015), Kompetenzorientierter Religionsunterricht, in: Das wissenschaftlich-religionspädagogische Lexikon im Internet (https://doi.org/10.23768/wirelex.Kompetenzorientierter_Religionsunterricht.100016), PDF vom 09.12.21
Lehner-Hartmann, A. (2021), Schülerinnen und Schüler in ihrer Identitätsarbeit, in: Kropač, U., Riegel, U. (Hg.), Handbuch Religionsdidaktik, Stuttgart: Kohlhammer, 120–126.
Lindner K., Simojoki H. (2014), Was Religionsunterricht erreichen will - Bildungsstandards und Kompetenzen, in: Hilger G., Ritter W. H., Lindner K., Simojoki H., Stögbauer E. (Hg.), Religionsdidaktik Grundschule. Handbuch für die Praxis des evangelischen und katholischen Religionsunterrichts, München: Kösel Calwer, 78–91.
Long B. (1980), Berufung I. Altes Testament, in: Theologische Realenzyklopädie. Band 5, Berlin, 676–684.
Marxsen W. (1978), Einleitung in das Neue Testament, 4. Aufl., Gütersloh.
Mayer R. (2001), Multimedia Learning, Cambridge.
Mendl H. (2002), Audiovisuelle Medien, in: Bitter G., u. a. (Hg.), Neues Handbuch religionspädagogischer Grundbegriffe, München, 540–543.
Mendl H. (2009), Religion erleben. Ein Arbeitsbuch für den Religionsunterricht, München.
Meschenmoser H. (2002), Lernen mit Multimedia und Internet, Hohengehren.
Meyer H. (1987), UnterrichtsMethoden. I: Theorieband, II: Praxisband, Frankfurt.
Meyer H. (2004), Was ist guter Unterricht?, Berlin.
Michalke-Leicht W. (2011b), Lernsequenzen, in: ders. (Hg.), Kompetenzorientiert unterrichten. Das Praxisbuch für den Religionsunterricht, München, 78–83.
Ministerium für Schule und Weiterbildung (MSW) NRW (2013), Kernlehrplan für die Gesamtschule in Nordrhein-Westfalen. Katholische Religionslehre (https://www.schulentwicklung.nrw.de/lehrplaene/lehrplannavigator-s-i/gesamtschule/katholische-religionslehre/index.html), PDF vom 31.01.22.
MSW NRW (2014), Kernlehrplan für die Sekundarstufe II Gymnasien/Gesamtschule in Nordrhein-Westfalen. Katholische Religionslehre (https://www.schulentwicklung.nrw.de/lehrplaene/lehrplannavigator-s-ii/gymnasiale-oberstufe/katholische-religionslehre/index.html), PDF vom 31.01.22.
MSW NRW (2021), Lehrplan für die Primarstufe in Nordrhein-Westfalen. Fach Katolische Religionslehre (https://www.schulentwicklung.nrw.de/lehrplaene/lehrplannavigator-primarstufe/index.html), PDF vom 31.01.22.
Moser H. (2000), Einführung in die Medienpädagogik, Opladen.
Niegemann M. (2003), Schlau durch Mausklick? Bedingungen für eine effizientes Lernen mit den neuen Bildungsmedien, in: Keil-Slawik R., Kerres M. (Hg.), Wirkungen und Wirksamkeit Neuer Medien in der Bildung, Münster, 145–160.
Niehl F. (2002a), Sprache/religiöse Sprache, in: Bitter G., u. a. (Hg.), Neues Handbuch religionspädagogischer Grundbegriffe, München, 230–233.
Niehl F. (2002b), Umgang mit Texten, in: Bitter G., u. a. (Hg.), Neues Handbuch religionspädagogischer Grundbegriffe, München, 485–489.

Niehl F., Thömmes A. (2012), 212 Methoden für den Religionsunterricht, München.
Nipkow K. (2002), Elementarisierung, in: Bitter G., Englert R., Miller G., Nipkow K. (Hg.), Neues Handbuch religionspädagogischer Grundbegriffe, München, 451–456.
Noormann H. (2004), Medien und Medienquellen, in: Noormann H., Becker U., Trocholepcy B. (Hg.), Ökumenisches Arbeitsbuch Religionspädagogik, 2. akt. Aufl., Stuttgart, 283–286.
Nord I./Zipernovsky H. (2017), Religionspädagogik in einer mediatisierten Welt, Stuttgart.
Obst G. (2010), Reformpädagogik und Religionspädagogik. Einblicke und Ausblicke aus dem religionspädagogischen Alltag an einer Versuchsschule, in: Wermke M. (Hg.), Religionspädagogik und Reformpädagogik. Brüche, Kontinuitäten, Neuanfänge, 2010, 233–247
Obst G. (2008), Kompetenzorientiertes Lehren und Lernen im Religionsunterricht, Göttingen.
Oser F., Gmünder P. (1988), Der Mensch – Stufen seiner religiösen Entwicklung. Ein strukturgenetischer Ansatz, 2. Aufl., Gütersloh.
Oser F., Patry J.-L., Elsässer T., Sarasin S., Wagner B. (1997), Choreographien unterrichtlichen Lernens – Schlussbericht an den Schweizerischen Nationalfonds zur Förderung der wissenschaftlichen Forschung, Freiburg.
Pesch R. (1986), Die Apostelgeschichte (Apg 1–12) (Evangelisch-katholischer Kommentar zum Neuen Testament. Band V/1), Zürich/Neukirchen-Vluyn.
Pirker V. (2021), Virtuelle Welten, in: Kropač U., Riegel U. (Hg.), Handbuch Religionsdidaktik, Stuttgart, 420–426.
Pithan A., Qualbrink A., Wischert M. (Hg.), Geschlechter bilden. Perspektiven für einen genderbewussten Religionsunterricht, Gütersloh 2011.
Porzelt B. (2021), Schulbuch, in: Kropač U., Riegel U. (Hg.), Handbuch Religionsdidaktik, Stuttgart, 375–381.
Power C. (1991), Hard versus soft stages of faith and religious development, in: Fowler J./Nipkow K./Schweitzer F. (eds.), Stages of faith and religious development. Implications for church, education and society, New York, 116–129.
Reese-Schnitker A. (2021), Sprache, in: Kropač U., Riegel U. (Hg.), Handbuch Religionsdidaktik, Stuttgart, 406–412.
Rendle L., Kuld L., Heinemann U., Moos B., Müller A. (1996), Ganzheitliche Methoden im Religionsunterricht. Ein Praxisbuch, München.
Rendle L., u. a. (2007) (Hg.), Ganzheitliche Methoden im Religionsunterricht. Neuausgabe, München.
Riegel U. (2004), Gott und Gender. Eine empirisch-theologische Untersuchung nach Geschlechtsvorstellungen in Gotteskonzepten Jugendlicher, Münster.
Sajak C.-P. (2020), Religion unterrichten heute, in: Hoffmann M., Otten G., Sajak C.-P., Schritt für Schritt zum guten Religionsunterricht. Praxisbuch für Studium, Referendariat und Berufseinstig, Hannover: Klett Kallmeyer, 12–25.
Sajak C.-P. (2021), Kompetenzorientierung, in: Kropač, U., Riegel, U. (Hg.), Handbuch Religionsdidaktik, Stuttgart: Kohlhammer, 341–352.
Schauber V., Schindler H. (1999), Bildlexikon der Heiligen, Augsburg.
Schambeck M. (2011), Was bedeutet religiös kompetent, in: KatBl 136, 132–140.
Schambeck M. (2021), Korrelation als religionsdidaktische Fundamentalkategorie, in: Kropač U./Riegel U. (Hg.), Handbuch Religionsdidaktik, Stuttgart, 221–231.
Schmid H. (1997), Die Kunst des Unterrichtens. Ein praktischer Leitfaden für den Religionsunterricht, München.
Schneider G. (1982), Die Apostelgeschichte. Teil II: Kommentar zu Kap 9,1–28,31 (Herders theologischer Kommentar zum Neuen Testament. Band V), Freiburg.

Scholl N. (1995), Gotteserfahrung, in: Lexikon für Theologie und Kirche. Band IV, 3. Aufl., Freiburg, 907–908.

Schulze G. (1992), Die Erlebnisgesellschaft. Kultursoziologie der Gegenwart, Frankfurt.

Schwab U. (1995), Familienreligiosität. Religiöse Traditionen im Prozess der Generationen, Stuttgart.

Schwab U. (2018), Religionsunterricht kompetenzorientiert gestalten, Berlin.

Schweitzer F. (2003), Elementarisierung – ein religionsdidaktischer Ansatz. Einführende Darstellung, in: Schweitzer F., Elementarisierung im Religionsunterricht. Erfahrungen. Perspektiven. Beispiele, Neukirchen-Vluyn, 9–30.

Schweitzer F. (2018), Elementarisierung und Kompetenz. Wie Schülerinnen und Schüler von „gutem Religionsunterricht" profitieren, Göttingen.

Seidel T. (2014) Angebots-Nutzungs-Modelle in der Unterrichtspsychologie. Zeitschrift für Pädagogik 60, 850–866.

Sitzberger R. (2005), Konstruktivistisch Unterricht planen, in: Mendl H. (Hg.), Konstruktivistische Religionspädagogik. Ein Arbeitsbuch, Münster, 83–104.

Staudigl G. (1997), Unterrichtsmedien, in: Weidmann F. (Hg.), Didaktik des Religionsunterrichts. Neuausgabe, Donauwörth, 313–338.

Streib H. (1998), Aussteiger, Konvertierte und Überzeugte, in: Deutscher Bundestag. Enquete-Kommission „Sogenannte Sekten und Psychogruppen" (Hg.), Neue religiöse und ideologische Gemeinschaften und Psychogruppen. Forschungsprojekte und Gutachten der Enquete-Kommission „Sogenannte Sekten und Psychogruppen", Hamm, 108–157.

Streib H. (2003), Religion as a Question of Style. Revising the Structural Differentiation of Religion from the Perspective of the Analysis of the Contemporary Pluralistic-Religious Situation, in: International Journal of Practical Theology, 7/1, 1–23.

Szagun A.-K. (2002), Standbilder/Statuentheater, in: Adam G., Lachmann R. (Hg.), Methodisches Kompendium für den Religionsunterricht 2. Aufbaukurs, Göttingen, 259–266.

Terwey M. (1996), Religiöse Weltauffassung, materielle Zufriedenheit und Lernziel ‚Gehorsam'; in: ZA-Informationen 38, Mai 1996, 94–117.

Theißen G. (1988), Soziologie der Jesusbewegung. Ein Beitrag zur Entstehungsgeschichte des Urchristentums, 5. Aufl., München.

Wagner F. (1980a), Bekehrung V. Systematisch-theologisch, in: Theologische Realenzyklopädie. Band 5, Berlin, 469–480.

Wagner F. (1980b), Berufung III. Neues Testament, in: Theologische Realenzyklopädie. Band 5, Berlin, 684–688.

Wagner F. (1980c), Berufung III. Dogmatisch, in: Theologische Realenzyklopädie. Band 5, Berlin, 688–713.

Weinert F. (2001), Vergleichende Leistungsmessung in Schulen – eine umstrittene Selbstverständlichkeit, in: ders. (Hg.), Leistungsmessungen in Schulen, Weinheim u. a., 17–31.

Weiser A. (1981), Die Apostelgeschichte. Kapitel 1–12 (Ökumenischer Taschenbuch-Kommentar zum Neuen Testament 5/1), Gütersloh.

Werbick J. (1994), Bekehrung. Systematisch-theologisch, in: Lexikon für Theologie und Kirche. Band II, 3. Aufl., Freiburg, 169–170.

Wippermann C. (1998), Religion, Identität und Lebensführung. Typische Konfigurationen in der fortgeschrittenen Moderne. Mit einer empirischen Analyse zu Jugendlichen und jungen Erwachsenen, Opladen.

Woodhead L. (2007a), Gender Differences in Religious Practice and Significance, in Beckford J., Demerath N. (eds), The Sage Handbook of the Sociology of Religion, Los Angeles, 550–570.

Woodhead L. (2007b), Sex and Secularization, in: Loughlin G. (ed.), Queer Theology: Rethinking the Western Body, Oxford, 230–244.

Zerger F. (2000), Klassen, Milieus und Individualisierung. Eine empirische Untersuchung zum Umbruch der Sozialstruktur, Frankfurt.

Ziebertz H.-G. (1990), Moralerziehung im Wertpluralismus, Kampen/Weinheim.

Ziebertz H.-G. (1999), Religion, Christentum und Moderne. Veränderte Religionspräsenz als Herausforderung, Stuttgart.

Ziebertz H.-G., Kalbheim B., Riegel U. (2003), Religiöse Signaturen heute. Ein religionspädagogischer Beitrag zur empirischen Jugendforschung, Gütersloh/Freiburg.

Ziebertz H.-G., Riegel U. (2008), Letzte Sicherheiten. Eine empirische Studie zu Weltbildern Jugendlicher, Gütersloh/Freiburg.